Dezentralisierung von Unternehmen

44,81 DM
22,91 Euro

SCHRIFTENREIHE INDUSTRIELLE BEZIEHUNGEN

Band 7 herausgegeben von Walther Müller-Jentsch

Michael Faust
Peter Jauch
Karin Brünnecke
Christoph Deutschmann

Dezentralisierung von Unternehmen

Bürokratie- und Hierarchieabbau und
die Rolle betrieblicher Arbeitspolitik

3., erweiterte Auflage
mit neuem Nachwort

Rainer Hampp Verlag   München und Mering   1999

Die Deutsche Bibliothek – CIP-Einheitsaufnahme

Dezentralisierung von Unternehmen : Bürokratie- und Hierarchieabbau und die Rolle betrieblicher Arbeitspolitik / Michael Faust ... – 3., erw. Aufl. , München ; Mering : Hampp, 1999
(Schriftenreihe Industrielle Beziehungen ; Band 7)
ISBN 3-87988-383-1

1. Auflage 1994
2., verbesserte Auflage 1995
3., erweiterte Auflage 1999, mit neuem Nachwort

Schriftenreihe Industrielle Beziehungen: ISSN 0937-6445

Liebe Leserinnen und Leser!
Wir wollen Ihnen ein gutes Buch liefern. Wenn Sie aus irgendwelchen Gründen nicht zufrieden sind, wenden Sie sich bitte an uns.

∞ *Dieses Buch ist auf säurefreiem und chlorfrei gebleichtem Papier gedruckt.*

© 1999 Rainer Hampp Verlag   München und Mering
        Meringerzeller Str. 16   D - 86415 Mering
        Internet: http://www.hampp.de

Alle Rechte vorbehalten. Dieses Werk einschließlich aller seiner Teile ist urheberrechtlich geschützt. Jede Verwertung außerhalb der engen Grenzen des Urheberrechtsgesetzes ist ohne schriftliche Zustimmung des Verlags unzulässig und strafbar. Das gilt insbesondere für Vervielfältigungen, Mikroverfilmungen, Übersetzungen und die Einspeicherung in elektronische Systeme.

Vorwort des Herausgebers

Die *Schriftenreihe Industrielle Beziehungen* versammelt Texte über einen Gegenstand, dessen empirische Erforschung und theoretische Reflexion in den deutschen Sozial- und Wirtschaftswissenschaften bisher keinen hohen Stellenwert einnahmen. Gemeint sind die wirtschaftlichen Austauschverhältnisse und sozialen Konfliktbeziehungen zwischen Kapital und Arbeit im gesellschaftlichen Kontext, die - in Anlehnung an die englische Terminologie - als Industrielle Beziehungen bezeichnet werden (andere sprechen von Arbeitsbeziehungen, Sozialpartnerschaft, Arbeitgeber-Arbeitnehmer-Beziehungen oder dergleichen). Im Brennpunkt dieses Gegenstandsbereichs stehen die Auseinandersetzungen und Kompromisse der beteiligten Akteure über die faktische Gestaltung und normative Regelung von Arbeitsverhältnissen abhängig Beschäftigter sowie die aus diesen Prozessen hervorgehenden Normen, Verträge, Institutionen und Organisationen. Da das Forschungsgebiet zentrale gesellschaftliche Konflikte und widerstreitende Interessen einschließt, ist schon aus diesem Grunde eine geschlossene und allseits akzeptierte Theorie des Gegenstandsbereichs nicht zu erwarten. Ein anderer Grund ergibt sich aus der Interdisziplinarität des Zugangs. Theoretischer Pluralismus und Eklektizismus herrscht auch in jenen Ländern vor, die - wie die angelsächsischen - bereits auf eine lange und bemerkenswerte Forschungstradition zurückblicken können.

Freilich kann es nicht Aufgabe dieser Schriftenreihe sein, die Gründung einer (in Deutschland fehlenden) Disziplin nachzuholen. Aber unstreitig fordert der globale Strukturwandel eine intensivere Beschäftigung mit der Rolle der Industriellen Beziehungen in den gegenwärtigen, weltweiten Umbrüchen des Systems der gesellschaftlichen Produktion und Arbeit. Für verschiedene Wissenschaftszweige (z.B. Industrie- und Techniksoziologie, Betriebs- und Personalwirtschaftslehre, Arbeitsökonomik und Arbeitsrecht) haben die Industriellen Beziehungen erheblich an Bedeutung gewonnen. Seit einigen Jahren arbeiten Forschergruppen an verschiedenen Hochschulen und Instituten, teilweise unterstützt durch ein von der Deutschen Forschungsgemeinschaft hierfür eigens eingerichtetes Schwerpunktprogramm, intensiv über Fragen des "Strukturwandels der Industriellen Beziehungen".

Wie schon Band 4 dieser Schriftenreihe (*Gemanagte Partizipation*) präsentiert auch der vorliegende Band empirische Befunde eines Forschungsprojekts, das die DFG im genannten Schwerpunktprogramm gefördert hat. Mit zehn Fallstudien aus der Metall- und Elektroindustrie untersuchen die Autoren Dezentralisierungsprozesse, die wesentliche Elemente dessen enthalten, was heute vielfach als *Lean Production* ausgegeben wird. In der "Abflachung der Hierarchie" und der "Verschlankung der indirekten Bereiche" identifizieren sie einen Stilwandel industrieller Rationalisierung. Berechtigt erscheint diese Einschätzung insofern, als der Trend bisheriger - tayloristisch-fordistischer - Rationalisierung, welche auf die funktionale Ausgliederung spezialisierter Tätigkeiten abzielte, umgekehrt wird: Die Reintegration von "herstellenden" und "dienstleistenden" Tätigkeiten ist nunmehr das Ziel der untersuchten Reorganisationsprozesse. Damit werden einige der wie immer geplanten oder ungeplanten Ergebnisse bisheriger Rationalisierung rückgängig gemacht.

Zu den strukturellen Auswirkungen der - von den Autoren als "reflexiv" apostrophierten - Rationalisierung gehören, daß die direkte Arbeit in Qualifikation und Status aufgewertet, die indirekte Arbeit einen veränderten Aufgabenzuschnitt mit begrenzten Aufstiegsmöglichkeiten erfährt. Da letzteres das untere und mittlere Management zum potentiellen Verlierer der Reorganisationsprozesse macht, geht von ihm der stärkste Widerstand aus. Ihn zu überwinden, bedarf es neuer Koalitionen betrieblicher Akteure. Ohne die Unterstützung durch Koalitionen, die die traditionellen Grenzlinien zwischen Kapital und Arbeit überschreiten, sind - wie die Autoren zeigen - die Rationalisierungsstrategien zum Scheitern verurteilt.

In den seit Anfang der neunziger Jahre zu beobachtenden umfassenden Reorganisationsprozessen von Unternehmen sind strategische und operative Dezentralisierung von zentraler Bedeutung. Die vorliegende Studie war eine der ersten sozialwissenschaftlichen Untersuchungen, die sich diesem Thema widmeten. Daß sie nunmehr in 3. Auflage erscheint, spricht für ihre fortdauernde Aktualität.

Bochum, im Mai 1999   Walther Müller-Jentsch

Inhalt

I.	**Einleitung**	9
II.	**Anlage der Untersuchung**	23
	1. Dimensionen der Dezentralisierung	23
	2. Materialgrundlage	25
	3. Argumentationsgang	29
III.	**Dezentralisierung von Unternehmen: Eine Typologie der Formen und exemplarische Illustrationen**	33
	1. Formen operativer Dezentralisierung	35
	1.1 Typologie der Dezentralisierungsfälle	35
	1.2 Exemplarische Illustrationen	44
	2. Veränderte Konzepte der Steuerung und Koordinierung	61
	3. Ziele, Anlässe und Gründe der Dezentralisierungspolitik	68
IV.	**Wirkungen der Dezentralisierung auf Aufgaben und Status von Vorgesetzten, indirekten Bereichen und Stäben**	85
	1. Hierarchieabbau und Führungskräftebedarf	85
	2. Veränderte Vorgesetztenrollen in der Produktion	89
	2.1 Selbstorganisation: "Zweite Meisterkrise" oder auf dem Weg zum Vorgesetzten als "Moderator"	90
	2.2 Intrapreneurmodell: Herausforderung und Überforderung	94
	3. Trendwende in der Entwicklung indirekter Bereiche	102
	4. Das Gegenstück: Qualifikatorische und statusmäßige Aufwertung der direkten Produktionsarbeit	116
	5. Karrierewege im Umbruch	121

V. Betriebspolitische Aspekte von Dezentralisierungsprozessen und Wirkungen auf die betrieblichen Arbeitsbeziehungen 133

1. Betriebspolitisches Dilemma der Dezentralisierung 134
2. Betriebspolitische Konstellationen des Wandels 138
2.1 Krise und Krisenwahrnehmung 139
2.2 Herausbildung eines starken initiierenden und vorantreibenden Zentrums im oberen Management 142
2.3 Überzeugungskraft eines neuen Leitbilds 144
2.4 Neue Koalitionen 148
3. Erfolge und Erfolgsausweise der Dezentralisierungspolitik in der politischen Arena 177
4. Auswirkungen auf das System der industriellen Beziehungen 190

VI. Zusammenfassung und Ausblick 199

Literatur 209

Nachwort zur dritten Auflage 221

Verzeichnis der Schaubilder und Tabellen

Schaubild 1: Formen der Dezentralisierung 39
Schaubild 2: Idealtypisches tayloristisches Organisationsmodell 41
Schaubild 3: Typisierte Organisationsform des Selbstorganisationsmodells 42
Schaubild 4: Typisierte Organisationsform nach dem Intrapreneurmodell 43
Schaubild 5: Struktur einer "selbständigen Produktionseinheit" mit "autarken" Produktionsabteilungen 56
Tabelle 1: Fallübersicht 27
Tabelle 2: Formen operativer Dezentralisierung 45
Tabelle 3: Von Prozessen operativer Dezentralisierung betroffene Gruppen bzw. Abteilungen 115
Tabelle 4: Koalitionstyp 161

I. Einleitung

Seit Womack u.a. (1991) ihr Buch über die "Machine that Changed the World" veröffentlichten, ist Lean Production ein bis zum Überdruß strapaziertes Schlagwort der Managementliteratur geworden. Auch in der hier vorgelegten Studie geht es um nichts anderes als um Lean Production, um die Voraussetzungen, Motive und betriebspolitischen Durchsetzungsformen der vielzitierten "Verschlankung" der Produktion.

Die Studie wurde freilich bereits zu einem Zeitpunkt (1987/88) konzipiert, zu dem das bekannte Schlagwort noch nicht in die Welt gesetzt worden war. Wir nahmen, von japanischen Erfahrungen und Rezepten inspiriert, bereits damals an, daß ein solcher "Rückbau" tayloristischer Rationalisierung auch in deutschen Unternehmen angestrebt wurde oder schon stattfand und verwendeten, um ihn zu bezeichnen, den sicherlich nicht ganz genauen Begriff der "Dezentralisierung". Die Annahme stieß seinerzeit noch auf Skepsis unter den industriesoziologischen Fachkollegen; es war eine gewisse Überzeugungsarbeit erforderlich, um den Sinn und die Relevanz der Untersuchung deutlich zu machen. Als wir dann ins Feld gingen, waren wir freilich überrascht, wie viele Betriebe bereits (nicht überall gleich weit fortgeschrittene) Initiativen zum Hierarchie- und Bürokratieabbau entwickelt hatten. Noch weniger sahen wir voraus, wie rasch das Thema der Studie in den Hauptstrom von Organisationswissenschaft und -praxis geraten würde.

Welche Überlegungen, Erfahrungen, Beobachtungen waren es, die eine Untersuchung über die Dezentralisierung von Unternehmen schon 1987/88 nahelegten? Selbstverständlich fiel das Thema bereits damals nicht einfach vom Himmel. 1984 waren Kern/Schumanns "Ende der Arbeitsteilung" sowie Piore/Sabels "Second Industrial Divide" erschienen und lösten eine lebhafte Debatte aus. 1986 veröffentlichten Baethge/Oberbeck ihre Untersuchung über die "Zukunft der Angestellten" und stellten ihr Konzept der "systemischen Rationalisierung" vor. Im gleichen Jahr diagnostizierten Altmann u.a. einen "neuen Rationalisierungstyp", dessen wesentliches Merkmal darin bestehe, "daß Rationalisierung zunehmend in der Perspektive einer Reorganisation des gesamten betrieblichen Ablaufs erfolgt" (Altmann u.a. 1986, S. 191). Diese bekannten Arbeiten haben wie so viele andere industriesoziologische Untersuchungen auch die vorliegende Studie inspiriert. Sie haben nicht nur einem neuen, differenzierteren theoretischen Verständnis kapitalistischer Rationalisierung den Weg geebnet, sondern eben dadurch auch einen Beitrag zur soziologischen Zeitdiagnose geliefert - einer Diagnose freilich, die nicht nur weiterer theoretischer Klärungen bedarf, sondern auch in ihrer empirisch-historischen Tragweite bis heute noch als offen gelten muß.

Die wichtigste Neuerung der beiden erstgenannten Studien - auch die weniger bekannte Untersuchung Sorges (1985) ist in diesem Zusammenhang zu erwähnen - liegt ohne Zweifel in der akteurstheoretischen Neukonzipierung des Begriffs technisch-organisatorischer Rationalisierung. Sie kommt in der Einführung von Termini wie "Produktionskonzept" oder "technologisches Paradigma" zum Ausdruck. Der vielzitierte "Technikdeterminismus" der älteren Industriesoziologie ging von der nicht weiter reflektierten Prämisse der Identität betrieblichen Rationalisierungshandelns mit den objektiven "Sachgesetzen" des technisch-wissenschaftlichen Fortschritts aus. Daß diese "Sachgesetze" mit der Marx-Renaissance seit den späten sechziger Jahren nicht länger mehr von der Gehlen'schen Anthropologie her, sondern politökonomisch begründet wurden, änderte an der Identitätsprämisse selbst nichts. Im Gegensatz zu ihr sind es bei Kern/Schumann und Piore/Sabel nicht länger technische Sachgesetzlichkeiten oder "Verwertungslogiken", die Maßnahmen technisch-ökonomischer Effizienzsteigerung unmittelbar bestimmen, sondern "Konzepte" und "Paradigmen", in jedem Fall *entscheidungs- und akteursbezogene* Strukturierungen.

Daß Betriebe unter dem Druck stehen, ihr Kapital zu verwerten, wird selbstverständlich nicht geleugnet, die ökonomische Systembetrachtung wird nicht ad acta gelegt. Aber die Kluft zwischen der Perspektive des wissenschaftlichen Beobachters und der praktischen Seite industrieller Rationalisierung, zwischen ex post und ex ante-Betrachtung erweist sich als viel größer als in der älteren Industriesoziologie angenommen. Das erzwingt eine bewußte Differenzierung der Begrifflichkeiten. Auf der einen Seite wird eine sehr viel abstraktere Konzeptualisierung der ökonomischen Systemebene notwendig, die bisher freilich kaum in Angriff genommen ist. Auf der anderen ist eine Ausformulierung der akteurstheoretischen Analyse erforderlich, die Industriesoziologie in die Nähe der organisationstheoretischen Diskussion bringt, von der sie, wie Osterloh (1987) mit Recht festgestellt hat, noch sehr viel mehr als bisher profitieren könnte. Die Analysen von Kern/Schumann und Piore/Sabel haben jedenfalls zu einem wichtigen Teil dazu beigetragen, daß die von der Organisationstheorie schon seit langem vollzogene Demontage des "one best way" wissenschaftlicher Rationalisierung auch von der Industriesoziologie nachvollzogen werden konnte.

Die Konzeption unserer eigenen Untersuchung schließt an dem akteurstheoretischen Ansatz Kern/Schumanns und Piore/Sabels an. Sie wird im folgenden so knapp wie möglich vorgestellt. Wir gehen davon aus, daß ökonomische System- und Verwertungsprobleme, wie sie der wissenschaftliche Beobachter im Auge hat, als Ganzes praktisch gar nicht bearbeitet werden können. Denn aus entscheidungstheoretischer Sicht ist Rationalität bekanntlich (Simon 1960, S. 64f.) wegen der Inkonsistenz der Organisationsziele, der Unmöglichkeit, alle Kontextbedingungen als Variable zu behandeln, wegen der unvermeidlichen Informationslücken der Akteure stets "begrenzt". Das betriebliche System-Umweltverhältnis kommt nie in seiner Gesamtheit in den Blick. Der Prozeß betrieblicher Kapitalverwertung muß daher zunächst in eine durch Planungen und Entscheidungen des Managements erfaßbare Form transformiert werden.

In dieser Transformationsleistung liegt, wie heute wohl allgemein anerkannt wird, die Funktion technisch-ökonomischer Konzepte und Paradigmen; wir sprechen im folgenden in Anlehnung an Dierkes u.a. (1992) kurz von "Leitbildern". Leitbilder, wie Taylorismus, Fordismus oder Lean Production, sind symbolische Konstruktionen sozialer Wirklichkeit, die bestimmte Regeln der Gestaltung der inner- und zwischenbetrieblichen Arbeitsteilung sowie der Funktionsteilung zwischen Mensch und Maschine festlegen. Sie rekonstruieren die betrieblichen System-Umweltbeziehungen so, daß sie überhaupt erst den Charakter strategisch bearbeitbarer Probleme gewinnen. Sie definieren den Bereich relevanter Ziele und Mittel und damit die jeweils gültigen Prinzipien technisch-ökonomischer Effizienz. Leitbilder bieten Muster technisch-organisatorischer Problemlösungen und -definitionen, die den Entscheidungen der betrieblichen Akteure zugrundeliegen.

Die Transformation von Systemproblemen in Entscheidungsprobleme vollzieht sich in mehreren Stufen. Mit Wittke (1990, S. 26) kann man zwischen elementaren "Rationalisierungsparadigmen", die primäre Selektion von Problemen, Zielen und Mitteln leisten, und handlungsnäheren "Rationalisierungskonzepten" unterscheiden, die nach Teilsystemen differenziert sind und den konkreten Verlauf von Planungen und Entscheidungen bestimmen.

Technologisch-ökonomische Leitbilder erfüllen nicht nur kognitive Funktionen. Sie bieten auch eine Verständigungsbasis für die Kommunikation zwischen unterschiedlichen Gruppen und Expertenkulturen innerhalb des Betriebes und zwischen dem Betrieb und seiner Umwelt (Rammert 1992). Unvermeidlich kommt ihnen deshalb auch die Funktion der *Legitimation* einer ganz bestimmten Machtverteilung zwischen den beteiligten Akteuren zu. Leitbilder haben die Tendenz, inner- und zwischenbetriebliche Koalitionen und Machtverhältnisse festzuschreiben. Ein Wandel von Leitbildern ist daher auch immer mit einem Wandel der Struktur von Koalitionen und Machtverhältnissen verbunden, in dem handfeste Status-, Prestige- und Arbeitsplatzinteressen aller Beteiligten auf dem Spiel stehen.

Weil Leitbilder im Interesse ihrer Strukturierungsfunktion für das betriebliche Handeln niemals die Gesamtheit des betrieblichen System-Umwelt-Verhältnisses abbilden können, sind sie unvermeidlich selektiv. Sie versehen bestimmte Ausschnitte des betrieblichen System-Umweltverhältnisses mit Priorität und vernachlässigen andere. Sie zeitigen damit in dem Maße, wie sie handlungswirksam werden, ungeplante Folgewirkungen. In diesem Sinne sind sie gerade dadurch, daß sie eine praktisch handhabbare Definition von Rationalität liefern, "a-rational" (Sorge) und zwingen die betrieblichen Akteure zu opportunistischem, kontextabhängigem Lavieren. Wie Leitbilder und die mit ihnen verknüpften primären und sekundären Strukturierungen betrieblicher Rationalität entstehen und vergehen, kann selbst nicht effizienztheoretisch, sondern nur historisch-soziologisch erklärt werden. Leitbilder haben, wie alle Symbolwelten, eine Geschichte, die sich, wie man in Anlehnung an Berger/Luckmann (1969) zeigen könnte, in folgende typische Phasen gliedert: (a) Sie werden durch heroische Gründergestalten wie Taylor, Ford oder Gilbreth kreiert, um deren Wirken sich Geschichten und Legenden ranken. (b) Sie werden veralltäglicht und treten damit den Akteuren als "objektive Wirklichkeit" gegenüber, werden zu einem selbstverständlichen Teil des allgemeinen Wissensvorrats. (c) Sie werden überliefert und erneut subjektiv angeeignet, in diesem Prozeß der Aneignung aber zugleich überprüft, verändert und weiterentwickelt.

Die "Soziologie" der verschiedenen beteiligten Akteure wird in dieser Betrachtungsweise in ganz anderer Weise zum "Desiderat" (Kern/Schumann 1984, S. 26) als in dem überkommenen technikdeterministischen Modell, das die Akteure nur als Agenten abstrakter Strukturgesetzlichkeiten fassen konnte. In der Phase der

Entstehung eines neuen Leitbildes ist dessen kontroverser und historisch kontingenter Charakter auch den Beteiligten selbst in aller Regel bewußt. Hat sich ein Paradigma freilich in der Phase der "Veralltäglichung" erst einmal etabliert, erscheint es den Akteuren als eine unumstößliche "Sachgesetzlichkeit", die jeden Gedanken an alternative Lösungen verbietet. Allein die materielle Realität der bereits getätigten Investitionen wirkt als scheinbar objektiver "Sachzwang", der die weitere Entwicklung auf der Linie des herrschenden Paradigmas prädeterminiert und dessen soziale Herkunft verschleiert: "Diese neue Orthodoxie kommt in Maschinen und Fabriken zum Ausdruck, die als vorbildlich gelten und deren Hersteller und Besitzer nicht müde werden, sie zu preisen, und ihre Prinzipien werden an Gewerbeschulen in Theorie und Praxis propagiert. Techniker und Ingenieure, die sich bestenfalls halb bewußt sind, daß ihre Vorstellungskraft durch Konventionen eingeschränkt ist, ignorieren alle Hinweise auf alternative Möglichkeiten, die bei ihrem Umgang mit Märkten und Maschinen ständig sichtbar werden" (Piore/Sabel 1985, S. 55). Aufgrund ihres selektiven Charakters erzeugen Leitbilder daher im Zuge ihrer Veralltäglichung *irrationale, ungeplante Folgewirkungen.*

In Phasen "normaler" technologischer Entwicklung werden diese Folgewirkungen jedoch in Kauf genommen oder ignoriert.

Ihre Kumulierung kann jedoch nicht dauerhaft unbeachtet bleiben. Irgendwann erreicht sie ein für die Rentabilität der Unternehmen kritisches Ausmaß und erzwingt eine praktische Antwort des Managements. Dann wird eine Reflexion des alten Leitbildes, ein Konzept- oder gar "Paradigmen"wechsel fällig, der notwendigerweise auch das bestehende Machtgefüge betrieblicher und überbetrieblicher Koalitionen in Frage stellt. Ein solcher Prozeß kann in aller Regel nur durch eine handfeste wirtschaftliche Krise in Gang gesetzt werden, die allen Beteiligten die Notwendigkeit von Veränderungen vor Augen führt.

Es war die These Kern/Schumanns und Piore/Sabels und zugleich ihr Beitrag zur industriesoziologischen Zeitdiagnose, daß wir es heute mit der Situation eines solchen "Paradigmenwechsels" zu tun haben. Der Boden, auf dem das neue Leitbild der Lean Production heute wirksam wird, ist die Kumulation ungeplanter Folgen jahrzehntelanger "fordistischer" Rationalisierung. Diese Folgen haben eine kritische Dimension erreicht und werden deshalb selbst zum zentralen Problem und Angriffspunkt weiterer Rationalisierung. Es handelt es sich vor allem um:

(1) die steigende Kapitalintensität mit ihrem negativen Einfluß auf die Profitrate. Sie ist nicht nur eine Folge der Technisierung der Produktion, sondern auch der mit der Steigerung der Losgrößen in der Massenproduktion verknüpften Zunahme der Lagerbestände;

(2) das Wachstum der indirekten Arbeitsfunktionen auf Kosten der direkten, verbunden mit einer Tendenz zum Anstieg fixer Personalkosten, zur Verselbständigung funktional kristallisierter Organisationsbereiche und zur Zentralisierung der Unternehmensführung;

(3) die durch Bürokratisierung und Zentralisierung der Organisation bedingten Verluste an Marktflexibilität und Innovationskraft.

Wie immer man das neue Leitbild auch bezeichnet, ob als "neues Produktionskonzept", "flexible Spezialisierung" oder "schlanke Produktion": Es geht in jedem Fall um die Korrektur dieser technisch-organisatorischen Hinterlassenschaften vergangener Rationalisierung, freilich nicht im Sinne eines einfachen "Rückbaus", sondern eines Rückbaus auf einem *höheren Niveau zeitökonomischer Effizienz*. Dies wird nicht zuletzt durch den Einsatz moderner Informationstechnik gefördert, der nun aber den veränderten Organisationsprinzipien angepaßt werden muß. Die Hauptziele sind entsprechend:

(1) Steigerung der Anlagenverfügbarkeit durch Minimierung von Stillstands- und Umrüstzeiten, Integration von Wartungs- und Reparaturfunktionen in die direkte Produktionsarbeit mit dem Ziel, Störungen zu vermeiden oder rasch zu beheben, Verbesserung der Kapazitätsauslastung durch informationstechnisch gestützte Flexibilisierung des Fertigungsflusses, Ausdehnung der Betriebszeiten durch Wochenendarbeit und "Geisterschichten", Senkung der Lagerhaltung durch Reorganisation des Fertigungsflusses nach dem "just-in-time"-Prinzip, Verringerung der Fertigungstiefe;

(2) Abbau von Stabsabteilungen durch Reintegration von indirekten Funktionen in die Fertigung; Qualifizierung der Produktionsbelegschaften und Einführung neuer Arbeitsstrukturen wie Gruppenarbeit oder Fertigungsinseln, um eine möglichst selbstgesteuerte Werkstattorganisation möglich zu machen; prozeßorientierte statt funktional differenzierte Arbeitsorganisation;

(3) Dezentralisierung der Führungsorganisation durch Abbau von Führungsebenen und Verlagerung von Führungskompetenzen nach unten, was eine gleichzeitige Zentralisierung elementarer Kontrollkompetenzen nicht nur nicht ausschließt,

sondern vielfach sogar voraussetzt, Einrichtung von "cost-" oder "profit-centers", Ersetzung bürokratischer durch marktförmige Steuerung.

Das neue Leitbild richtet sich nicht länger wie die konventionelle Rationalisierung tayloristischen Typs auf die Reorganisation der primären Fertigungsarbeit, sondern auf die zeitökonomische Restrukturierung der technisch-organisatorischen Hinterlassenschaft jahrzehntelanger taylorischer Rationalisierung selbst. Ein Analyseansatz, der, den eingefahrenen Bahnen industriesoziologischer "Humanisierungs"forschung folgend, nur die Werkstatt, den Arbeiterbereich oder einzelne Bereiche von Angestelltenarbeit in den Blick nimmt, ist daher nicht in der Lage, seine ganze Tragweite zu erfassen. Hier liegt sicherlich der wichtigste Mangel in der Anlage der Studie Kern/Schumanns, die zwar die "kaum zu überschätzenden Dimensionen des Umbruchs" (1984, S. 24) durchaus erkannten, die Untersuchung dann aber doch wieder in konventioneller Manier auf die unmittelbare Produktionsarbeit beschränkten.

Diese Einseitigkeit ist freilich kaum den Autoren anzulasten, sondern ist in der nur allmählichen und schrittweisen Durchsetzung des neuen Leitbildes in der industriellen Praxis selbst begründet. Nach der Krise der siebziger Jahre hatten viele Unternehmen in der Tat an- und ungelernte Arbeitskräfte in großem Umfang freigesetzt und gleichzeitig eine Politik der Höherqualifizierung der verbliebenen Fachkräfte und einer entsprechenden Restrukturierung der Arbeit in der Werkstatt verfolgt. Vor dem in der Logik der neuen Konzepte liegenden zweiten Schritt - und dies konnten Kern/Schumann seinerzeit wohl noch kaum erkennen - scheuten sie jedoch noch zurück: Nämlich auch Leitungs- und indirekte Funktionen so zu reorganisieren, zu dezentralisieren und in die Werkstatt zurückzuverlagern, daß die neugewonnenen Qualifikationen der Produktionsbelegschaften auch wirkungsvoll genutzt werden konnten. Unter den relativ günstigen wirtschaftlichen Bedingungen der achtziger Jahre wollte man sich auf die heikle betriebspolitische Gratwanderung nicht einlassen, die ein solcher Schritt bedeutet hätte. So kam es zu der von Brödner (1985) konstatierten Entwicklung "fehlgeleiteter Arbeitsstrukturen": Die Werkstatt wurde aufgewertet, gleichzeitig aber unternahm man nichts gegen das andauernde relative und absolute Wachstum der technischen Stäbe und indirekten Abteilungen sowie vor allem des akademisch qualifizierten Personals in ihnen. Die gleichen Qualifikationen wurden so, wie Brödner am Fall des Maschinenbaus beobachtete, gleichsam doppelt erzeugt: Zum einen auf der Ebene der Werkstatt, zum anderen auf der der Stäbe.

Die Wirtschaftskrise von 1992/1993 hat die kostentreibenden Konsequenzen dieser "fehlgeleiteten Arbeitsstrukturen" an den Tag gelegt. Sie hat Bedingungen geschaffen, unter denen eine große Zahl von Unternehmen daran gehen konnte, die Dezentralisierung von Führung und Stäben als zweiten Schritt der Logik der neuen Produktionskonzepte in die Tat umzusetzen. Diese Entwicklung, genauer: ihre schon 1990 und 1991 erkennbaren Anfänge sollen in dieser Studie näher analysiert werden.

Weil Kern/Schumann nur die erste Stufe der Umsetzung der neuen Produktionskonzepte im Auge hatten, konnnten sie auch ihr betriebspolitisches Konfliktpotential nicht angemessen einschätzen. Die Autoren sind zwar sichtlich bemüht, den Eindruck einer sozialharmonistischen Interpretation zu vermeiden, indem sie immer wieder auch auf die "Opfer" der neuen Produktionskonzepte hinweisen. Die Opfer werden aber nur im Arbeiterbereich (Jedermanns-Arbeitskräfte, Arbeitslose, Beschäftigte in stagnierenden Industrien) gesucht. Heute dagegen zeichnet sich ab, daß ein Fokus des neuen Rationalisierungsparadigmas gerade im Bereich der Stäbe und der Führungsorganisation liegt, dort in einem in der Vergangenheit nicht bekannten Ausmaß "Opfer" fordert und neue, mit der herkömmlichen Management-Werkstatt-Schematik nicht erfaßbare Konfliktkonstellationen hervorbringt. Diese Tendenz wird auch bereits in unseren Fallstudien sichtbar, wenn auch noch nicht in spektakulärer Weise. In anderen Ländern wie den USA scheint sie allerdings bereits in der Mitte der achziger Jahre dramatische Formen angenommen zu haben: "One widely quoted estimate is that 500,000 managers at more than 300 large corporations lost their jobs or were eased out just from 1984-86. Cuts of 20-25% are frequently reported, with an accompanying reduction in the number of levels. This has clearly been an unprecedented incursion on the security of middle managers." (Heckscher 1990, S. 3). Die teilweise dramatischen Freisetzungen im Angestellten- und Führungskräftebereich während der Wirtschaftskrise 1993/94 bestätigen, daß entsprechende Entwicklungen inzwischen auch in Deutschland zum Tragen kommen.

Auch wird die Dynamik des neuen Rationalisierungsparadigmas mit der von Kern/Schumann so stark hervorgehobenen Aufwertung und "Reprofessionalisierung" eines Teils der unmittelbaren Produktionsarbeit nur zum Teil erfaßt. Burkhart Lutz (1987, S. 206) hatte die neuen Produktionskonzepte schon 1987 ahnungsvoll als eine "Falle" bezeichnet, in die Produktionsarbeiter gelockt würden: Die Entfaltung ihrer Qualifikationen schaffe ja die Voraussetzungen dafür, um genau jene Arbeitsplätze in den fertigungsnahen technischen Büros, die den Facharbeitern früher Aufstiegschancen eröffnet hätten, künftig wegfallen zu lassen. Die Logik der neuen Produktionskonzepte könnte sich so auf die Dauer durchaus auch zum Nachteil der von ihnen zunächst Begünstigten auswirken. Die isolierte Betrachtung der Produktionsarbeit war schließlich wohl auch für die ebenfalls von vielen Kritikern vermerkte Unterschätzung des auf die Werkstatt zukommenden Produktivitäts- und Ökonomisierungsdrucks bei Kern/Schumann verantwortlich. Was zu Beginn der achtziger Jahre vielleicht noch nicht klar erkennbar war, sich aber bereits seit der Mitte der achtziger Jahre auch in Deutschland immer deutlicher abzeichnete, war ja weniger eine Tendenz zur Reprofessionalisierung als zur "Japanisierung" der Produktionsarbeit. Der ja nicht erst seit Womack u.a. (1991) bekannte, sondern bereits Anfang der achtziger Jahre durch profunde Analysen (Schonberger 1982) dokumentierte Einfluß des japanischen Modells und seiner leistungspolitischen Charakteristika auf die unternehmerische Organisationspraxis auch in westlichen Ländern wird bei Kern/Schumann vernachlässigt.

Daß die Dimensionen der anstehenden Veränderungen aus der Perspektive der Werkstatt allein nicht erfaßt werden können, ist im übrigen schon seit Mitte der achtziger Jahre in der Industriesoziologie Gemeingut. Baethge/Oberbeck und Altmann u.a. hatten in den bereits oben erwähnten Arbeiten den Begriff "systemische Rationalisierung" eingeführt, um die nicht nur die gesamte innerbetriebliche Arbeitsteilung und Arbeitsorganisation, sondern auch die zwischenbetriebliche Arbeitsteilung umfassende Reichweite des neuen Rationalisierungsmodells zu kennzeichnen. Ohne uns hier auf eine nähere Auseinandersetzung mit diesem heute in der Industriesoziologie weithin eingebürgerten Begriff einlassen zu können, möchten wir hier (außer Vorbehalten gegen den sprachlich unschönen Ausdruck) zwei inhaltliche Bedenken anmelden: Zum einen charakterisiert der Begriff die Differenz des neuen zum alten Paradigma nicht trennscharf. Sieht man Massenproduktion als *Paradigma* und nicht als handlungs- und fallbezogenes "Konzept" in dem oben erwähnten Sinn von Wittke, so war auch die Massenproduktion nicht nur funktions- sondern auch systembezogen, es implizierte nicht nur Prozeß-, sondern auch Produktveränderungen. Zum anderen könnte der Ausdruck "systemische Rationalisierung" die illusionäre Vorstellung einer "Super"-rationalisierung und mit ihr die Gefahr eines Rückfalls in die alte industriesoziologisch-politökonomische Ontologie suggerieren. Er verschleiert, daß auch das neue Rationalisierungskonzept notwendigerweise partikular, selektiv, begrenzt rational bleibt und nicht weniger als das Modell der Massenproduktion das Potential ungeplanter irrationaler Folgewirkungen, nur eben anderer Art, in sich trägt. Wir werden auf diese Frage weiter unten näher eingehen: eine dieser irrationalen Folgewirkungen könnte, wie auch bereits Staehle (1991) argumentierte, in einer übermäßigen Eliminierung organisatorischer Redundanz und "Slack" bestehen, die die Anpassungs- und Innovationsfähigkeit der Unternehmen gefährdet.

Wir selbst haben, um das Neue an der heutigen Rationalisierungsbewegung treffender zu kennzeichnen, bereits vor längerer Zeit den Ausdruck "reflexive Rationalisierung" vorgeschlagen: Eine Rationalisierung, die ihre in jahrzehntelanger "einfacher" Rationalisierung kristallierten Strukturen selbst einzuholen versucht (Deutschmann 1989). Damit ist nicht nur die Verschiebung des Gestaltungsfokus von der unmittelbaren Fertigungsarbeit auf die inner- und zwischenbetrieblichen Organisationsstrukturen bezeichnet, sondern auch die von dieser Verschiebung ausgehende Transformation der Struktur der betrieblichen Arbeitsteilung sowie der betriebspolitischen Konfliktlinien. Ein charakteristischer Aspekt der neuen Entwicklung scheint ja, wie wir zeigen werden, gerade darin zu liegen, daß es die Rationalisierer in den Stäben sowie in den mittleren und unteren Führungsetagen selbst sind, die von der Rationalisierung eingeholt werden und deutliche Verluste nicht nur an Status, Prestige, sondern auch an Beschäftigungssicherheit hinnehmen müssen. Damit entsteht die Möglichkeit neuartiger betriebspolitischer Koalitionen jenseits und quer zu der überkommenen Dichotomie Management-Werkstatt, der wir in dieser Studie nachgehen wollen.

Wir haben damit den Hintergrund skizziert, vor dem das Programm für die vorliegende Studie entstanden ist und auch bereits die Kerngedanken des Programms selbst umrissen. Untersucht werden sollen Prozesse des Bürokratie- und Hierarchieabbaus und der Rückverlagerung ihrer Funktionen auf die operativen Ebenen in Industrieunternehmen. Gefragt wird nach den Veränderungen betrieblicher Organisationsstrukturen unter dem Einfluß reflexiver Rationalisierung und nach deren maßgeblichen Akteuren: Wer waren die Promotoren, wer die "Bremser", in welchen Koalitionen formierten sich die beiden Gruppen, welches waren ihre dominanten Interessen und Motive? Welche Rolle spielten Betriebsräte und Gewerkschaften, wie veränderten sich die betrieblichen Arbeitsbeziehungen? Empirische Grundlage waren sechs intensive Fallstudien in Betrieben der Metallindustrie, in denen rund 80 Interviews mit Vertretern des Managements auf verschiedenen Führungsebenen sowie mit den Betriebsräten durchgeführt wurden. In Kurzstudien über vier weitere Betriebe wurden lediglich Vertreter des oberen Managements und des Betriebsrats interviewt.

Entsprechend dem skizzierten Wandel der theoretischen Leitvorstellungen gehen wir davon aus, daß über den bloßen Rekurs auf die "Kapitallogik" hinaus ein akteurstheoretischer Rahmen erforderlich ist, um den Wandel der betrieblichen Konfigurationen zu erklären. Der reflexive Umschlag des Rationalisierungsprozesses, der heute unter dem Leitbild der Lean Production vorangetrieben wird, kommt nicht aufgrund objektiver Rahmenbedingungen der Kapitalverwertung allein zustande, sondern setzt eine spezifische Konstellation betrieblicher "Mikropolitik" (Ortmann 1990) voraus, um deren Klärung es in dieser Studie gehen soll.

Bei der Konzeptualisierung betrieblicher Mikropolitik greifen wir, wie schon angedeutet, nicht auf die industriesoziologische Tradition, sondern auf Ansätze der Organisationstheorie zurück. Zentrale Aspekte sind hier die Bedeutung von Macht einerseits, von Leitbildern und "Mythen" (Meyer/Rowan 1977) andererseits für die Strukturierung von Organisationen. Im Hinblick auf die Konzeptualisierung von Macht und die Analyse von Machtkonfigurationen in und um Organisationen dürfte keine Untersuchung an den grundlegenden Arbeiten von Crozier (1963), Crozier/Friedberg (1979) und Mintzberg (1979, 1983) vorbeikommen, an denen auch wir uns orientieren. Ein wichtiger Bezugspunkt ist für uns das in fünf Subsysteme (operative Ebene, mittlere Linie, strategische Spitze, technische Stäbe und Dienstleistungen) gegliederte Mintzberg'sche Strukturmodell der Organisation (zur näheren Diskussion vgl. Faust 1992).

Auf Mintzberg (1983) geht auch der in der Studie verwendete Begriff der "Koalition" zurück. Wir verstehen darunter handlungsorientierte Zusammenschlüsse von relevanten Akteuren bzw. Akteursgruppen auf der Grundlage zumindest partiell gleichgerichteter Interessen und/oder gleichgerichteter Überzeugungen. Sie können sich auf explizite Übereinkünfte, die sich in informellen Abmachungen, aber auch in formalisierten Verfahren (Verträgen, Vereinbarungen) niedergeschlagen haben, stützen. Von Koalitionen wollen wir aber auch auf der Grundlage nur impliziter Übereinkünfte von Akteursgruppen oder bei nur emergentem Gleichklang der Einflußnahme verschiedener Akteursgruppen sprechen. Als Koalitionen erkennbar werden diese (impliziten) Formen aber nur dann, wenn sie zumindest im Nachhinein als gleichgerichtetes, einen bestimmten Zweck beförderndes Handeln interpretiert werden können. Methodisch gesehen setzt dies entsprechende Interpretationen der ins Geschehen involvierten Akteure voraus. Koalitionen können für spezifische Zwecke zustandekommen und bei Zweckerfüllung oder veränderten Randbedingungen wieder zerfallen, so daß sich neue Akteurskonstellationen bilden können. Sie können sich aber auch strukturell verfestigen und über längere Zeit Bestand haben, wenn sie an stabile Macht- und Interessenkonstellationen rückgebunden sind.

Geht man von einer Bildung betriebspolitischer Koalitionen auf der Basis von Interessen und diesen zugeordneten Machtressourcen aus, so müßte man erwarten, daß sich Akteure und Koalitionen in erster Linie entlang den Differenzierungen betrieblicher Subsysteme und der ihnen zugeordneten Funktionen, Positionen und Ressourcen formieren. In der in einer früheren Publikation (Brünnecke u.a. 1992) dokumentierten ursprünglichen Anlage unserer Untersuchung legten wir diesen interessentheoretischen Koalitionsbegriff zugrunde und gingen danach, dem Mintzberg'schen Konzept der internen Akteursgruppen entsprechend, von folgenden relevanten Akteursgruppen im Unternehmen aus: oberes Management, mittleres Linienmanagement, untere Vorgesetzte, technische Stäbe, operativ Beschäftigte, Betriebsrat (und die ihn tragenden Gewerkschaften).

Der interessentheoretische Koalitionsbegriff erweist sich jedoch, wie wir im Gang der Untersuchung erfahren mußten, als ungenügend. Das strukturierende Prinzip mikropolitischer Prozesse bilden nicht nur die Interessen der Akteure und die ihnen zur Verfügung stehenden Ressourcen (wie formale Autorität, Expertenwissen, privilegierte Außenkontakte, Geld usw.). Macht muß sich, wenn sie sich als wirkungsvoll und dauerhaft erweist und nicht in permanentem Kleinkrieg erschöpfen soll, durch Bezug auf gemeinsam anerkannte Normen legitimieren.

In der Legitimierung und Strukturierung von Macht liegt eine zentrale Funktion von technisch-organisatorischen Leitbildern oder "Rationalitätsmythen" im Sinne von Meyer/Rowan (1977). Die Notwendigkeit eines solchen legitimierenden Rückgriffs auf Rationalitätsmythen nimmt gerade dort zu, wo es nicht nur um Routineentscheidungen, sondern um die Durchsetzung neuer organisatorischer Konfigurationen wie in dem von uns betrachteten Fall reflexiver Rationalisierung geht. In einer solchen Situation ist eine Neuformierung der innerbetrieblichen Machtkonstellationen erforderlich, die sich entweder auf eine veränderte Kombination gewachsener Interessen stützen oder auch scheinbar "voluntaristisch" unmittelbar an neuen Leitbildern orientiert sein kann. Wir werden sehen, daß auch im letzteren Fall gewachsene Interessen freilich sehr viel stärker individualisierter Art eine Rolle spielen. Die Frage nach dem relativen Gewicht von "gruppenorientierten Koalitionen", die lediglich eine Neuformation bestehender Gruppeninteressen darstellen, einerseits und "leitbildorientierten" Koalitionen, deren Mitglieder sich aus ganz verschiedenen Abteilungen und Hierarchiestufen rekrutieren, andererseits wird eine zentrale Rolle in unseren Fallstudien spielen. Die Gangbarkeit der beiden Wege hängt, wie wir zeigen werden, ihrerseits von bestimmten organisationsstrukturellen Voraussetzungen ab. Welcher Weg im Hinblick auf das Ziel der Dezentralisierung erfolgversprechender ist, läßt sich daher nur schwer beantworten. Unsere Vermutung ist jedoch, daß leitbildorientierte Koalitionen es bei der Überwindung gruppenspezifischer Widerstände leichter haben, da sie von innen heraus und somit flexibler operieren können.

Zu betonen ist abschließend, daß unsere Untersuchung nur einen sehr kleinen Ausschnitt der Folgen der Diffusion des neuen Leitbildes der reflexiven Rationalisierung zum Thema macht. Sehr viel weiter reichende Folgen im Hinblick auf die Struktur des Qualifikationssystems, der industriellen Arbeitsbeziehungen, der sozialen Schichtung sind zu erwarten, zeichnen sich heute freilich nur in ersten Ansätzen ab. In den abschließenden Kapiteln dieses Buches sollen einige dieser möglichen Folgewirkungen diskutiert werden. Hier eröffnet sich ein weites Feld für weitere zeitdiagnostisch orientierte industriesoziologische Forschung.

Mit diesem Bericht geben wir einen Überblick über die Ergebnisse des Projekts "Dezentralisierung von Unternehmen - Implikationen für betriebliche Arbeitsbeziehungen". Die Untersuchung wurde Anfang 1988 am Wissenschaftszentrum Berlin für Sozialforschung (Forschungsschwerpunkt Arbeitsmarkt und Beschäftigung) konzipiert und im Zeitraum September 1989 bis Oktober 1992 am Forschungsinstitut für Arbeit, Technik und Kultur e.V. in Tübingen durchgeführt. Mitglieder der Projektgruppe waren zunächst Michael Faust und Otto Jacobi (Institut für Sozialforschung, Frankfurt a.M.). Nachdem Otto Jacobi nach einem halben Jahr aus dem Projekt ausschied, wurde sein Platz durch Karin Brünnecke und Peter Jauch übernommen. Die Leitung der Untersuchung lag bei Christoph Deutschmann.

Unser Dank gilt der Deutschen Forschungsgemeinschaft für die großzügige Finanzierung des Projekts. Die Förderung erfolgte über den Schwerpunkt "Strukturwandel der industriellen Beziehungen"; den Fachkollegen im Schwerpunkt gebührt Dank für manchen hilfreichen Rat. Um die Ergebnisse des Projekts im internationalen Vergleich zu diskutieren, wurden mit finanzieller Unterstützung der DFG und des SPES-Programms der Europäischen Gemeinschaft mehrere internationale Seminare durchgeführt, an denen Arend Buitendam (Universität Groningen), Paolo Perulli (DAEST Venedig) und federführend Paul Marginson (University of Warwick) beteiligt waren. Auch ihnen ist für zahlreiche Anregungen zu danken. Die Ergebnisse dieser Diskussionen haben sich in einer eigenen Publikation (Marginson u.a. 1993) niedergeschlagen. Zu danken ist auch dem Verband der Metallindustrie Baden-Württemberg für die Vermittlung geeigneter Untersuchungsbetriebe und die Organisation eines Seminars mit Vertretern der beteiligten Firmen zur Rückmeldung und Diskussion unserer Befunde, schließlich und vor allem den Firmenleitungen, Betriebsräten und Interviewpartnern in den Betrieben für ihre Kooperationsbereitschaft.

II. Anlage der Untersuchung

1. Dimensionen der Dezentralisierung

Operative Dezentralisierung

Dezentralisierung bezeichnet in der Literatur und der betrieblichen Praxis unterschiedliche Phänomene. Unser Augenmerk gilt "operativer" Dezentralisierung: Versuche von Unternehmen, operative Kontrolle, Kompetenzen, Verantwortlichkeiten aus der Hierarchie bzw. den indirekten Abteilungen und Stäben nach "unten", zu den ausführend Beschäftigten bzw. in operative Einheiten zu verlagern. Mit operativer Dezentralisierung sind damit alle Formen von Gruppenarbeit, "selbständigen Produktionseinheiten", Qualitätszirkel und "kontinuierlichen Verbesserungsprozessen" begrifflich erfaßt, die gegenwärtig unter dem Stichwort Lean Production verstärkt propagiert und umgesetzt werden.

Entscheidend ist die Überlegung, daß die Verlagerung von Aufgaben, Kompetenzen und Verantwortung auf die operative Ebene, die im Rahmen von Dezentralisierungsprojekten vollzogen wird, notwendigerweise Eingriffe in Aufgaben und Kompetenzen von Vorgesetzten und indirekten, fertigungsnahen Abteilungen, teilweise aber auch Auswirkungen auf weitere Unternehmensbereiche wie Entwicklung, Personalwesen oder Zentralstäbe (Fabrikplanung u.ä.) zur Folge hat. Reorganisationen der indirekten Bereiche und der Hierarchie und veränderte Anforderungen an Vorgesetzte und deren Führungsverhalten sind zu beobachten. Dies umso mehr, je deutlicher die Dezentralisierungsprojekte von weiterreichenden Überlegungen zum Abbau von Overhead, starren funktionalen Kompetenzabgrenzungen und bürokratischen Regelungen begleitet sind.

Die Rezeption der MIT-Studie, jener Studie, die den Begriff Lean Production prägte (Womack u.a. 1991), liefert der operativen Dezentralisierung neue Impulse. Die bisherige industriesoziologische Forschung zu neuen Arbeitsstrukturen hat vor allem den Veränderungen auf den operativen Ebenen Aufmerksamkeit gewidmet. Unseres Erachtens verdienen aber die Veränderungen, die sich für fertigungsnahe indirekte Bereiche, Stäbe und Vorgesetzte ergeben, mindestens ebenso große Beachtung. Dies nicht nur wegen der Veränderungen für die in diesen Bereichen Beschäftigten, sondern auch weil der Erfolg der Dezentralisierungsbestrebungen einerseits von einem gelungenen Neuzuschnitt der indirekten Abteilungen und Vorgesetztenpositionen und einem neuen Selbstverständnis ihrer Aufgaben abhängt, und andererseits diese Abteilungen und Positionen betriebspolitisch Einfluß auf die Entscheidungen über Formen, Arbeitsweise und letztlich den Erfolg der Dezentralisierungsbestrebungen ausüben.

Strategische Dezentralisierung

Wir grenzen operative Dezentralisierung von strategischer Dezentralisierung ab. Strategische Dezentralisierung umfaßt alle Formen, bei denen Aufgaben, Kompetenzen und Verantwortlichkeiten auf neudefinierte Unternehmenseinheiten oder im Rahmen der bestehenden Unternehmensgliederung an marktnahe Organisationseinheiten verlagert oder aus dem Unternehmen bzw. Unternehmensverbund ausgelagert werden (Externalisierung). Der Begriff strategische Dezentralisierung meint Reorganisationsvorhaben, die sich auf die größere Konfiguration von Unternehmen oder Unternehmensteilen und das assoziierte Netzwerk von Zulieferern und Kooperationspartnern beziehen. Diese Form der Dezentralisierung kann durchaus auch mit Zentralisierung von (strategischen) Kompetenzen einhergehen, mit einem Neuzuschnitt von Zentralisierung und Dezentralisierung zu Lasten mittlerer Ebenen und zentraler Dienstleistungsstäbe.

In der Unternehmenspraxis sind Formen operativer und strategischer Dezentralisierung oftmals aufeinander bezogen, wenn z.B. in nach Produktgruppen divisionalisierten Unternehmen nach dem just-in-time-Konzept die Fertigungssegmentierung (vgl. Wildemann 1988) verwirklicht wird, die mit der Verlagerung von Kompetenzen auf teilautonome Arbeitsgruppen in den Segmenten einhergeht.

Die Verringerung der Fertigungs-, teilweise auch der Entwicklungs- und Dienstleistungstiefe von Unternehmen und veränderte Hersteller-Zuliefererbeziehungen, die in der aktuellen Debatte um Lean Production verstärkte Aufmerksamkeit finden, können als Formen strategischer Dezentralisierung gelten. Diese Formen sind nicht eigentlicher Gegenstand unserer Untersuchung. Wir beschränken uns auf die Darstellung von Aspekten strategischer Dezentralisierung, soweit sie in den konzeptionellen Rahmen von operativer Dezentralisierung in der Ausgangslage eingehen oder im Verlauf des Reorganisationsprozesses zur operativen Dezentralisierung hinzutreten.[1]

2. Materialgrundlage

Materialbasis sind sechs Intensivfallstudien in großen und mittleren Unternehmen der Metallindustrie (Elektroindustrie, Maschinen- und Anlagenbau) und Fallstudien in vier weiteren Unternehmen (Elektroindustrie, Maschinenbau, Automobilindustrie, Automobilzulieferindustrie).[2] Regionaler Schwerpunkt ist Baden-Württemberg. Die Untersuchungen konzentrierten sich innerhalb der Unternehmen auf Teilbereiche (Werke, Werksteile) und dort auf Dezentralisierungsprojekte in der Produktion. Der größere Rahmen organisatorischer Veränderungen, in den die neuen Organisationskonzepte in der Produktion konzeptionell von vorne herein eingebunden waren oder den sie hervorbrachten, wurde miterfaßt. Die ausgewählten Unternehmen decken hinsichtlich der Größe, der Branchen- bzw. Spartenzugehörigkeit, des Fertigungstyps und Markt- oder Kundenbezugs und der verwendeten Technologien eine breite Palette ab (vgl. Tabelle 1). Es ist nicht unsere Absicht, die Einwirkung solcher Kontextvariablen auf Dezentralisierungsformen und -prozesse zu ermitteln. Zwar werden wir auf Einflüsse des Marktes, Fertigungstyps, der Produktionstechnologie und der Unternehmensgröße an

---

[1] Vgl. hierzu Kapitel III.2, in dem wir unter dem Blickwinkel veränderter Konzepte der Steuerung von Unternehmen empirische Illustrationen präsentieren.

[2] In nahezu allen Fallstudien stand die Untersuchung betrieblicher Dezentralisierungsprozesse auf der operativen Ebene im Vordergrund. Eine gewisse Ausnahme stellt das Unternehmen G dar. Hier kamen nur Gespräche auf der zentralen Ebene (keine Befragung auf Werksebene) zustande. Schwerpunkt der Gespräche waren hier einerseits Prozesse strategischer Dezentralisierung und Aspekte des internationalen Vergleichs von Bedingungen der operativen Dezentralisierung (vgl. Brünnecke u.a. 1991). Aspekte operativer Dezentralisierung wurden nur aus der Perspektive der zentralen Akteure (zentrale Personalabteilung und Gesamtbetriebsrat) thematisiert. Entsprechend eingeschränkt ist die Materialbasis.

gegebener Stelle aufmerksam machen, werden ihnen jedoch nicht systematisch nachgehen.[3]

Kriterium der Fallauswahl war das erkennbare Bestreben von Unternehmen, Kompetenzen und Verantwortung auf die operative Ebene zu verlagern und eine diesen Prozeß begleitende, legitimierende und befördernde Managementkonzeption. Um den Einfluß der betrieblichen Arbeitsbeziehungen zu erfassen, wurden unterschiedliche Strukturen und Kulturen der betrieblichen Arbeitsbeziehungen berücksichtigt.

Bei der Fallauswahl und der Anbahnung von Unternehmenskontakten erhielten wir Informationen und Unterstützung sowohl von der Seite der IG Metall als auch von der des Arbeitgeberverbandes (Verband der Metallindustrie Baden-Württemberg).

---

[3] Als theoretischer Einwand, der aus der Kritik des Kontingenzansatzes der Organisationsforschung bzw. der Strategie-Struktur-Forschung (vgl. für einen Überblick Werkmann 1989) wohlbekannt ist, wäre anzuführen, daß die situativen Faktoren durch die Wahrnehmungs- und Deutungsmuster und die normativen und kognitiven Konzepte (Leitbilder) der Organisationsgestalter und aufgrund der Interpretationsbedürftigkeit der Leitbilder und der begrenzten Rationalität der Entscheidungsprozesse in Organisationen durch die betriebspolitischen Prozesse "hindurch wirken". Demnach wären identische situative Faktoren und unterschiedliche organisatorische Strukturen durchaus kompatibel, da letztere sich durch unterschiedliche Wahrnehmungs-, Deutungsmuster und Problemlösungsmuster oder unterschiedliche betriebspolitische Ausgangskonstellationen erklären können. Ebenso können gleichgerichtete organisatorische Reformen in Organisationen trotz unterschiedlicher situativer Rahmenbedingungen aufgrund der von Managern (und anderen relevanten Akteuren) geteilten normativen und kognitiven Konzepte und ähnlichen Machtkonstellationen zustandekommen. Als zentrale Erklärungsvariable für organisatorischen Wandel jenseits organisationsindividueller Mikropolitik würden in dieser Perspektive Institutionalisierungsprozesse im gesellschaftlichen Umfeld von Organisationen geltend gemacht: Leitbilder und verfestigte Macht- und Austauschbeziehungen zwischen kollektiven gesellschaftlichen Akteuren (wie z. B. industrielle Beziehungen).

Tabelle 1:
Fallübersicht

Fall	Branche	Beschäftigte [1] Unternehmen	untersuchter Standort	Fertigungstyp
A	Elektrotechnik/ Elektronik	ca. 2.400	1.900	Mittel- und Kleinserien (z.T. Einzelfertigung)
B	Elektronik	400	dto.	kundenauftragsbezogene Einzelfertigung, Kleinserienfertigung
C	Unterhaltungselektronik	Konzern: 120.000 dt. Tochter: 1.050	700	überwiegend Großserien, Massenproduktion
D	Informations- und Kommunikationstechnik	Inland: 31.000	4.200	Großserien
E	Maschinenbau	Konzern: 34.000 Unternehmen: 500	500	kundenauftragsbezogene Einzel- und Kleinserienfertigung
F	Maschinenbau	350	dto.	kundenauftragsbezogene Einzel- und Kleinserienfertigung
G	Elektrotechnik/ Elektronik	weltweit: 375.000 Inland: 230.000	*	von Einzelfertigung bis Massenproduktion
H	Automobilindustrie	220.000	70.000	Massenproduktion (mit steigender Variantenvielfalt)
I	Maschinenbau	750	650	Kleinserien, Einzelfertigung kundenspezifisch, auftragsbezogen
J	Automobilzulieferer	weltweit: 2.600 Inland: 1.700	1000	Mittel- bis Großserien

(1) zum Zeitpunkt der Erhebung
* kein Werks-/Standortbezug

Im Rahmen der Intensivfallstudien wurden Interviews mit Vertretern des oberen Managements, unteren und mittleren Linienvorgesetzten, Vorgesetzten und Mitarbeitern aus verschiedenen indirekten Abteilungen bzw. aus indirekten Abteilungen versetzten Mitarbeitern, Betriebsräten und gewerkschaftlichen Vertrauensleuten aus den betreffenden Werksbereichen durchgeführt. Neben den rund 80 Interviews in den sechs intensiv untersuchten Betrieben fanden in vier weiteren

Betrieben Expertengespräche mit Vertretern des Managements (Personal-/Produktionsmanagement) und des Betriebsrats statt (12 Interviews).
Die Erhebungen erfolgten im Zeitraum von 1989 bis 1991. Alle Fallstudien behandeln Dezentralisierungsprojekte, die vor der heute populären Lean Production-Diskussion geplant und umgesetzt wurden. In der Wahrnehmung unmittelbar beteiligter Akteure und in der breiteren Öffentlichkeit werden die von uns untersuchten Projekte inzwischen teilweise als Schritte zur schlanken Produktion interpretiert. Einige der Unternehmen gelten inzwischen in der öffentlichen Diskussion sogar als Pioniere schlanker Produktion in Deutschland.

Fallstudien, wie wir sie durchführten, erlauben keine allgemeinen Aussagen über den Verbreitungsgrad dezentraler Organisationskonzepte. Unsere eigenen Recherchen bei der Auswahl der Fälle, Kongreßbesuche und Diskussionen mit betrieblichen Praktikern haben uns aber vor Augen geführt, daß die hier behandelten Fälle keinesfalls "Exoten" in einer sonst unveränderten Organisationslandschaft darstellen. Empirische Untersuchungen, die eine größere Zahl von Unternehmen einbeziehen, bestätigen diesen Befund, obwohl bei der Forschungslage erhebliche Abstriche hinsichtlich der Vergleichbarkeit der Erhebungskriterien und dem Differenzierungsgrad der Erhebungsinstrumente gemacht werden müssen. Darüberhinaus liefert die betriebs- und ingenieurswissenschaftliche "Praktiker"-Literatur vielfältige Belege für die Verbreitung neuer Organisationskonzepte.[4]

---

[4] Aus einer Reihe von empirischen Untersuchungen lassen sich Erkenntnisse über den Verbreitungsgrad dezentraler Organisationskonzepte gewinnen (vgl. Hennig/Pekruhl 1991; VDMA 1990; Engroff (AWF) 1991; Schulte 1990 a,b; Schultz-Wild/Nuber 1989; Fix-Sterz u.a. 1986; Schumann u.a. 1989; Schultz-Wild u.a. 1989; Bahnmüller u.a. 1992). Teilweise handelt es sich um Nebenergebnisse anderer Untersuchungen (vgl. Bahnmüller u.a. 1992; Hennig/Pekruhl 1991). So erweisen sich einer flächendeckenden Erhebung über die baden-württembergischen Metallindustrie zufolge arbeitsorganisatorische Veränderungen als wichtiger Auslöser für betriebliche Weiterbildungsanstrengungen, die zu weitreichenderen und systematischeren Weiterbildungsanstrengungen führen als technische Innovationen (vgl. Bahnmüller u.a. 1992, S.98ff.). Teilweise werden neue Formen der Arbeitsorganisation vor allem unter der Perspektive der Alternativenwahl beim Einsatz neuer Technologien betrachtet (vgl. Fix-Sterz u.a. 1986; Schultz-Wild u.a. 1989) oder es werden nur Teilaspekte behandelt (vgl. Schultz-Wild/Nuber 1989). Aber auch dort, wo - wie bei der AWF-Erhebung über die Verbreitung von Fertigungsinseln - ein tiefgestaffeltes Erhebungsraster über den Autonomisierungsgrad (der Fertigungsinseln) Verwendung findet, fehlen systematische Aussagen über die Rückwirkungen auf Hierarchie und indirekte Bereiche (vgl. Engroff 1991). Neben großzahligen Erhebungen gibt es eine Fülle betriebswirtschaftlich/ingenieurswissenschaftlicher Falldarstellungen und Praxisberichte, deren systematische Auswertung aber noch aussteht (im

3. Argumentationsgang

Unser Hauptinteresse gilt Formen, Wirkungen und Prozessen operativer Dezentralisierung. In Kapitel III.1 stellen wir zunächst eine empirisch angeleitete Typologie operativer Dezentralisierungsformen vor, die wir mit Fallbeispielen illustrieren. Wir konzentrieren uns auf Dezentralisierungsbestrebungen in der Produktion, von denen allerdings vielfach ein Ausstrahlungseffekt auf andere Unternehmensbereiche ausgeht. In der Untersuchung stießen wir auch auf Experimente mit Gruppenarbeit und Teamkonzepten in anderen Unternehmensbereichen (Auftragsinseln, Vertriebsinseln, Konstruktionsinseln u.ä.). Solche Konzepte werden am Rande erwähnt, sie stehen aber nicht im Zentrum der Betrachtungen.

Dezentrale teilautonome Fertigungseinheiten werden teils von vornherein in neue betriebliche Steuerungssysteme eingebunden, teils stellt sich erst im Laufe des Umsetzungsprozesses heraus, daß die neuen Strukturen veränderte Formen der Integration in den Produktions- und Materialfluß und damit veränderte Steuerungssysteme erfordern. Im Kontext von Dezentralisierungsprojekten wird in den Unternehmen, wie wir feststellen konnten, eine verstärkte Integration der bislang funktional strikt separierten Bereiche Produktion, Entwicklung/Konstruktion und Vertrieb zum Fluchtpunkt weiterreichender Veränderungen. Hier wird mit neuen Formen experimentiert, die zum Teil in übergeordnete, strategische Dezentrali-

---

Literaturanhang sind einige Fallberichte exemplarisch aufgenommen). Gegen eine systematische Auswertung unter den hier interessierenden Fragestellungen sperrt sich das Material aber aufgrund der doch sehr heterogenen Fragestellungen und Perspektiven. Über Entwicklung und Ergebnisse der Qualitätszirkelbewegung und verwandter Konzepte (in den 80er Jahren) gibt es inzwischen ebenfalls eine Fülle überwiegend fallbezogener Literatur (für einen ersten Überblick vgl. Brünnecke u.a. 1992). Eine Reihe von Projekten aus der HdA-Forschung thematisieren die Einführung dezentraler Arbeitsstrukturen. Schwerpunkte lagen in der Elektroindustrie, Automobilindustrie und Bekleidungsindustrie. Sie enthalten aber nur randständige Erkenntnisse über die Rückwirkungen auf Vorgesetzte und indirekte Bereiche (allenfalls in Einzelfällen und unsystematisch: vgl. Freimuth 1988; Bargmann 1984; Bahnmüller u.a. 1982; Girschner-Woldt u.a. 1986; Fricke/Wiedenhofer 1985).
Der Kern der industriesoziologischen Forschungsergebnisse läßt auch dort, wo veränderte Organisationskonzepte thematisiert werden, aufgrund der methodischen Orientierung an Fallstudien keine abgesicherten Rückschlüsse auf den Verbreitungsgrad dezentraler Organisationskonzepte zu. Mit übergeordneten - branchen- bzw. industrieweiten - Rationalisierungstrends beschäftigen sich neben dem "Trendreport" nur Pries u.a. 1990 auf der Basis von Branchenexpertisen. Rückwirkungen auf Hierarchie und indirekte Bereiche stehen in diesen Studien aber nicht im Brennpunkt des Interesses.

sierungsmaßnahmen (Divisionalisierung) eingebunden sind. Hierzu geben wir in Kapitel III.2 einen Überblick, wobei wir den Schwerpunkt auf die veränderten intraorganisationalen Beziehungen der betrieblichen Subsysteme legen.[5]

Was sind die Ziele und Beweggründe der Reorganisationsprozesse? In Kapitel III.3 konzentrieren wir uns auf die Darstellung der offiziellen Ziele der Reorganisationsprozesse aus Sicht ihrer Promotoren. Anlässe und Gründe für die neuen Konzepte, sich wandelnde Ziele und allgemeine Hintergrundsüberzeugungen der relevanten Akteure über die Erfolgsträchtigkeit des eingeschlagenen Weges öffnen uns aber hier schon den Blick auf die betriebspolitischen Aspekte der Prozesse, die nicht in formal rationaler Planung aufgehen.

In Kapitel IV werden wir uns mit den Wirkungen operativer Dezentralisierung beschäftigen. Die Leitfrage ist hier, welche Konsequenzen dezentrale Organisationsstrukturen für die formale Struktur der Hierarchie, für Vorgesetztenrollen wie auch für Funktion, Status und Selbstverständnis fertigungsnaher indirekter Bereiche haben. Weitergehende Wirkungen auf andere Unternehmensbereiche, die teilweise durch die Veränderung des betriebspolitischen Gewichts der direkten Abteilungen im Zuge der operativen Dezentralisierung, teilweise durch eine generelle kritischere Durchleuchtung von Stabsarbeit und Overhead ausgelöst werden, werden im Anschluß behandelt. Im Abschnitt IV.4 fassen wir die (ambivalenten) Wirkungen auf die direkte Produktionsarbeit zusammen, die sich in Grundzügen schon aus der Beschreibung der Formen ergab. Ferner deuten unsere Befunde immer wieder auf Prozesse der Erosion der traditionellen Arbeiter-Angestellten-Unterscheidung und bislang orientierungsstiftender Karrierewege hin (IV.5). Diese beiden Gesichtspunkte erschließen sich aus dem Fallmaterial, wenn wir ein Stück weit die unmittelbar beobachtbare Entwicklung extrapolieren. Damit ist das Feld der strukturellen Wirkungen der neuen Organisationskonzepte vollständig umrissen, so daß wir uns den betriebspolitischen Aspekten der Dezentralisierungsprozesse zuwenden können, die freilich mit der strukturellen Seite vielfach verschränkt sind (Kapitel V).

Das betriebspolitische Dilemma der Dezentralisierung (V.1) zeigt auf, daß das Gelingen organisatorischer Reformen keineswegs selbstverständlich ist, sondern

---

[5] Auch das just-in-time-Konzept ist ja nicht nur - wie oft fälschlicherweise angenommen - ein Konzept zur veränderten Integration der Zulieferer ("produktionssynchrone Beschaffung", vgl. Wildemann 1988).

an bestimmte Konstellationen gebunden ist. In Kapitel V.2 identifizieren wir veränderte betriebspolitische Konstellationen, die Dezentralisierungsprozesse ermöglichen und in ihren konkreten Formen prägen. Die jeweiligen betrieblichen Arbeitsbeziehungen erweisen sich dabei als ein wichtiger Einflußfaktor des organisatorischen Wandels. Umgekehrt beeinflussen die Dynamik des organisatorischen Wandels und seine Ergebnisse ihrerseits die betrieblichen Arbeitsbeziehungen.

In Kapitel V.3 wollen wir uns der Frage der Erfolgskontrolle zuwenden - eine Frage, die für die "Reformer" in den Unternehmen und ihre Legitimation verständlicherweise von großer Bedeutung ist. Sind die Dezentralisierungsprojekte gemessen an den selbstgesteckten Ziele erfolgreich? Eine einfach klingende, aber schwierig zu beantwortende, höchst vertrackte Frage. Wirklich klären können wir sie nicht und dies nicht nur, weil wir uns als Soziologen "vornehm" zurückhalten und sie an die betriebswirtschaftlichen Kollegen weiterleiten wollen, deren eigentliches Metier sie ist. Es zeigt sich, daß die Bestimmung des Zeitpunkts der Erfolgsmessung, die Kriterienwahl, die Wahl der Meßverfahren und die Annahmen über Ursache-Wirkungsketten eine Bandbreite von Erfolgsmessung eröffnet, in der Leitbilder und betriebspolitische Konstellationen (wiederum) ihr - den naiven Kostenrechner und Controller zur Verzweiflung bringendes - "Unwesen" treiben.

Die überbetrieblichen und strukturellen Wirkungen auf das System der industriellen Beziehungen, die durch den organisatorischen Wandel ausgelöst werden, greifen wir in Kapitel V.4 auf. Zusammenfassung und Ausblick (VI) runden das Bild ab.

III. Dezentralisierung von Unternehmen: Eine Typologie der Formen und exemplarische Illustrationen

Eine möglichst präzise begriffliche Bestimmung der neuen Organisationskonzepte scheint uns unabdingbar. Die industriesoziologische Forschung hat aufgrund ihres vorherrschenden Blicks auf subsystemische Rationalisierungsprozesse und unmittelbare Arbeitsfolgen in den operativen Einheiten wenig zu einer begrifflichen Klärung beigetragen. Auf ein ausgearbeitetes deskriptives Kategoriensystem kann nicht zurückgegriffen werden. Die in jüngerer Zeit im Zuge der "systemischen Wende" erfolgte Blickausweitung der Industriesoziologie auf die Gesamtorganisation, ihre Organisationsstrukturen und Koordinierungsmechanismen hat noch nicht zu einer Behebung dieses Mangels geführt. Es herrschen eher ad-hoc-Begriffe vor oder es werden relativ willkürlich die Kategorien der betrieblichen Praxis oder der anwendungsbezogenen betriebswirtschaftlichen Organisationsforschung übernommen.[6] Wir konzipieren organisatorische Innovationen unter der

---

[6] Vgl. exemplarisch Dörre u.a. (1993), die neue Managementkonzepte im Hinblick auf ihre Bedeutung für die industriellen Beziehungen untersuchen. Die Autoren benennen zwar vor dem Hintergrund einer spezifischen Rezeption des "Modells" Lean Production konkrete Elemente neuer Organisationskonzepte ("stärkere Hereinnahme von Marktprinzipien in die Arbeits- und Unternehmensorganisation, die Dezentralisierung von Entscheidungsprozessen, flachere Hierarchien, auf Beteiligung und Konsens ausgerichtete Führungsstile und vor allem verschiedene Formen von Team- und Gruppenarbeit", ebd., S.15). Sie bemühen sich aber nicht weiter um eine Präzisierung und begriffliche Abgrenzung der Organisationskonzepte bzw. Managementkonzepte, sondern interessieren sich im folgenden für die dahinter stehenden "Managementprinzipien", die dann in wechselnder Bezeichnung "partizipativ-arbeitskraftzentrierte Managementkonzepte", "beteiligungsorientierte Managementkonzepte" oder "partizipatives Management" genannt werden. "Partizipation" hebt aber erst einmal nur auf die Beteiligung von Untergebenen an Entscheidungen von Vorgesetzten ab - oftmals begrifflich begrenzt auf die Beteiligung der operativen Ebene an Entscheidungen des als Block verstandenen Managements. In diesem engen Sinn ist es bei Dörre u.a. aber offenbar nicht gemeint. Nur handelt man sich eine ziemliche Verwirrung darüber ein, was jeweils in wechselnden Argumentationskontexten eigentlich gemeint ist. Unter den "Partizipationsfällen" werden dann nämlich organisatorisch recht unterschiedliche Innovationen, neue Management- und Führungsstile etc. zusammengezogen (vgl. ebd. S.18ff). Strukturveränderungen der Organisation (organisatorische Innovationen auf verschiedenen Ebenen) und neue Managementphilosophien als gegebenenfalls leitende Prinzipien können auf dieser Grundlage begrifflich kaum mehr auseinandergehalten werden. Es ist zwar keinesfalls sinnlos, den Versuch zu machen,

gemeinsamen Überschrift "Dezentralisierung" auf unseren Untersuchungszweck, unsere Fragestellung bezogen. Das deskriptive Instrumentarium kann unseres Erachtens aber darüber hinaus für eine präzisere, operationalisierte Fassung der verbreiteten "Rede" von "neuen Managementkonzepten" bzw. "neuen Organisationskonzepten" fruchtbar gemacht werden.

Der Begriff der "Dezentralisierung" hebt auf den Prozeß der Veränderung von Organisationsstrukturen und die Richtung der Veränderung ab, nicht aber auf die eindeutige Beschreibung der durch Dezentralisierung neu entstehenden Arbeitsstrukturen. Zur vollständigen Beschreibung des entstehenden Arbeitssystems müssen andere Faktoren hinzugenommen werden: die Technologie des Arbeitssystems; das konkrete Aufgabenspektrum, das durch die jeweils unterschiedliche Ausgangslage und den Grad der Dezentralisierung (d.h. den Umfang der verlagerten Funktionen) bestimmt wird; die interne Arbeitsteilung und der interne Steuerungsmodus. Für die Beschreibung der hier betrachteten "reflexiven" Rationalisierungsprozesse (vgl. Deutschmann 1989b, Pries 1991 bezugnehmend auf Beck 1986) erweist sich die gewählte Begrifflichkeit als fruchtbar. Der prozessuale Begriff der Dezentralisierung öffnet die Strukturanalysen zugleich dem betriebspolitischen Blick auf die Entscheidungs- und Umsetzungsprozesse.

---

solche leitenden Prinzipien (Managementstile, -philosophien, -leitbilder) zu identifizieren. Für die im folgenden bei Dörre u.a. behandelte Fragestellung nach den Wirkungen "neuer Managementkonzepte" auf die industriellen Beziehungen und die Herausbildung von neuen Akteurskonstellationen in der betrieblichen Arena kann die mangelnde begriffliche Präzisierung aber nicht folgenlos bleiben. Die von organisatorischen Veränderungen in neuer und unterschiedlicher Weise betroffenen Gruppen von Organisationsmitgliedern kommen so nicht oder nur sehr pauschal in den Blick. Die Frage nach neuen Koalitionen verengt sich zu schnell auf die Rolle der Promotoren der "neuen Managementkonzepte" und der betrieblichen Interessenvertretung, die durchaus konstatierten Interessendifferenzierungen quer zu den "Lagergrenzen" von Kapital und Arbeit (vgl. ebd., S.23) werden nicht ausbuchstabiert. Unseres Erachtens ist das mit der Folge verknüpft, daß Widerständen in der Hierarchie und den indirekten Bereichen und dem damit verknüpften betriebspolitischen "Dilemma der Dezentralisierung" (s.u.) zu wenig Aufmerksamkeit gewidmet wird bzw. die legitimatorische Funktion der Kritik ("ideologischer Schleier") an der "Lehm-" oder "Lähmschicht" des organisatorischen Mittelbaus für das obere Management gegenüber den "handfesten" Problemen organisatorischen Wandels überzeichnet wird (vgl. ebd., S.31). Damit gerät in betriebspolitischer Perspektive eine wesentliche Triebkraft für die Herausbildung "neuer Koalitionen" und in struktureller Perspektive eine nähere Beschäftigung mit den Folgen neuer Managementkonzepte für Vorgesetzte und indirekte Bereiche/Stäbe aus dem Blick.

1. Formen operativer Dezentralisierung

1.1 Typologie der Dezentralisierungsfälle

Operative Dezentralisierung weist verschiedene Formen auf. Wir unterscheiden zwei Grundformen nach dem Grad bzw. der Dauerhaftigkeit des Eingriffs in die formale Organisationsstruktur: Operative Dezentralisierung als strukturbegleitende, "parallele" und als strukturverändernde, "echte" Dezentralisierung.[7] Wir verwenden für diese beiden Typen im folgenden die Kurzformen "parallele" und "echte" Dezentralisierung, bei denen die Zusätze "strukturbegleitend" und "strukturverändernd" mitgedacht werden müssen.

Unter *operative Dezentralisierung als strukturbegleitende, parallele Dezentralisierung* fassen wir Formen wie Qualitätszirkel und verwandte Konzepte[8], Projektorganisation unter Einbeziehung der ausführenden Arbeit und sonstige Beteiligungsangebote an die ausführende Arbeit. Gemeinsames Kennzeichen dieser Formen ist die Begrenzung auf einen definierten Zweck und Zeitraum, während die bisherigen formalen Organisationsstrukturen, die alltägliche Kompetenzver-

---

[7] Diese Unterscheidung kann auf verschiedene konzeptionelle Überlegungen aus der Literatur zurückgreifen. So unterscheidet Deppe (1987) bei "Kleingruppenarbeit" zwischen "Arbeitsgruppen neben dem 'normalen' Arbeitsablauf" und "Arbeitsgruppen bei der konkreten Arbeitsausführung" (S.2). Nach einer auf Krüger zurückgehenden Unterscheidung (vgl. Krüger/Reißner 1990) verschiedener "Inhaltsmuster von Hierarchie" können wir parallele Dezentralisierung unter die Rubriken "delegations- bzw. partizipationsergänzte Hierarchie", die Fälle echter Dezentralisierung unter die Rubrik "dezentralisierte Hierarchie" subsumieren. Der von Krüger stammende Begriff "Inhaltsmuster der Hierarchie" hat den Vorteil, daß er erlaubt, unterschiedliche Formen der Steuerung und Kontrolle zu unterscheiden, ohne daß der Eindruck erweckt wird, dezentralere Formen wären nicht-hierarchisch. Malsch (1987, S.66) unterscheidet technisch-organisatorische und arbeitspolitisch-regulative Aspekte von Arbeitsorganisation. Arbeitspolitisch-regulative Konzepte von operativer Dezentralisierung "zielen (dann) nicht auf Arbeitsintegration im Sinne der Rücknahme von Arbeitsteilung, sondern auf Integration des Arbeiters als Person, auf Einbindung und Motivierung der Beschäftigten" (ebd. S.67).

[8] Deppe (1987) listet eine Fülle in der Praxis vorfindlicher Bezeichnungen für solche Kleingruppen auf (Mitarbeiterzirkel, Werkstattkreise, Problemlösungsgruppen, Innovations-, Kreativitätszirkel u.v.a.m.). All diese faßt er unter dem Begriff "Qualitätszirkel i.w.S." (S.2).

teilung unangetastet bleiben. Dennoch bedeutet parallele Dezentralisierung - sofern sie ernst gemeint ist - einen Eingriff in bisherige Kompetenzverteilungen. Sich Maßnahmen zur Qualitätssicherung, Effizienzsteigerung oder zur Verbesserung der Arbeitsbedingungen in einer Arbeitsgruppe auszudenken und zu konzipieren, gehört eben traditionell nicht in den Kompetenzbereich ausführender Arbeit in tayloristisch-strukturierten Arbeitssystemen, sondern in die Zuständigkeit von Vorgesetzten bzw. indirekten Abteilungen und Stäben. Wir sprechen bezüglich solcher Innovationsformen also deshalb von Dezentralisierung, weil Elemente von Verantwortung und Kompetenz nach unten delegiert werden, die bisher allein den dafür zuständigen Experten reserviert waren. Die nähere Bestimmung als *parallele* Dezentralisierung hebt darauf ab, daß hierbei die bestehenden Strukturen der Hierarchie und funktionalen Organisation charakteristischerweise nicht grundlegend verändert, sondern lediglich ergänzt werden. Parallele Dezentralisierung setzt an Problemen an, die aus den bestehenden Strukturen der Betriebe selbst resultieren. Sie zielt letztlich darauf, strukturell begründete Informations- und Kommunikationslücken zwischen der Produktion und den indirekten Bereichen zu schließen und hierzu "Produktionsintelligenz" vor Ort zu mobilisieren, die bislang brach lag. Jedenfalls wurde "Produktionsintelligenz" in tayloristischen Arbeitssystemen kaum in systematischer Form zur Optimierung von Produktionsprozessen nutzbar gemacht. Natürlich wurden im alltäglichen Arbeitshandeln Mängel der Planung und Steuerung des Produktionsgeschehens in vielfältiger Weise durch kompetentes Arbeitshandeln und gestützt auf betriebliches Erfahrungswissen informell - zumindest teilweise - vor Ort ausgeglichen. Die Fehlerhaftigkeit der Pläne und die prinzipielle Grenze der detaillierten Vorstrukturierung von Arbeitsprozessen wurde durch dieses informelle Arbeitshandeln immer wieder verdeckt, der Plan und die formale Kompetenzverteilung somit gerettet. Zugleich wurde aber eine effektive Rückkopplung von Fehlern und Fehlerursachen unterbunden.

Echte Dezentralisierung bezeichnet demgegenüber diejenigen Innovationsformen, bei denen in die formale Arbeitsorganisation generell und zeitlich unbegrenzt eingegriffen wird. Die Einführung von Fertigungsinseln, Fertigungssegmenten und teilautonomen Gruppen bzw. Teams zählen wir hierzu.

Von echter Dezentralisierung wollen wir nur dann sprechen, wenn in irgendeiner Form die vertikale und nicht nur die horizontale Arbeitsteilung reduziert wird, also Kompetenzen von Vorgesetztenebenen und/oder von indirekten Bereichen auf die operative Ebene verlagert werden. Insofern grenzt sich echte Dezentralisierung von reinen Maßnahmen des "job enlargement" und der "job rotation" ab, die nur die vorhandenen operativen Tätigkeiten umverteilen. Dennoch kann die (teilweise) Aufhebung vertikaler Arbeitsteilung auch mit einer zeitgleichen Aufhebung horizontaler Arbeitsteilung einhergehen, Dezentralisierung also mit Integration von Arbeitstätigkeiten verbunden sein. Dies ist dann zwingend, wenn - wie z.B. bei der Fertigungsinsel oder der Fertigungssegmentierung - das Grundprinzip der Tätigkeitszuordnung zu operativen Einheiten verändert wird. Dies geschieht bei der zumeist mit dem Ziel der Durchlaufzeiten- und Bestandssenkung verbundenen Abkehr vom verrichtungsorientierten Werkstattprinzip zum objektorientierten Prinzip der Teilefamilie oder zum produkt- bzw. bauteile-/modulorientierten Prinzip in der Fertigungssegmentierung.

Grundtypen echter Dezentralisierung

Aus unserem Fallmaterial haben wir zwei Grundtypen echter Dezentralisierung konzipiert:

(1) Dezentralisierung nach dem Selbstorganisationsmodell und

(2) Dezentralisierung nach dem Intrapreneurmodell[9] ("Neue Meisterwirtschaft").

Diese Unterscheidung bezieht sich auf drei Aspekte, die sich im Dezentralisierungsprozeß ergänzen: die *Ebene der Verlagerung* von Kompetenzen innerhalb der operativen Einheiten, damit auch den *Grad der internen Arbeitsteilung* und den *neuen Integrationsmodus* der operativen Einheit. Sie bewährt sich vor allem im Hinblick auf die Frage nach den Rückwirkungen von Dezentralisierungsprozessen auf fertigungsnahe Abteilungen und Vorgesetztenrollen.

(1) Das *Selbstorganisationsmodell*: Hier werden Kompetenzen und Verantwortung unmittelbar einer - häufig qualifikatorisch weitgehend homogenen - Gruppe (teilautonome Gruppe) zugewiesen. Die teilautonome Gruppe nimmt diese Aufgaben, die ehemals Vorgesetzten oder indirekten Abteilungen zugewiesen waren, in "Selbstorganisation", ohne formal festgeschriebene, funktionale Arbeitsteilung

---

[9] Intrapreneur - ein Kunstwort für den "internen Entrepreneur".

wahr. Allenfalls wird sie durch einen Gruppensprecher (-moderator, -koordinator), der keine Vorgesetzenrolle innehat, koordiniert.

(2) Das *Intrapreneurmodell ("Neue Meisterwirtschaft")*: Hierbei werden Verantwortung und Kompetenzen auf einen neuen Typ des unteren Vorgesetzten (den Intrapreneur oder "Unternehmer im Unternehmen") verlagert, der seine Aufgaben wiederum an einen Kreis von Spezialisten in seinem Verantwortungsbereich delegieren kann. Die Arbeitsteilung zwischen direkten und indirekten Funktionen bleibt innerhalb der operativen Einheit weitgehend erhalten. Die früher in indirekten Abteilungen funktional ausdifferenzierten Tätigkeiten (z.b. Instandhaltung/Arbeitsplanung/Fertigungssteuerung) finden sich unter dem Dach gemeinsamer Verantwortung für ein (Teil-)Produkt oder einen Prozeßabschnitt wieder. Ob "Intrapreneur" oder "Neue Meisterwirtschaft", gemeinsam ist allen Modellen die Vorstellung von größerer - eben quasi-unternehmerischer - Verantwortung für das Betriebsgeschehen in allen relevanten Dimensionen (Kosten, Termine, Qualität, Bestände) in der Hand des betrieblichen Linienvorgesetzten, so, wie sie schon der Meister in vortayloristischer Zeit wahrgenommen haben mochte. Die Bezeichnung "Intrapreneur" drückt das höhere Gewicht der Linie gegenüber den indirekten Funktionen und Stäben aus, auf die sich die "unternehmerische" Aufgabe früher verteilte - und dabei nicht selten zwischen die Stühle fiel. Die neue Position kann in einer abgeflachten Hierarchie und bei deutlich reduzierten indirekten Abteilungen statusmäßig deutlich angehoben sein (vgl. zu konzeptionellen Überlegungen u.a. Schmid 1987).

Beide Formen "echter" Dezentralisierung können sich ferner danach unterscheiden, welche Verantwortlichkeiten und Kompetenzen verlagert werden und in welchem Umfang dies geschieht. Wir wollen dies den *Dezentralisierungsgrad* nennen.

Schaubild 1:
Formen der Dezentralisierung

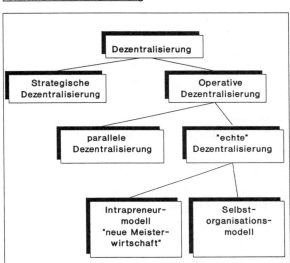

Verantwortlichkeiten können sich z.B. auf die Dimensionen Menge, Kosten, Qualität, Termine, Bestände beziehen - je nach Zuschnitt des untersuchten Produktionssystems und je nach strategischer Orientierung. Die Kompetenzen können Aufgaben aus folgenden Bereichen umfassen: Einrichten und Programmierung von Maschinen und Anlagen; Qualitätssicherung und -kontrolle; Instandhaltung/ Wartung; Zeitwirtschaft/Arbeitsplanung/Kalkulation; Produktionsplanung und -steuerung; Materialwirtschaft/Logistik; prozeßbezogenes Ingenieurwesen; Betriebsmittel- und Fabrikplanung; Sicherung von umweltgerechten Prozeßabläufen/Entsorgung; Vertrieb/Marketing/Service; Entwicklung und Konstruktion; Personalwesen. Je nach Unternehmen (Branche und Produktionstyp) variieren die Bezeichnungen und die Zuordnungen von Funktionen zu Abteilungen und Bereichen. Der Dezentralisierungsgrad unterscheidet sich je nachdem, welche der genannten Funktionen und Verantwortlichkeiten und in welchem Umfang (in Abgrenzung zu Kompetenzen und Verantwortung vorgelagerter Stellen) verlagert werden.

In einer graphischen Darstellung können wir die beiden Gesichtspunkte - Dezentralisierungsgrad nach Funktionen und Typen der Dezentralisierung - quasi übereinanderlegen (siehe Schaubilder 2-4). Im Schaubild 2 wird die jeweilige (hier exemplarisch gewählte) Ausgangssituation der Kompetenzverteilung zwischen direkter Produktionsabteilung und indirekten Funktionen (Dezentralisierungsgrad) und deren interne Verteilung auf operativ Beschäftigte und Vorgesetzte/Spezialfunktionen in der direkten Abteilung verdeutlicht. In den Schaubildern 3 bzw. 4 werden dann die Ergebnisse des jeweilig zu betrachtenden Dezentralisierungsprozesses dargestellt. Die Extremfälle der reinen Typen Selbstorganisation (3) und Intrapreneurmodell (4) könnten bildlich dargestellt werden:

(3) Zum einen durch die Verschiebung der stark schraffierten Fläche auf Kosten von interner Arbeitsteilung innerhalb der direkten Abteilung und/oder Hereinnahme von indirekten Funktionen in die Tätigkeit der operativ Beschäftigten. (4) Zum anderen durch Hinzufügen von schräg schraffierten Flächen zur operativen Einheit (Kompetenzen und Verantwortung von Vorgesetzten und spezialisierten indirekten Funktionen innerhalb der operativen Einheit) ohne Ausdehnung der stark schraffierten Fläche (Kompetenzbereich der operativ Beschäftigten) auf Kosten der bisherigen indirekten Abteilungen/Tätigkeiten.

Schaubild 2:

Idealtypisches tayloristisches Organisationsmodell

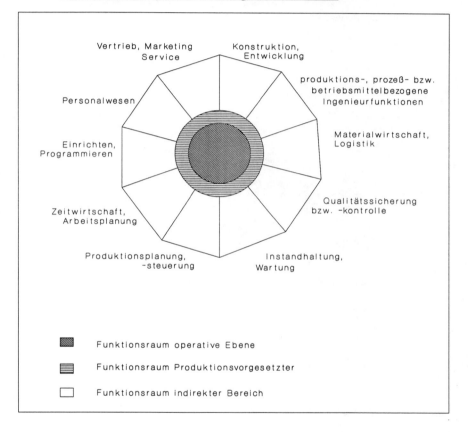

Schaubild 3:

Typisierte Organisationsform des Selbstorganisationsmodells

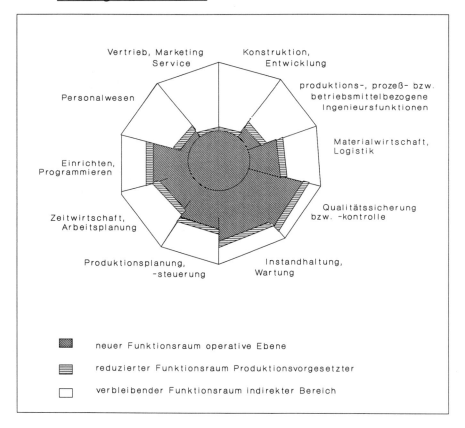

Schaubild 4:

Typisierte Organisationsform nach dem Intrapreneurmodell

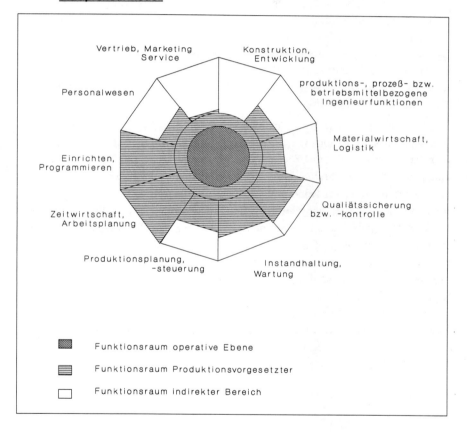

1.2 Exemplarische Illustrationen

Verbreitung der unterschiedlichen Formen im Fallspektrum
In unserem Fallspektrum finden wir die beschriebenen Typen der echten Dezentralisierung zwar nicht in Reinform, aber dennoch in deutlicher Ausprägung. In neun der zehn Fälle wird auf Projekte echter Dezentralisierung gesetzt, und in sieben dieser neun Fälle ist eine annähernde Zuordnung zu einem der beiden Typen möglich: Drei Fälle vom Typ des Intrapreneurmodells und vier Fälle vom Typ der Selbstorganisation. In den verbleibenden zwei Fällen ist zum einen die Informationsbasis über die überdies auch stark differierenden betrieblichen Projekte zu schmal, zum anderen das Projekt konzeptionell noch so im Fluß, daß eine Zuordnung nicht möglich ist.

Parallele Dezentralisierung in Form von Qualitätszirkeln i.w.S. und von Projektorganisation kann unabhängig von Projekten echter Dezentralisierung vorkommen, sei es, weil in dem Unternehmen überhaupt keine solchen Projekte konzipiert und durchgeführt werden, sei es, weil Qualitätszirkel in Bereichen praktiziert werden, in denen keine anderen Dezentralisierungsprojekte durchgeführt werden, während dies in anderen Unternehmens- bzw. Betriebsteilen durchaus der Fall sein kann. In zwei Unternehmen wird explizit der Versuch unternommen, beide Formen der Dezentralisierung zu integrieren: Aufbauend auf Gruppenarbeit und der dort für die alltäglichen Verrichtungen vorgesehenen Selbstorganisation der Arbeitsgruppen, aber auch im Rahmen von neuen Produktionsteams in der Form des Intrapreneurmodells wird daran gearbeitet, Qualitätszirkel kontinuierlich arbeitend zu etablieren bzw. - besser ausgedrückt - kontinuierliche Verbesserungen zur Aufgabe und zum Thema der Beschäftigten in den neu entstandenen Arbeitsgruppen und Produktionsteams zu machen.

Tabelle 2:
Formen operativer Dezentralisierung

Fall	"parallele" Dezentralisierung	"echte" Dezentralisierung		
		Projekt-bezeichnung	Einordnung [1] Selbstorganisation ⊢ .... ⊣ Intrapreneurmodell	
A		Fertigungssegmente	(X)	
B		Fertigungsinseln		X
C	Qualitätszirkel kontinuierlicher Verbesserungsprozeß (CEDAC)		–	–
D		selbstständige Produktionseinheiten, "autarke" Business Units		X
E	Projektorganisation	Fertigungs- u. Montageinseln	X	
F	Projektorganisation	Gruppenarbeit	X	(X)
G	Qualitätszirkel	Gruppenarbeit Fertigungssegmente	keine Aussage möglich	
H	Qualitätszirkel KVP	Gruppenarbeit	X	
I		Fertigungsinsel		X
J		Fertigungsinsel	(X)	

(1) Wir nehmen die Zuordnung der Fälle anhand einer Skala vor, deren Eckpunkte die beiden Grundtypen der Dezentralisierung - Selbstorganisation und Intrapreneurmodell - bilden Die Lage des Kreuzes auf dieser Skala gibt Verlagerungstendenz im jeweiligen Fall an.
Eine Mehrfachankreuzung ist dann möglich, wenn im Unternehmen unterschiedliche Projekte vorhanden sind.
Ein eingeklammertes Kreuz (X) signalisiert, daß die Zuordnung problematisch oder die Entwicklung noch offen ist.

Exemplarische Illustrationen

Die Dezentralisierungsprojekte lassen sich einerseits als Konzeptionen, als Zielvorstellungen des initiierenden Managements über formale Verantwortungs- und Kompetenzverteilungen, andererseits als tatsächlich arbeitende Produktionseinheiten beschreiben. Man muß hier mit einem erheblichen Maß an Differenzen rechnen. Einer der befragten Manager verwandte zur Charakterisierung der Differenz das Bild von der "Hardware" und "Software" des neuen Organisationskonzepts.

Die "Hardware", die Umstellung der Maschinen, die Zuordnung von Teilen zu Fertigungsinseln, die formale Festlegung von Kompetenzen und ihre Darstellung in auch für die Außendarstellung verwendbaren Schaubildern, all dies ist relativ schnell erfolgt und schon lange im Unternehmen etabliert. Die "Software" hingegen, die tatsächliche Annahme von Kompetenzen von unten in der neu gestalteten Organisationseinheit, die tatsächliche Abgabe von Kompetenzen von oben durch Meister und vorgelagerte Abteilungen, das Zusammenwachsen der "auf dem Papier" zusammengestellten Arbeitsgruppe zu einer tatsächlich Hand in Hand arbeitenden Einheit, die sich der neuen Zielsetzungen annimmt, die Förderung und Unterstützung dieses Prozesses durch Vorgesetzte und indirekte Funktionen, hat lange auf sich warten lassen. Nur das "tote Gerüst" der formalen Organisationsänderung existierte, und in ihm sind weiterhin die alten Arbeitsweisen und Kompetenzverteilungen vorherrschend.

In nahezu allen Fällen ziehen sich die Reorganisationsprozesse über längere Zeiträume - teilweise über Jahre - hin, bleiben lange Zeit Differenzen zwischen formalen Organisationsveränderungen und tatsächlicher Arbeitsweise bestehen. Zumeist sind die Projekte zu Beginn der Planung noch relativ offen definiert, bleibt die Gestalt der neuen Organisationskonzepte der Einflußnahme verschiedener betrieblicher Akteursgruppen geöffnet. Im Umstellungsprozeß ergeben sich neue Erkenntnisse, die zu einer Modifikation der Modelle führen können. Nahezu alle Projekte waren zum Zeitpunkt des Untersuchungsabschlusses noch im Fluß. In einigen Fällen, in denen wir die jüngste Entwicklung etwas mitverfolgen konnten, stellte sich heraus, daß die Lean Production-Debatte die Dezentralisierungsbefürworter bestärkte und den eingeschlagenen Weg nachträglich legitimierte. In anderen Fällen bekamen die betrieblichen Projekte durch die Lean Production-Debatte überhaupt erst richtig Fahrt. Die konkreten Formen der Umsetzung der neuen Erkenntnisse sind aber erst im Entstehen.

Die im folgenden präsentierten exemplarischen Illustrationen beschreiben erst einmal - mit Blick auf die jeweiligen Konzeptionen und formalen Strukturen - Fälle zu den oben beschriebenen Typen von Dezentralisierung. Ergänzend geben wir hier nur einige grobe Hinweise über die Diskrepanzen zwischen "Hardware" und "Software" und ihre Ursachen. Diese Differenz wird uns als Problem der betriebspolitischen Realisierung von Dezentralisierungsprojekten unter einem anderen Blickwinkel noch einmal beschäftigen.

Parallele Dezentralisierung

Wir illustrieren die parallele Dezentralisierung mit einem Fall, in dem sowohl Qualitätszirkel als auch andere, von japanischen Erfahrungen inspirierte Methoden der kontinuierlichen Problemlösung durch operativ Beschäftigte zum Einsatz kamen. Der beschriebene Fall hat sicherlich seine Besonderheiten. Insbesondere das offensichtliche Scheitern bzw. "Einschlafen" der Qualitätszirkelbewegung in dem Unternehmen wollen wir durch die Fallauswahl nicht als typisch hinstellen. Dennoch liefert uns die Beschreibung des Falles Hinweise auf Probleme der Umsetzung der damit verbundenen Intentionen, die - nach Kenntnis der Literaturlage[10] und anderer Fälle aus unserem Fallspektrum - allgemeinere Gültigkeit haben.

Qualitätszirkel und Kaizen-Methoden: "Von Japan lernen"?

Scheitern und symbolische Handhabung - ein Beispiel

In dem deutschen Tochterunternehmen eines japanischen Multinationals aus der Unterhaltungselektronikbranche wurden Anfang der 80er Jahre auf Initiative der Konzernzentrale und nach dem Vorbild des Mutterhauses vom lokalen Management Qualitätszirkel (QZ) eingeführt. Die Einführung und die formalen Festlegungen zur Arbeitsweise der Zirkel entsprachen weitgehend den damals auf diversen QZ-Kongressen propagierten Richtlinien.

Die QZ bestanden in der Regel aus fünf bis sechs Beschäftigten, die sich zumeist einmal die Woche für eine halbe Stunde trafen. Die QZ-Arbeit erstreckte sich über ca. ein halbes Jahr; in diesem Zeitraum sollte die Gruppe ein Ergebnis vorlegen. Bezüglich der internen Organisation ihrer Arbeit hatten die QZ als selbstorganisierte Gruppen weitgehende Freiheiten. Sie wählten aus ihrer Mitte eine Art Sprecher, der die Aufgabe hatte, zu den Sitzungen einzuladen, die Sitzungen zu moderieren, zur Mitarbeit aufzufordern, die Protokolle und den Ergeb-

---

[10] Vgl. zu einem knappen Überblick: Brünnecke u.a. 1992, S.8f.

nisbericht vorzulegen. Der Sprecher hatte zumeist die interne fünfteilige Schulung durchlaufen, in der auch Arbeitstechniken vermittelt wurden. Die Themenwahl oblag der Gruppe selbst. Es wurde allerdings nahegelegt, Themen auszuwählen, die mit dem eigenen unmittelbaren Arbeitsfeld zu tun und einen solchen Komplexitätsgrad hatten, daß sie innerhalb des vorgesehenen Zeitraums erfolgreich bearbeitbar erschienen. Die Themen waren weit gespannt. Es überwogen zwar solche, die unmittelbaren Bezug zur eigenen Tätigkeit der Gruppenmitglieder hatten, es wurden aber auch übergreifende Fragestellungen bearbeitet, die unter Umständen mehrere Arbeitsgebiete und Abteilungen betrafen. Von Teilen des Managements wurde dies gern gesehen, da es auch ein Ziel der QZ-Arbeit sein sollte, die "Betriebsblindheit" zu überwinden und das Denken in größeren betrieblichen Zusammenhängen zu fördern. Die QZ hatten das Recht, im Rahmen ihrer Arbeit Experten aus Fachabteilungen hinzuzuziehen. Über den eigenen Bereich hinausgreifende Themen zu bearbeiten, erwies sich vor allem wegen anhaltender Versuche der Kompetenzabgrenzung durch betroffene Abteilungen als schwieriger als die Behandlung der Probleme des eigenen Bereichs. Bei letzteren überwogen die technischen Projekte, die an Qualitäts- und Effizienzgesichtspunkten orientiert waren. Es wurden aber auch Möglichkeiten zur Verbesserung der Arbeitsbedingungen erarbeitet. Zum Teil ließen sich beide Gesichtspunkte verbinden, indem Verbesserungen der technischen Abläufe zugleich Belastungsminderungen bewirkten.

Oberhalb der Ebene der einzelnen QZ gab es die Institution des QZ-Koordinators. Seine Aufgabe bestand darin, Anstöße zu geben, Vorschläge zu machen, zwischen einzelnen Gruppen zu vermitteln, aber auch die QZ-Arbeit - etwa im Hinblick auf Termineinhaltung - zu überwachen.

In QZ erarbeitete Vorschläge wurden an ein "QZ-Komitee", eine Art Jury weitergereicht. Sie setzte sich aus Vertretern der Geschäftsleitung, verschiedenen Abteilungsleitern und einem Vertreter des Betriebsrats zusammen. Das Komitee hörte die QZ nach der halbjährigen Arbeitsphase an und bewertete deren Ergebnisse. Den Gewinnern dieser Bewertung winkten Preise - Sachpreise und als Höhepunkt die Teilnahme am konzernweiten QZ-Wettbewerb in Japan. Die Anhörungen der QZ hatten einen deutlich zeremoniellen Charakter. Formal unabhängig von dieser Bewertung wurden die QZ-Ergebnisse an die jeweils zuständige Fachabteilung bzw. Hierarchiebene weitergeleitet, die über die Umsetzung der Ergebnisse zu entscheiden hatte. Gegebenenfalls konnten die Ergebnisse auch in das betriebliche Vorschlagswesen als Gruppenvorschlag eingereicht werden. Die Prüfungen und Bewertungen durch die Fachabteilungen waren häufig Quelle von Konflikten und Enttäuschungen für die QZ-Gruppen, die nicht selten meinten, ihre Arbeitsergebnisse seien auf die lange Bank geschoben, mißachtet oder falsch bewertet worden.

Vorgesetzte konnten in den Gruppen auch mitarbeiten, hatten aber dann keine Vorgesetztenfunktion, sondern nur den Status eines normalen Gruppenmitglieds. Um Konflikte und Spannungen zu vermeiden, wurde darauf geachtet, daß unmittelbare Vorgesetzte (z.B. Meister) nicht in der selben Gruppe wie ihre Untergebenen arbeiteten. Die Beteiligung an den QZ war für alle Abteilungen und Beschäftigtengruppen offen. Die Initiatoren hatten die Absicht, auch die operativ Beschäftigten an den Montagebändern - überwiegend angelernte Frauen, darunter sehr viele verschiedene Nationalitäten - in die Qualitätszirkelarbeit einzubeziehen. Die Beteiligung an den QZ war formal freiwillig, informell wurde allerdings ein gewisser Druck ausgeübt.

Die ursprünglichen Absichten der Beteiligung ließen sich nicht realisieren. Nachdem in einer frühen Boomphase bis zu 30 QZ gleichzeitig in dem rund 700 Beschäftigte umfassenden Betrieb tätig waren und während der aktiven Phase auch unmittelbar ertragreiche Vorschläge aus der Qualitätszirkelarbeit resultierten[11], ließ die Beteiligung in der Folge nach. Am ehesten wurde das Instrument von den indirekten produktionsnahen Abteilungen und von den qualifizierteren Produktionsarbeitern und -arbeiterinnen angenommen (Reparateure, Springer). Keinerlei Erfolg hatte man mit der QZ-Arbeit in den Angestelltenbereichen. Auch gelang es nicht, die angelernten Arbeiterinnen an den getakteten Bändern für die QZ-Arbeit zu gewinnen. Hierbei spielte die Frage der Arbeitszeiten eine wichtige Rolle. Die Arbeit in den QZ galt zwar als Arbeitszeit und konnte dort, wo sie mit der Erledigung des "normalen" Arbeitsauftrags vereinbar erschien, auch während der regulären Arbeitszeiten vorgenommen werden. Dort, wo das nicht möglich schien, wurden die Arbeitszeiten als Überstunden vergütet. Insbesondere für die angelernten Montagearbeiterinnen bedeutete dies, daß QZ-Arbeit nur mit Überstunden zu bewältigen war, da die Montagebänder nicht für QZ-Aktivitäten

---

[11] Es wird von durchaus beträchtlichen Einsparungspotentialen durch einzelne Vorschläge berichtet. In einem Fall gab es für einen Verbesserungsvorschlag, der aus einer der Gruppen erwuchs, einen fünfstelligen Betrag als Prämie im betrieblichen Vorschlagswesen.

angehalten wurden, während für die taktentkoppelten und indirekten Arbeiten durchaus auch QZ während der regulären Arbeitszeit stattfinden konnten. Für viele der in Familienpflichten eingebundenen Arbeiterinnen schied aber die Beteiligung an QZ außerhalb der regulären Arbeitszeiten aus. Hinzu kam, daß sich für diese Beschäftigtengruppe eine erhebliche Differenz auftat zwischen den Beteiligungsversprechen der QZ, der sich darum rankenden Humanisierungsrhetorik und den alltäglichen Erfahrungen in extrem kurzzyklischen, monotonen und hierarchisch strukturierten Arbeitsprozessen, in denen teilweise noch dazu ein rüder Ton der betrieblichen Vorgesetzten die Atmosphäre vergiftete. Die Diskrepanz drückt sich deutlich darin aus, daß die Gestaltung des Arbeitssystems nach der Devise vorgenommen wurde "Je kleiner der Arbeitsinhalt ist für den einzelnen Arbeiter, desto weniger kann er falsch machen", während auf der anderen Seite von den gleichen Beschäftigten Anstrengungen zur Verbesserung der Arbeitsqualität und der Produktivität außerhalb der alltäglichen Arbeitsverrichtungen erwartet wurden. In diesem Zusammenhang ist erwähnenswert, daß das Unternehmen gegenüber dem gültigen Tarifvertrag noch einmal deutlich herabgesetzte Taktzeiten durchgesetzt hatte. An einem der Bänder galten sogar Taktzeiten von 21 Sekunden, während der Tarifvertrag Mindesttaktzeiten von 1,5 Minuten vorschreibt.

Die angelernten Montagearbeiterinnen fühlten sich anfangs durchaus von den Möglichkeiten der Qualifizierung und der selbstorganisierten Beschäftigung mit Problemen aus dem eigenen Arbeitsumfeld angesprochen. Diese Motivation konnte aber unter den obwaltenden Rahmenbedingungen nicht aufrechterhalten werden. Im Laufe der Zeit erlahmten auch die Aktivitäten der anderen Beschäftigtengruppen. Als Hauptgründe werden genannt: Die Beteiligung an den Qualitätszirkeln hat teilweise durchaus qualifizierende Wirkungen gehabt und damit aber auch Erwartungen an höherwertige Arbeit geweckt, die dann jedoch nicht oder nur in sehr wenigen Einzelfällen erfüllt werden konnten. Vorgesetzte sind der QZ-Arbeit vielfach mit Desinteresse und Skepsis begegnet, fühlten sich durch die Aktivitäten herausgefordert und haben im günstigsten Fall keine Unterstützung gegeben, vielfach auch die Aktivitäten "madig" gemacht. Die mit den Vorschlägen aus den QZ befaßten Abteilungen haben durch Verschleppen, unvollständige oder fehlende Rückmeldung und zum Teil durch "Schlecht-Machen" der aus den QZ stammenden Vorschläge die Motivation untergraben. Frustration und Rückzug waren die Folge.

Eine Zeit lang wurde das QZ-Wesen nur noch unter großen Motivierungsanstrengungen (mit "Pushen") symbolisch aufrechterhalten. Als dann im Jahre 1988 die japanische Zentrale eine neue Methode der Mitarbeiterbeteiligung an Problemlösungen propagierte und damit die deutsche Geschäftsleitung auch von dem Legitimationsdruck gegenüber der Zentrale befreite, und als zudem der ursprüngliche japanische Initiator die Firma verließ, "schliefen" die QZ ein. Es gab im Unternehmen keine relevante Kraft mehr, die QZ-Arbeit hätte anstoßen und tragen können. Zu diesem Zeitpunkt löste das Ende der QZ auch keine Überraschung im Betrieb mehr aus. Das formale Gehäuse war schon ausgehöhlt.

Kontinuierlicher Verbesserungsprozeß (KAIZEN) mit Hilfe der "CEDAC"[12]-Methode

In der Folge wurde von der japanischen Zentrale eine neue Methode propagiert, die Beschäftigten in die Lösung von Problemen in ihrem Arbeitsumfeld einzubeziehen, um Qualität zu sichern und Produktivitätsgewinne zu erzielen. Die Einführung der CEDAC-Methode ist letztlich ein (neuerlicher) Versuch, einen kontinuierlichen Verbesserungsprozeß zu etablieren.

Die CEDAC-Methode arbeitet mit einem Ursache-Wirkungsdiagramm. Im Grunde handelt es sich nur um eine Darstellungsmethode zur Problembearbeitung im Rahmen einer Abteilung oder Arbeitsgruppe. Im Unternehmen wird die Methode nicht für spezifische Problemlösungsgruppen (wie zuvor die QZ) oder im Rahmen von Gruppenarbeitskonzepten, sondern in der alltäglichen Arbeit einer Abteilung eingesetzt. Zuständig ist der jeweilige Abteilungs-, Gruppen- oder Bandabschnittsvorgesetzte. Er führt das Diagramm, das im Arbeitsbereich aushängt. Er definiert das zu bearbeitende Problem und jeder Beschäftigte aus der Abteilung ist aufgefordert, mögliche Ursachen und Lösungen zu benennen. Der jeweilige Vorgesetzte quittiert den Fortschritt der Problembearbeitung durch das Anbringen von Punkten auf dem Diagramm: Zur-Kenntnisnahme, Einleitung von Maßnahmen, Vollzug der Maßnahme. Ferner wird auf der Wirkungsseite des Diagramms die zu beeinflussende Größe möglichst graphisch dargestellt, um den Erfolg der eingeleiteten Maßnahmen zu überprüfen und zu dokumentieren. Die

---

[12] Cause and Effect Diagramm with Addition of Cards, eine modifizierte Form des Ishikawa-Diagramms, das aus der japanischen QZ-Diskussion bekannt ist (vgl. Deppe 1987).

Methode beruht auf der freiwilligen Bereitschaft der Beschäftigten einer Abteilung, sich an der Problemlösungsaktivität zu beteiligen. Besondere Gruppenaktivitäten werden nicht ergriffen, die Problemlösungsaktivitäten erfolgen individuell und neben der regulären Arbeit.

Es bleibt unklar, ob aus der Sicht des Managements der japanischen Zentrale diese Methode als Ersatz für die QZ-Arbeit verstanden wurde oder nur als Ergänzung. In der betriebspolitischen Konstellation des Unternehmens, in der die Direktiven des japanischen Managements vor allem unter legitimatorischen Gesichtspunkten befolgt wurden, ersetzte die eine Methode die andere. Die Methode wurde von vornehrein weitgehend formal angewandt. Auf der Grundlage der durch die QZ-Erfahrungen enttäuschten Beteiligungserwartungen konnte mehr als formale Unterstützung nicht mehr mobilisiert werden.

Die Ergebnisse der Fallstudie machen zweierlei deutlich:

Zum einen ist darauf hinzuweisen, daß Formen paralleler Dezentralisierung mit zum Teil tiefverwurzelten Widerständen im mittleren und unteren Management und in den indirekten Bereichen gegen eine Kompetenzerweiterung der Produktionsarbeit konfrontiert sind. Der Erfolg der Innovationen hängt wesentlich davon ab, ob diese Widerstände überwunden werden können und einem anderen Verständnis und Selbstverständnis von Vorgesetztenrollen und indirekten Bereichen Platz machen. Andernfalls wirken sie demotivierend und paralysieren die angestrebte Kompetenzverlagerung.

Zum anderen ist auf die im vorliegenden Fall offensichtliche Diskrepanz zwischen dem Angebot hinsichtlich Beteiligung, Motivation und Qualifikationserweiterung in den Qualitätszirkeln und den alltäglichen Arbeitsanforderungen in einer weiterhin nach tayloristischen Prinzipien durchorganisierten Fertigung aufmerksam zu machen. Sie verweist auf das Problem, wie in Formen paralleler Dezentralisierung - auch in den jüngst verstärkt propagierten "kontinuierlichen Verbesserungsprozessen" - Motivation aufrechterhalten werden kann, wenn nicht zugleich Formen echter Dezentralisierung realisiert werden, die arbeitsinhaltliche Motivationen ansprechen und der Industriearbeit zu erhöhtem Status, verbesserter Eingruppierung und Bezahlung verhelfen.[13]

---

[13] Das japanische Vorbild löst diese Probleme bekanntlich auf der Basis eines ganz anderen institutionellen Arrangements (Beschäftigungsverhältnis, Entgeltsystem, Hierachie und Aufstiegswege) (vgl. Jürgens 1992 und Altmann 1992).

Aus anderen Fällen unseres Samples sind aber auch andere Formen bzw. Vorgehensweisen bekannt. Qualitätszirkel werden als spezifische Gruppenarbeitsformen auf der Grundlage von echter Dezentralisierung (Gruppenarbeit, Teamkonzepte) eingeführt oder das QZ-Wesen wird als Schritt in einem größeren Prozeß der Organisationsentwicklung konzipiert. Auf diese Weise können QZ dann zu einem Element neuer Arbeitsstrukturen werden.[14]

Echte Dezentralisierung nach dem Intrapreneurmodell: "Selbständige Produktionseinheiten" und "Business Units"

Das Dezentralisierungsprojekt ist im Leiterplattenbereich eines deutschen Werkes eines amerikanischen Computerherstellers angesiedelt. Der Kern des Projekts besteht in der Umstellung von einer strikt funktionalen Organisationsstruktur der Produktion zu einer prozeßorientierten, integrierten Organisationsstruktur. In der Ausgangslage finden wir eine weitgehend auf den Parameter Mengendurchsatz festgelegte "dumme" (so der abfällige interne Jargon) Fertigungsabteilung, die von einer Reihe indirekter Abteilungen "umzingelt" war. Diese indirekten Abteilungen unterstanden nicht der Fertigung, sondern anderen hierarchischen Strängen innerhalb des Bereichs bzw. des Werks. Die Zuständigkeiten waren klar abgegrenzt. Grundprinzip der alten Organisationsstruktur war die vielfach geteilte Verantwortung für den Produktionsprozeß und eine weitgehende funktionale Spezialisierung, die zwar einen hohen Grad von Expertentum ermöglichte, aber eben auch eine hypertrophe Aufblähung indirekter Bereiche, einen ausgeprägten "Standesdünkel" und einen hohen Koordinierungsaufwand angesichts vieler "Schnittstellen" hervorbrachte.

Das Grundkonzept der Reorganisation besteht aus der Bildung von selbständigen Produktionseinheiten, die sich ihrerseits aus "autarken" Business-Units zusammensetzen. Kernpunkt des Konzepts ist die Integration aller indirekten Funktio-

---

[14] Zu den konzeptionellen Überlegungen vgl. z.B. Wexlberger (1986, 1989). Erstaunlich ist allerdings, wie im Zuge der Lean Production-Diskussion heute in ähnlich euphorisch-naiver Art wie Ende der 70er/Anfang der 80er Jahre zum Zeitpunkt der ersten QZ-Bewegung in der Bundesrepublik Qualitätszirkel und "Kaizen"-Praktiken propagiert werden, ohne sich die relativierenden und ernüchternden Erfahrungsberichte zu Herzen zu nehmen, wie sie z.B. schon auf dem "ersten deutschen Quality Circle Kongreß" 1982 vorgestellt wurden (vgl. Weitz/Zimmermann 1983). Die dort dokumentierten Erfahrungsberichte und Diskussionen lesen sich heute mit neuem Gewinn.

nen, die für den Normalbetrieb der Produktion nötig sind, in die Produktionseinheiten bzw. Business-Units. Folgende indirekte Funktionen wurden in die Produktion verlagert: Instandhaltung, Grundversorgung, prozeß- und qualitätsbezogenes Ingenieurwesen, Qualitätskontrolle und Fertigungssteuerung.

Die Linienvorgesetzten sollen als "Unternehmer im Unternehmen" einheitliche Verantwortung für eine Produktlinie bzw. einen Prozeßabschnitt wahrnehmen. Die indirekten Funktionen sind ihnen unterstellt. Summa summarum wird die Linie gegenüber dem Stab gestärkt und die direkte Arbeit gegenüber der indirekten. Den veränderten Stellenwert drückt auch die Bezeichnung aus: Aus *Fertigungs*abteilungen wurden *Produktions*einheiten bzw. -abteilungen.

Die Produktionseinheiten bekommen die vollständige Verantwortung für ein bestimmtes Produktspektrum (z.B. Mehrschichtleiterplatten) und die Business-Units die vollständige Verantwortung für einen Prozeßabschnitt innerhalb des dafür notwendigen Produktionsprozesses (z.b. Bohren, Fotoprozesse, Verkupferung). Die Verantwortung erstreckt sich auf die Dimensionen Menge, Qualität, Termin, Kosten, Prozeßstabilität, Anlagennutzung, Beschaffung und Einsatz von Prozeßmaterialien und Innovationen innerhalb eines eingeführten Prozesses (Verbesserungswesen). Bei der Bildung der Produktionseinheiten wird darauf geachtet, die möglichst komplette (Teil-)Produktverantwortung unter eine Linienfunktion zu bekommen. Die Abteilungsbildung richtet sich nach dem Prinzip des "kontinuierlichen Fertigungsflusses". Zu diesem Zweck werden bisher nach dem Verrichtungsprinzip gebildete Abteilungen auf die verschiedenen Produktionseinheiten bzw. Produktgruppen aufgeteilt. So gibt es z.B. in drei Produktionseinheiten heute Bohr- und Fotoprozeßabteilungen. Das Prinzip der Abteilungsbildung nach Produktverantwortung konnte allerdings nicht in Reinform durchgesetzt werden. Bestimmte Prozeßabschnitte, die für alle Produktgruppen notwendig sind, sind sehr kapitalintensiv und verlangen spezifisches Know-How und können technisch nicht bzw. nur unter unvertretbaren Kapitalkosten aufgeteilt werden. So wird ein Basisprozeß, der für alle Arten von Leiterplatten die Vorprodukte liefert, als eigene Produktionseinheit geführt. Diese Produktionseinheit hat die übrigen Einheiten als werksinterne "Kunden". Betriebslabors, mit spezifischer technologischer Ausstattung bleiben ebenfalls zentral für alle Prozesse zuständig.

Prinzipiell bleibt die Arbeitsteilung zwischen indirekten Funktionen und direkten Funktionen innerhalb der neuen Produktionseinheit erhalten. Der Zuschnitt der

Aufgaben verschiebt sich aber partiell "nach unten". Qualifizierte Fachkräfte aus indirekten Funktionen geben den "unteren Teil" ihres Aufgabenspektrums an Operator ab. Darüber hinaus ist vorgesehen, die Demarkationslinien zwischen den Funktionen fließend zu halten. Zwischen den Technikerfunktionen sollen möglichst viele Vertretungsmöglichkeiten gegeben sein. Aber auch zwischen direkten und indirekten Funktionen will man die Linien durchlässiger halten. Technikerfunktionen sollen normalerweise nicht zu direkten Produktionstätigkeiten verpflichtet sein, in Notfällen aber auch mit anpacken. Es ist angestrebt, direkte Produktionsarbeiter stärker in das Gesamtgeschehen einzubinden. Das soll über die Übernahme von Routinewartungstätigkeiten, die Mitarbeit bei Instandhaltungstätigkeiten und die Übernahme von Qualitätskontrollen, aber auch generell im anvisierten "kontinuierlichen Verbesserungsprozeß" geschehen. Eine generelle Anhebung der "Operator"tätigkeiten ist aber nicht vorgesehen, beobachtet werden kann nur eine begrenzte Nivellierung der Qualifikations- und Eingruppierungsstruktur. "Teambildung" unterschiedlicher Funktionen unter der Führung des Abteilungsleiters und des zum ersten Fachvorgesetzten avancierten Betriebsingenieurs ist das Stichwort. In der Praxis gelingt das noch in sehr unterschiedlichem Umfang. Neben Berichten über einzelne, zum Teil spektakuläre Erfolge gibt es aber auch deutliche Skepsis über den Stand des Erreichten. Vielfach ist es noch nicht gelungen, die alten Demarkationslinien zu überwinden. Die Bereitschaft, sich als Teil einer Produktionsmannschaft zu verstehen, ist insbesondere bei ehemaligen Indirekten oft wenig entwickelt, die mit dem Übergang in die (ehemals) "dumme" Fertigung die Befürchtung verbinden, "jetzt wieder an der Maschine stehen zu müssen", und den Schritt als Abstieg interpretieren.

Schaubild 5:

Struktur einer "selbständigen Produktionseinheit" mit "autarken" Produktionsabteilungen

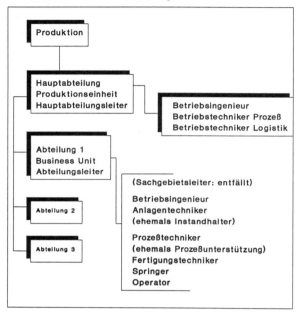

Echte Dezentralisierung nach dem Selbstorganisationsmodell: Fertigungsinseln im Maschinenbau

Zur Illustration des Selbstorganisationsmodells greifen wir auf das Projekt der flächendeckenden Einführung von "Inseln" - Fertigungs- und Montageinseln - in der Produktion eines Maschinenbauunternehmens zurück. Das Unternehmen hat rund 500 Beschäftigte, ist Teil eines größeren ausländischen Konzerns und produziert auftragsbezogen in Einzelfertigung oder Kleinserie ein sehr spezialisiertes Produktprogramm. Wir beschreiben die Struktur und Funktionsweise der Inseln gemäß den konzeptionellen Grundzügen.[15]

---

[15] Die Realisierung dieser Konzeption hat einen langen Zeitraum in Anspruch genommen. Das Projekt galt zwischenzeitlich auch schon mal als gescheitert und hat dennoch sehr viel Aufmerksamkeit von außen auf sich gezogen. Differenzen zwischen "Hardware" und "Software"

Die weitreichendsten Veränderungen betreffen die mechanische Fertigung.[16] An die Stelle der verrichtungsorientierten Werkstattfertigung tritt die objektorientierte, auf Teilefamilien ausgerichtete Inselfertigung. Danach werden Maschinen und sonstige Betriebsmittel, die zu einer vollständigen Bearbeitung der jeweiligen Teilefamilie notwendig sind, räumlich und organisatorisch zusammengefaßt, während die zuvor existierenden Werkstätten um gleichartige Verrichtungen (Bohren, Fräsen, Drehen) zusammengefaßt waren. In den Inseln sollen im Zweischichtbetrieb Arbeitsgruppen von sechs bis zehn Personen zusammenarbeiten.

Es ist eine weitgehende Selbststeuerung der Kooperations- und Arbeitsprozesse durch die Mitarbeiter in den Inseln vorgesehen. Das Aufgabenspektrum der Inselbeschäftigten umfaßt neben den eigentlichen Maschinenarbeiten an konventionellen und numerisch gesteuerten Werkzeugmaschinen und den Nebenarbeiten fertigungsvorbereitende Funktionen wie Werkzeugvoreinstellung, Einrichten, Umrüsten und teilweise auch die Programmierung der CNC-Werkzeugmaschinen (bzw. die Programmoptimierung zusammen mit dem Programmierer). Im Hinblick auf die Betriebsmittel sollen Fehlerdiagnose, Wartung, Pflege und kleinere Instandhaltungen zum Aufgabenprofil der Inselmannschaft gehören. Qualitätskontrolle in der Form der "Selbstkontrolle" durch die Werker soll den externen Kontrollaufwand erheblich reduzieren helfen und bewirken, daß immer auf Anhieb paßgenaue Teile in die Montage kommen. Die Inselmannschaft übernimmt auch die Feinplanung und -steuerung der Fertigungsaufträge, die Auftrags- und Terminüberwachung und Materialabrufe im Rahmen des übertragenen Auftragspools (Wochenpool). Hierzu gehören die eigenständige Reihenfolgeplanung und die Arbeitsverteilung in der Insel. Die Inselmitarbeiter sollen eigenständig im Rahmen ihrer Möglichkeiten produktionsökonomische Zielgrößen (Minimierung

---

der organisatorischen Veränderung sind hier sprichwörtlich. Dennoch ist das Konzept inzwischen, nachdem verschiedene Veränderungen im organisatorischen Umfeld vorgenommen worden sind, zumindest für die mechanische Fertigung weitgehend realisiert. Letztere arbeitet auch weitgehend nach den dort festgelegten Prinzipien. Auf Details der noch vorhandenen Abweichungen zwischen Konzept und Realisierung und die verschiedenen Etappen der Realisierung werden wir hier nicht eingehen.

[16] Die Montageinseln weisen allein aufgrund der unterschiedlichen Ausgangslage eine Reihe anderer Merkmale auf (z.B. keine Verrichtungsorientierung im Ausgangszustand). Ihre Realisierung war zum Untersuchungszeitpunkt noch weit weniger fortgeschritten. Allerdings soll auch hier das Modell der Fertigungsinseln realisiert werden. Nähere Ausführungen zu den Montageinseln sind für die hier beabsichtigte Illustration des Prinzips nicht nötig.

von Rüst- und Liegezeiten) mit marktökonomischen Zielgrößen (Durchlaufzeit, Termine) abstimmen. Den Inselmannschaften wird ein dezentrales EDV-System zur Verfügung gestellt, über das ein für eine sinnvolle Feinsteuerung ausreichender Auftragspool und zugleich Steuerungshilfsmittel (Simulations"werkzeuge") bereitgestellt werden. Die für dieses Aufgabenspektrum anfallenden Verwaltungstätigkeiten obliegen auch der Arbeitsgruppe.

Die interne Arbeitsteilung in der Insel ist gering ausgeprägt. Hilfsfunktionen werden allen Mitarbeitern gleichermaßen zugeordnet. Anvisiert ist, daß jeder Mitarbeiter der Insel alle anfallenden Arbeitstätigkeiten ausführen und alle Maschinen bedienen kann, um die notwendige Einsatzflexibilität zu erzielen[17]. Auch für die verlagerten indirekten Tätigkeiten und Tätigkeitselemente werden keine spezialisierten Funktionen vorgesehen. Vom homogenen Zuschnitt der Arbeitsanforderungen hebt sich die neu geschaffene Position des "Inselkoordinators" ab. In dieser Position sind die Aufgaben der internen Koordinierung (Reihenfolgeplanung, Arbeitsverteilung, Auftragsfortschrittsüberwachung, Personaleinsatz) und des nach außen wirkenden Ansprechpartners gebündelt. Es handelt sich aber beim Inselkoordinator nicht um eine hierarchische Position. Die Position wird von der Gruppe und aus der Gruppe besetzt und im Wechsel (im Vier- bis Sechs-Wochen-Rhythmus) wahrgenommen. Es ist auch angestrebt, daß jedes Gruppenmitglied diese Aufgabe einmal übernimmt, damit jeder Werker Verständnis dafür entwickeln kann.

Die Inselmannschaft trifft sich nach Bedarf - mindestens einmal monatlich - zu Gruppenbesprechungen. Im Arbeitsbereich der Insel symbolisiert das "Inselhäuschen", in dem Gruppengespräche stattfinden, Informationen für die Gruppenmitglieder aushängen und zugleich der EDV-Leitstand für die Steuerungsaufgaben der Gruppe zur Verfügung steht, die (relative) "Autonomie" der Gruppe. In zusätzlichen "Workshops" außerhalb der regulären Arbeitszeit wurden Erwartungen an die Gruppenarbeit und Probleme der Zusammenarbeit, Erwartungen an die Vorgesetzten und die vorgelagerten Bereiche unter der Anleitung eines externen Moderators diskutiert. Es ist daran gedacht, in einer Art "Lernstattkonzept" die Diskussion und Abklärung solcher Fragen kontinuierlicher in die Arbeits-

---

[17] Erreicht wurde, daß jeder Mitarbeiter zumindest drei Maschinen/Tätigkeiten auch unterschiedlicher Technologie beherrscht. Mehr erwies sich bislang nicht nötig, um die erwünschte Einsatzflexibilität herzustellen und wurde auch von den Werkern nicht nachgefragt.

weise der Inseln zu integrieren. Dies soll im Rahmen von "Gruppengesprächen" unter Anleitung ausgebildeter, betriebseigener Moderatoren geschehen.

Selbstorganisationsmodelle nicht nur auf der Basis von hochqualifizierter Facharbeit

Das ausgewählte illustrierende Beispiel könnte den Eindruck erwecken, Dezentralisierungsprojekte nach dem Selbstorganisationsmodell könnten nur auf der Grundlage qualifizierter Facharbeit - etwa nur in Fertigungsinselkonzepten des Maschinenbaus oder in Hochautomationsbereichen der Automobilindustrie - realisiert werden. Nach den Erkenntnissen unserer Fallstudien ist dies nicht der Fall. Wir würden auch Gruppenarbeitsmodelle auf der Basis von Anlernarbeit (z.b. in den Montagebereichen der Automobilindustrie oder in Fertigungssegmenten der Elektroindustrie) zu den Selbstorganisationsmodellen zählen. Der Rahmen, in dem Selbstorganisation stattfinden kann, mag hier enger gezogen und der Umfang der dezentralisierten indirekten Funktionen geringer sein, es bleibt aber dennoch ein Bereich von dezentralisierter Verantwortung und Kompetenz, in dem eine qualifikatorisch und statusmäßig homogene Arbeitsgruppe mit Unterstützung durch einen selbstgewählten "Gruppensprecher" dispositive und kontrollierende Aufgaben wahrnimmt - sich folglich bis zu einem gewissen Grad "selbst organisiert". Dies bleibt zu betonen, auch wenn die neuen Arbeitsstrukturen (wie z.B. Formen der Gruppenarbeit an Montagefließbändern in der Automobilindustrie) nicht zu einer Aufwertung der Produktionsarbeit zur Facharbeit führen und z.B. der Übernahme bestimmter indirekter Aufgaben etwa der Instandhaltung oder der Maschinen- und Anlagenprogrammierung deutlich engere Grenzen gesetzt sind. Dennoch können die Rückwirkungen dieser neuen Organisationskonzepte auf die Struktur der betrieblichen Hierarchie (Wegfall von Hierarchieebenen) und die Rolle von Vorgesetzten (Meister bzw. Gruppenmeister und Vorarbeiter) und teilweise auch auf indirekte Abteilungen/Funktionen (Qualitätswesen/-kontrolle) durchaus bedeutsam sein und betriebspolitische Auseinandersetzungen auslösen.

Operative Dezentralisierung in anderen Funktionsbereichen: Auftrags-/Vertriebs- und Konstruktionsinseln[18]

Reorganisationsprojekte in den anderen funktionalen Hauptabteilungen des Unternehmens sind vielfach ebenso wie die Fälle aus der Produktion von der Abkehr vom Verrichtungsprinzip (Trennung von Vetriebs- und Verwaltungsaktivitäten) zugunsten einer Kunden-/Auftragsorientierung geprägt.

In einem der Fälle wurden "Vertriebsinseln" gebildet. In diese Inseln wurden auf der Basis von regionalen Verantwortungsabgrenzungen die Außen- und Innendienstmitarbeiter und die Angebots- und Auftragsabwicklung integriert. Die zuvor bestehende "zentrale Auftragsabwicklung" wurde im Zuge dieser Maßnahme aufgelöst. In einem anderen Fall wurde die Konstruktion nach dem Prinzip der Produktgruppenzuständigkeit umorganisiert, wobei die zuvor existierende Zuordnung zu mechanischer und elektrotechnischer Konstruktion überwunden wurde.

Die konzeptionellen Vorbilder und weitere praktische Beispiele für diese Schritte findet man in der Literatur.[19]

Die Objektorientierung in den einzelnen funktionalen Einheiten der Organisation stellt vielfach die Vorstufe und den Anknüpfungspunkt für weitergehende Versuche einer durchgängigen Auftrags- bzw. Kundenorientierung der Organisation dar, die mit einer Relativierung oder sogar einer teilweisen Aufhebung der funktionalen Großstrukturen einhergehen. Darauf kommen wir im folgenden Abschnitt zurück.

---

[18] Diese waren nicht eigentlicher Gegenstand unserer Untersuchung. Wir stießen aber im Rahmen unserer Recherchen auch auf solche Projekte. Wir erwähnen sie hier als vergleichbare, von ähnlichen Grundgedanken getragene Konzepte.

[19] Als Beispiele für viele seien genannt: Produktinseln und Auftragsteam 1988; Heeg/Lichtenberg 1990; Hallwachs 1992; Nichts für Patriarchen 1992. Konzeptionell ist von "objektorientierten Organisationseinheiten" als Gestaltungsprinzip die Rede (vgl. Keller/Kern 1990). Als konzeptioneller "Vater" des Vertriebsinselkonzepts gilt das IAO der Fraunhofer-Gesellschaft (vgl. Bullinger u.a. 1991).

2. Veränderte Konzepte der Steuerung und Koordinierung

Die Dezentralisierungsprojekte gehen mit veränderten Beziehungen der neu strukturierten Organisationseinheiten einher. Das betrifft zum einen die Integration der verschiedenen produzierenden Subsysteme untereinander, zum anderen die Integration der Produktion in das Gesamtsystem des Unternehmens. Diese Veränderungen skizzieren wir weitgehend konzeptionell, in ihrem jeweiligen funktionalen Begründungszusammenhang. Diese Darstellungsform versehen wir mit einem Warnzeichen vor rationalistischen Mißverständnissen, da wir hier die vielfach suchenden und tastenden, auf vorgängigen Erfahrungen aufbauenden und unterschiedliche Interessen betrieblicher Akteure einbauenden Prozesse der Organisationsreform nicht nachzeichnen können. So sind veränderte Steuerungskonzepte bei weitem nicht immer von vorneherein Zielpunkt und Gestaltungsebene der ursprünglichen Dezentralisierungsprojekte. Zwar ist bei Projekten der Fertigungssegmentierung, die sich am just-in-time-Prinzip orientieren, eine veränderte Steuerung integraler Bestandteil des Dezentralisierungsprojekts, in anderen Fällen aber stellte sich erst im nachhinein heraus, daß eine veränderte Steuerung notwendig ist, um die funktionalen Vorteile der Dezentralisierung realisieren zu können, und sich aus ihr auch Kostenvorteile durch die Vermeidung von Doppelarbeiten erzielen lassen. Übergeordnete Veränderungen der "großen" funktionalen Strukturen können mit den operativen Dezentralisierungsprozessen einen gemeinsamen Hintergrund in einem übergreifenden Leitbild der Organisationsgestaltung haben, sie können aber auch erst aufgrund von Lernprozessen, die durch die operative Dezentralisierung ausgelöst werden, in Gang gesetzt werden oder relativ unverbunden zustande kommen, da sie auf verschiedene initiierende Zentren in der Organisation zurückgehen.

Integration innerhalb der Produktion

In den allermeisten Fällen sind die Dezentralisierungsprojekte unmittelbar mit einer veränderten Zuordnung der produzierenden Einheiten zueinander und einem veränderten Modus der Produktionsplanung und -steuerung verknüpft. Dies ergibt sich zumeist aus den mit den Dezentralisierungsprojekten verfolgten Zielsetzungen: Bestandssenkung in der Produktion, verbesserte Durchlaufzeiten und damit kürzere und termingerechte Lieferzeiten.

Natürlich gilt dies nicht für alle Branchen, Marktkonstellationen, Produktbereiche und Prozeßtechnologien gleichermaßen. Massen- und Großserienfertiger, die nicht kundenauftragsbezogen fertigen, stehen hier natürlich vor anderen Bedingungen als kundenauftrags- oder gar kundenspezifisch fertigende Einzel-, Klein- und Mittelserienfertiger. Auch für einzelne Produktions- und Prozeßabschnitte können sich aufgrund der hohen Kapitalbelastung spezifische Bedingungen ergeben, die eine verrichtungsorientierte Zentralisierung nahezu zwingend vorschreiben (z.B. das Preßwerk in der Automobilindustrie oder eine Verkupferungsanlage in der Leiterplattenfertigung).

Bis auf die angedeuteten Ausnahmen ist den untersuchten Projekten die Abkehr vom Prinzip der Verrichtungs- bzw. Arbeitsmittelzentrierung der Organisationsgestaltung gemeinsam. Die dezentralen Einheiten werden hierbei entweder nach dem Konzept der Objektorientierung (nach Teilefamilien wie im Fertigungsinselkonzept für die mechanische Fertigung) oder nach dem Konzept der Fertigungssegmentierung nach Produktlinien reorganisiert.

Dem Konzept der Fertigungssegmentierung liegt der just-in-time-Gedanke als Steuerungsprinzip zugrunde. Die Produktion einer abgegrenzten Produktlinie wird von ihrem letzten Produktionsabschnitt nach dem Prinzip der ziehenden Fertigung möglichst direkt von einer vertriebsgesteuerten Disposition angestoßen, und die vorgelagerten Fertigungsabschnitte sollen dem jeweils nachfolgenden möglichst "gerade rechtzeitig" die benötigten Vor- und Zwischenprodukte liefern. "Gerade rechtzeitig" heißt hierbei einerseits rechtzeitig, um die von den Kunden gewünschten Termine halten zu können, aber nicht verfrüht, um keine unnötigen Bestände und Zwischenlager in der Fertigung entstehen zu lassen.[20] Der Fluß innerhalb der einzelnen Produktionsabschnitte eines Segments kann dann über teilautonome Gruppen organisiert werden, die zumindest Mengen-, Termin- und Qualitätsverantwortung übernehmen und die dazu notwendigen Kompetenzen zugewiesen bekommen müssen, damit nach den neuen Steuerungsprinzipien überhaupt sinnvoll gearbeitet werden kann. Insofern sind der veränderte Steuerungsmechanismus und die Dezentralisierung von Kompetenzen in neuen Organisationsformen aufeinander bezogen.

---

[20] Diese Art der Produktionssteuerung kann im Prinzip auf eigene, wie auf fremde Fertigungskapazitäten angewandt werden ("produktionssynchrone Beschaffung", vgl. Wildemann 1988).

"Für mich ist es (das Fertigungssegment, d.V.) eine Funktionseinheit, ich sage, O.K., ihr sorgt dafür, daß ihr euch optimiert bezüglich eurer Abläufe, daß eure Bestände in Ordnung sind, daß eure Qualität in Ordnung ist, und daß eure Termine stimmen. Und im Grunde genommen letztendlich in Abstimmung mit demjenigen, der das ansteuert (der vorgelagerte Prozeß, d.V.), muß jetzt sichergestellt sein, daß ihr produktiv sein könnt."

"Und deshalb braucht man Strukturen, die schneller auf die Umwelt reagieren. Zum Beispiel in so einer Fertigungsinsel, wenn sie dem Mann die richtige Information geben, was gebraucht wird, wenn er dann die Information kriegt, wo seine Teile liegen, wie lange er darauf warten muß, der findet selber viel besser den Weg, als wenn man einer zentralen Arbeitsvorbereitung die Aufgabe gibt und die ihm jetzt tagtäglich quasi sagen soll, was er zu tun hat."

In anderen Zusammenhängen wird auch von "Continuous Flow Manufacturing" (CFM) und internen Kunden-Lieferantenbeziehungen gesprochen, wobei mit letzteren eine übergeordnete Konzeption der internen Beziehungen zwischen organisatorischen Subsystemen angesprochen ist, die hier auf den Produktionszusammenhang angewandt wird.

Bei der objektorientierten Zusammenfassung von Teiloperationen in der mechanischen Fertigung (Fertigungsinsel) ändert sich erst einmal nur der organisatorische Zusammenhang innerhalb der Teilefertigung. In der nach dem Werkstattprinzip organisierten mechanischen Fertigung stellte sich immer die Aufgabe der übergeordneten Koordinierung der nach dem Verrichtungsprinzip organisierten Teilarbeiten. Dies kann nun in der Fertigungsinsel in Selbstorganisation abgewickelt werden. Somit ergibt sich auch hier der Effekt, daß die Reorganisation des Produktionsflusses *und* die Dezentralisierung von Kompetenzen im Zusammenwirken übergeordnete Steuerungs- und Koordinierungsaufgaben teilweise überflüssig machen.

Bei der Teilefertigung mit Fertigungsinseln bleibt allerdings weiterhin die Aufgabe der Synchronisation mit den nachfolgenden Montagearbeiten. Die Möglichkeiten zur Beschleunigung der Durchlaufzeiten und zur Verringerung der Bestände, die in der Fertigungsinselorganisation liegen, können leicht an der Schnittstelle zur Montage wieder verloren gehen. In einem der Fälle wurde die just-in-time-Anbindung der mechanischen Teilefertigung an die Montage angestrebt. Zur Realisierung bedarf es aber eines übergeordneten Steuerungsmechanismus. Umgekehrt erwies es sich als schwierig, die mechanische Teilefertigung (auch dort, wo sie mit betriebseigenen Kapazitäten erbracht wurde) in den "kontinuierlichen Fertigungsfluß" eines Segments zu integrieren. Hier bricht sich oftmals die Objektorientierung (oder auch noch Verrichtungsorientierung) der Teilefertigung mit der Produktlinienorientierung der nachfolgenden Fertigungsprozesse in den Segmenten.

Integration der Produktion in das Gesamtunternehmen - Relativierung und (teilweise) Überwindung der funktionalen Gliederung

In den untersuchten Fällen wurden vielfach neue Formen der organisatorischen Integration der Produktion in das Gesamtunternehmen realisiert. Gemeinsam ist all diesen Projekten die *Relativierung und zumindest partielle Überwindung der funktionalen Organisation auf Unternehmensebene.*

Die Wege, auf denen das geschah, und die Formen, in denen es realisiert wurde, unterscheiden sich. In einigen Fällen ging die veränderte Einbindung der Produktion in das Gesamtunternehmen der operativen Dezentralisierung voraus, in anderen Fällen stellte sich nach Realisierung der operativen Dezentralisierung heraus, daß die erwarteten Effekte nicht oder nur unvollständig zu realisieren sind, wenn nicht an der Einbindung der Produktion in das funktionale Gesamtgefüge insgesamt etwas geändert wird.

So erwies sich, daß die Durchlaufzeitbeschleunigung, die in der Produktion zu erzielen ist, dann nicht oder wenig gegenüber dem Kunden durchschlägt, wenn sie an den Nahtstellen zum Vertrieb und zur Konstruktion/Entwicklung wieder verloren geht. Oder es stellte sich heraus, daß den dezentralen Fertigungseinheiten keine Auftragspools zur Verfügung gestellt werden können, innerhalb derer sie verantwortlich agieren sollen, wenn nicht die Abstimmung zwischen Produktion, Konstruktion/Entwicklung und Vertrieb neu koordiniert wird, und damit zugleich die Kunden- und Ablauforientierung des gesamten Unternehmens angepeilt wird.

Auch hier zeigt sich, daß in kundenauftragsbezogener und erst recht kundenspezifischer Fertigung die Dringlichkeit solcher Überlegungen deutlicher zum Ausdruck kommt als bei Großserien- und Massenfertigern, bei denen sich Phasen der Produktinnovation und grundlegender Prozeßinnovation deutlicher von eingefahrenen, stabilen Prozessen bzw. langlaufenden Produktlinien unterscheiden lassen. Aber auch Großserien- und Massenfertiger wie die Automobilproduzenten widmen neuerdings gerade dem Problem der Kooperation zwischen Entwicklung/Konstruktion, den Planungsbereichen und der Produktion neue Aufmerksamkeit, um Innovationen zu beschleunigen. Diesbezügliche Konkurrenzvorteile der japanischen Hersteller ließen aufhorchen.

Folgende Integrationsformen sind ausgehend von den untersuchten Fällen besonders hervorzuheben:

(1) Über die *Divisionalisierung* von Unternehmen wurde versucht, die großen Blöcke der funktionalen Organisation, die unmittelbar für den Kunden- und Marktbezug von Bedeutung sind, kleinzubrechen und produkt- bzw. marktorientiert neu auszurichten. Im Hintergrund steht die Überlegung, daß es insbesondere gelingen muß, die Grenzen zwischen Marketing/Vertrieb, Entwicklung/Konstruktion und Produktion durchlässiger zu machen, die Abstimmung zu beschleunigen und über die Ergebnisverantwortung für eine Produktgruppe die betriebswirtschaftliche Orientierung in allen Subeinheiten der Organisation zu verankern.

Die Divisionalisierung von Großunternehmen in Geschäftsbereiche und Sparten ist keine neuere Entwicklung. Zwei der in unserem Sample vertretenen Großunternehmen sind seit längerer Zeit nach diesem Prinzip organisiert. Hier ergeben sich allerdings neuere Entwicklungen im Hinblick auf die Eigenständigkeit der Divisions im Unternehmen (wirtschaftlich/rechtlich) und im Hinblick auf die Aufgabenverteilung zwischen weiterhin bestehender Zentrale (nur noch strategische Holding) und den Divisions. In unserem Sample sind darüberhinaus zwei Fälle von Divisionalisierung jüngeren Datums enthalten, bei denen mittlere Unternehmen versuchen, über diese Organisationsform die Markt- bzw. Kundenorientierung im Sinne des "Zeitwettbewerbs" zu verstärken.

Bei allen Realisierungsunterschieden[21] im einzelnen ist das Ergebnis der Divisionalisierung eine Verkleinerung der funktionalen Organisationseinheiten gegenüber der Vorläuferorganisation, die eine verbesserte Abstimmung und Markt- bzw. Kundenorientierung im "Zeitwettbewerb" und eine deutlichere Ergebnisorientierung der funktionalen Einheiten ermöglichen soll. Die funktionale Organisation innerhalb der Division wird aber hierbei erst einmal beibehalten.

(2) *Zentrale Auftragsleitstellen* sind in der Organisation hierarchisch hoch - mindestens auf derselben Stufe wie die funktionalen Großabteilungen - angesiedelte Abstimmungs- und Koordinierungsstellen, die den Verselbständigungsten-

---

[21] Die Kehrseiten der Divisionalisierung sind ja bekannt und in der betriebswirtschaftlichen Literatur in extenso diskutiert. Insbesondere Probleme mit schwankenden Kapazitätsauslastungen, Unterbindung von Synergieeffekten, Abschottung von Divisions, doppelte Betreuung von Kunden werden genannt. Die realisierten divisionalen Organisationen in unserem Fallspektrum weisen dementsprechend Abweichungen von der "reinen Lehre" auf (gemeinsame Teilfertigung als "Dienstleister" der Divisions, gemeinsamer weltweiter Vertrieb bei divisionalisiertem Marketing).

denzen und Suboptimierungen der funktionalen Teilsysteme entgegenwirken sollen. Hierbei bleiben aber die funktionalen Teilsysteme aufrechterhalten. Die funktionalen Teilorientierungen von Verkauf, Produktion und Entwicklung/Konstruktion sollen nicht außer Kraft gesetzt werden, sie sollen aber zu einem schnelleren Ausgleich geführt werden und zu einer dauernden Orientierung an einem (theoretischen) Gesamtoptimum angeleitet werden. Der Auftrag bzw. der Kunde soll zum unmittelbaren Bezugspunkt werden.

In zwei Fällen wurden solche Konstruktionen gewählt. Sie waren nicht zuletzt von der Erfahrung inspiriert, daß die Gewinne der Selbstorganisation in den dezentralen operativen Einheiten nicht zum Tragen kommen können, wenn die übergeordneten Instanzen nicht in der Lage sind, Entscheidungsspielräume durch eine "beruhigte" Einsteuerung von Aufträgen überhaupt erst zu schaffen. Außerdem hatte sich herausgestellt, daß die gesamte Auftragsdurchlaufzeit durch eine ausschließliche oder vornehmliche Fixierung auf die Fertigungsdurchlaufzeit nicht oder nicht ausreichend gesenkt werden kann. In einem der Fälle wurde die Auftragsleitstelle als die "neue Brücke des Schiffes" tituliert. Hier wurden alle auftragsbezogenen Teilarbeiten aus den Abteilungen Vertrieb, Entwicklung/Konstruktion und Produktion in die neu gegründete Auftragsleitstelle zusammengezogen. Sie gibt jetzt die Rahmentermine für die weiterhin vorhandene Fertigungsplanung und -steuerung. Zugleich ist sie aber auch für Termin- und Kostenkontrolle gegenüber der Entwicklung/Konstruktion zuständig. Das betrifft vor allem den kundenspezifischen Änderungsaufwand und die dadurch ausgelösten Kosten. Dies hat auch Rückwirkungen auf den Vertrieb. Tendenzen des Vertriebs, Aufträge entgegenzunehmen, ohne genau abzuschätzen und auch abschätzen zu können, welche Kosten- und Terminkonsequenzen Änderungswünsche von Kunden zur Folge haben, soll entgegengewirkt werden. Die Installation dieser Auftragsleitstelle war zum Zeitpunkt der Untersuchung noch zu jungen Datums, um Erfolg oder Mißerfolg und die Wirkungen auf die funktional gegliederten Abteilungen beurteilen zu können. Sicher ist, daß die Auftragsleitstelle wie ein Stachel im Fleisch der funktionalen Organisation wirkt, die sie aber nicht ersetzt und auch nicht ersetzen soll.[22]

---

[22] Bezüglich der Organisationsstrukturen ist wohl nichts gänzlich Neues mehr zu "erfinden". Eine Auftragsleitstelle ist im Grunde nichts anderes als eine Abart der Matrix-Struktur (vgl. z.B. Staehle 1989 (2), S. 91). Zur zeitlichen Einordnung als "Mode" der Managementtheorie und -praxis vgl. auch die bei Walter-Busch (1991, S. 349) aufgeführte Liste der Zeitschrift

(3) *Funktionsübergreifende Projektorganisation* ist eine weitere Möglichkeit, die Grenzen der funktionalen Organisation zu überwinden, ohne die formale Struktur grundlegend zu ändern. Wir finden solche Versuche vor allem zur Beschleunigung und zur Qualifizierung von Entwicklungs- und Konstruktionsprozessen. Es geht dabei in erster Linie darum, die Kenntnisse der Produktionsfachleute vor Ort frühzeitig in die Entwicklung neuer Geräte/Maschinen einzubeziehen. Einerseits soll fertigungsgerechtes Konstruieren ermöglicht werden, wodurch in bedeutsamer Weise Fertigungskosten beeinflußt werden können. Zum anderen können auch die Erfahrungen von Service-Teams, die z.B. beim Aufbau von Maschinen/Anlagen beim Kunden tätig sind, frühzeitig einfließen. Aber auch die Erfahrungen der Vertriebsleute können in gemischten Projektteams in anderer Weise zum Tragen gebracht werden, als im sequenziellen Abarbeitungsmuster, das die funktionale Organisation vorsieht.

In einem der Fälle wurde über Projektgruppen versucht, der Abschottung zwischen den Divisions und der separierten Teilefertigung entgegenzuwirken. Die Bildung der Divisions hatte zwar verbesserte Kooperationsbeziehungen zwischen Marketing und Entwicklung/Konstruktion erbracht und die ökonomische Ausrichtung der Prozesse gestärkt, zugleich aber den Austausch zwischen Entwicklung/Konstruktion und Teilefertigung organisatorisch erschwert.

(4) Eine *weitergehende Aufhebung der (traditionellen) funktionalen Organisationsstrukturen* zur Realisierung von Kunden- und Auftragsorientierung der Organisation kam in dem Fallspektrum nicht zum Tragen. Es wurde aber im Falle eines Unternehmens mit starker kundenspezifischer Komponente in den Aufträgen für die Zukunft in Erwägung gezogen, Vertrieb und Konstruktion in Form von "Kundengruppenteams" zusammenzuführen. Vorstufen für solche Überlegungen finden wir auch in dem Versuch eines anderen Unternehmens, Vertrieb und Entwicklung/Konstruktion in paralleler Weise nach Produktgruppen zu organisieren.

Diese Überlegungen gehen konform mit Praxisberichten aus anderen Unternehmen, in denen zum Teil wohl auch schon weitergehende Lösungen realisiert

---

"Business Week", in der die "Matrixorganisation" als Topos der 60er Jahre aufgeführt wird.

wurden.[23] Es ist allerdings zu vermuten, daß die weitergehende Auflösung funktionaler Strukturen zugunsten kunden- bzw. auftrags- oder projektbezogener und damit verflüssigterer Organisationsstrukturen in erster Linie für kundenauftragsbezogene Fertigung mit zumindest kundenspezifischen Anteilen in Frage kommt.

3. Ziele, Anlässe und Gründe der Dezentralisierungspolitik

Problematisch wahrgenommene Wettbewerbssituation und offizielle Ziele der Dezentralisierung

Sämtliche untersuchten Dezentralisierungsbestrebungen - das gilt sowohl für die strategischen als auch die operativen Dezentralisierungsprojekte - gehen auf veränderte Wahrnehmungen der Wettbewerbsbedingungen der Unternehmen zurück und werden entsprechend mit dem allgemeinen Ziel der "Verbesserung der Wettbewerbsfähigkeit" begründet. Insofern bestätigt sich erst einmal die verbreitete Einsicht, daß dezentrale Organisationskonzepte, die in der Vergangenheit im Rahmen der Humanisierungs-Bewegung - so z.B. in Modellen der qualifizierten, teilautonomen Gruppenarbeit - noch überwiegend mit Zielen der "Humanisierung der Arbeit" (HdA) und "Mitarbeiterbeteiligung" bis hin zu dem anspruchsvollen Ziel der "Demokratisierung der Arbeitswelt" verknüpft waren, heute Konzepte des Managements darstellen, die vor allem mit dem Ziel der Steigerung der Wettbewerbsfähigkeit verbunden sind. "Humanisierung der Arbeit" und "Mitarbeiterbeteiligung", Ziele, auf die von seiten der Promotoren im Management durchaus auch Bezug genommen wird und die zentraler Anknüpfungspunkt für das Mitspielen der Betriebsräte und Gewerkschaften und davon profitierender Teilbelegschaften darstellen, erscheinen in diesen Managementkon-

---

[23] Hallwachs (1992) berichtet von einem Unternehmen, in dem als interessante Variante die Montageinseln den nach regionalen Kriterien gegliederten Vertiebsinseln zugeordnet sind, um die Kunden- bzw. Auftragsorientierung durchgängig zu machen. In einem weiteren Schritt ist in dem beschriebenen Unternehmen geplant, die Konstruktionsinseln aufzulösen und den einen Teil der Funktionen (samt Mitarbeitern) den Vertriebsinseln und den anderen Teil den nach dem Objektprinzip gebildeten Fertigungsinseln zuzuschlagen (vgl. ebd., S. 201). In einem anderen Fall wird von der Auflösung der Fachabteilungen zugunsten einer generellen Projektorganisation berichtet (vgl. Nichts für Patriarchen 1992, S. 85).

zepten als Mittel, um das globale Ziel der Verbesserung der Wettbewerbsfähigkeit zu erreichen.

Die Ziele der Dezentralisierungsprojekte beziehen sich auf ein Spektrum geteilter Problemwahrnehmungen. Wir präsentieren sie zunächst in der Form, wie sie uns von den Verantwortlichen als offizielle Ziele der getroffenen Maßnahmen vorgestellt wurden. Bei allen Unterschieden im einzelnen, die sich aus dem Branchenbezug, der Prozeß- und Produkttechnologie, den vorgängigen Arbeits- und Organisationsstrukturen, der Arbeitsmarktsituation und den auf diese "Umweltfaktoren" bezogenen Unternehmensstrategien ergeben, sind die folgenden Hauptgesichtspunkte zu nennen:

- Verschärfte Konkurrenz auf der Ebene der Produktionskosten insbesondere im internationalen Vergleich. Hiervon sind in besonderer Weise Unternehmen mit hoher Arbeitsintensität in der Großserien- und Massenproduktion betroffen, die Austragung von Konkurrenz nicht oder nicht vorwiegend auf andere Wettbewerbsdimensionen wie Produktinnovation, Qualität, Flexibilität und Zeit verlagern können. Kostenwettbewerb in diesem Sinne kommt aber auch zunehmend bei Unternehmen im "Zeit-, Innovations- und Qualitätswettbewerb" zum Tragen, die hierüber nicht mehr genügend Unterscheidungsmerkmale gegenüber Konkurrenten aufweisen können.

- Vom Markt unabweisbar geforderte[24] gleichbleibend hohe oder vielfach auch restriktivere Qualitätsstandards der Produkte. Hiervon sind in besonderer Weise Unternehmen betroffen, denen restriktive Qualitätsstandards in abhängiger Machtposition im Markt aufgezwungen werden können, z.B. Zulieferer in einem just-in-time-Verbund.

- Unabweisbare Anforderungen des Marktes an beschleunigte Innovation mit der Folge erhöhter Anforderungen an Konstruktion/ Entwicklung und an das Zusammenspiel zwischen den Funktionen Vertrieb/Marketing, Konstruktion/

---

[24] Den Begriff der "unabweisbaren Forderungen" verwenden wir vor dem Hintergrund der Überlegung, daß sich Unternehmen über für rational gehaltene Unternehmensstrategien auf ihre Umwelt beziehen, also aktiv ihre Umwelt auswählen, dann aber - nach getroffener Wahl - nicht beliebig (zeit- und kostenfrei) sich den daraus erwachsenden und mit Macht herangetragenen Anforderungen entziehen können. Daß sich Unternehmen - gerade in hochindustrialisierten Ländern wie Deutschland - vielfach auf Strategien verlegen, die einen unmittelbaren Wettbewerb auf der Basis von Lohnkosten vermeiden sollen, hat eben die Kehrseite, daß die anderen Wettbewerbsdimensionen umso "unabweisbarer" werden.

Entwicklung und Produktion sowie erhöhten Änderungsaufwands in der Produktion.

- Unabweisbare Forderungen des Marktes nach Flexibilität der Kundenbedienung (Sonderwünsche, Variantenvielfalt), nach kurzen Lieferzeiten und Termintreue.

- Hohe (Kapital-)Kostenbelastung in Hochautomationsbereichen als Ergebnis vergangener Rationalisierungsbemühungen durch Stillstandszeiten und unzureichende Nutzungsgrade der Anlagen und Maschinen.

- Hohe Belastung durch in Material, Halb- und Fertigprodukten gebundenes Kapital auf der Grundlage der bisherigen Versuche, mit arbeitsteiligen, funktionalen bzw. verrichtungsorientierten Strukturen den Forderungen nach Lieferflexibilität nachzukommen.

- Unterauslastung von Arbeitskraft in verschiedenen Leistungsdimensionen (Arbeitsintensität, Problemlösungskapazität) in den überkommenen Organisationsstrukturen. Diese Unterauslastung wird sowohl als Problem "vertaner Chancen" zur Leistungsintensivierung oder "Rundumnutzung" (Deutschmann 1987) von Arbeitskraft als auch als Problem der Unzufriedenheit und Demotivierung der Arbeitskräfte thematisiert. Die Erscheinungsformen sind hier unterschiedlich. Bezüglich der Automobilmontage z.B. wird auf das ungelöste Problem der sogenannten Taktausgleichszeiten bei steigender Variantenvielfalt auf der Grundlage getakteter Fließbänder verwiesen. Zugleich wird aber auch die qualifikatorische Unterauslastung der in der Vergangenheit rekrutierten, vielfach einschlägigen Facharbeiter und der damit einhergehenden Demotivierung und Unzufriedenheit problematisiert.

All diese als problematisch wahrgenommenen Anforderungen wirken vielfach gleichzeitig und der Ausweg, einer Anforderung auf Kosten anderer gerecht werden zu können, ist verbaut.

So wird es vielfach als unmöglich angesehen, den Forderungen nach kundenspezifischen Variationen von Produkten im Produktionsprogramm, hoher Lieferbereitschaft und -flexibilität, kurzen Lieferzeiten und hoher Termintreue auszuweichen, wenn man nicht die eingeschlagene Markt- bzw. Produktstrategie verlassen will. Diese Alternative scheidet aber zumeist aus, da z.B. die Marktsegmente mit Standardprodukten mit eingeführten und lohnkostengünstigeren Konkurrenten besetzt sind. Zugleich können die alten Strategien der Bewältigung der

Flexibilität - genauso wie die alten Strategien der Qualitätssicherung - aus Kostengründen nicht mehr weiterverfolgt werden. Die alten Strategien zur Qualitäts- und Flexibilitätssicherung gingen immer auf Kosten des Aufbaus von Beständen (Lager mit interner, prozeßbezogener und externer, marktbezogener Pufferfunktion mit entsprechender Kapitalbindung), kostentreibender indirekter Bereiche (Produktionsplanung und -steuerung, Nacharbeitsbereiche, Qualitätskontrolle) und aufwendiger und ebenfalls kostentreibender Informationsverarbeitungssysteme.[25]

Die beschriebenen - konfligierenden - Anforderungen an die Unternehmen erweisen sich gerade vor dem Hintergrund der organisationsstrukturellen Hinterlassenschaften jahrzehntelanger tayloristischer Rationalisierung als problematisch. Die neuen Leitbilder dezentraler Organisationsstrukturen und veränderter Arbeitseinsatzkonzepte bilden somit zugleich den Hintergrund der Problemwahrnehmung wie den Bezugspunkt möglicher Lösungen und neuer Chancen. Dementsprechend beziehen sich die offiziellen Ziele der neuen Organisationskonzepte sowohl auf die einzelnen Problemdimensionen als auch auf die Beseitigung bürokratischer Hemmnisse, des angewachsenen Overheads und der tiefgestaffelten Hierarchien. Wiederkehrende Zielgrößen der Dezentralisierungsprojekte, wie sie uns von den Promotoren im Management genannt wurden, sind die folgenden:

- Reduktion von Stillstandszeiten bzw. Erzielung hoher Nutzungsgrade bei hochautomatisierten Anlagen durch die Nutzung der Selbststeuerungskapazität von Teams und Arbeitsgruppen mit integrierter Qualitäts-, Wartungs- und Instandhaltungsverantwortung.

- Nutzung der brachliegenden oder nur rudimentär genutzten "Produktionsintelligenz" von Facharbeitern, aber auch von An- und Ungelernten zur Bewältigung von Störungen und ungeplanten Situationen, zur "kontinuierlichen Verbesserung" der Produktionsabläufe und der Qualitätssicherung über parallele und/oder echte Dezentralisierung.

---

[25] Die Attraktivität informationstechnischer Lösungen, die noch bis vor nicht allzu langer Zeit einen dominierenden Stellenwert hatten, erklärt sich aus dem Versprechen, die ausufernden Steuerungsprobleme in den Griff zu bekommen (vgl. u.a. Brödner 1985), ohne zugleich die Organisationsstrukturen und die damit etablierten Macht- und Einflußzonen (insb. der technischen Stäbe) berühren zu müssen. Die informationstechnische Lösung der genannten Probleme wäre als eine erste Phase "reflexiver" Rationalisierung zu verstehen, die jetzt durch eine zweite, auf organisationsstrukturelle Änderungen abhebende Phase abgelöst wird.

- Nutzung von Leistungs- und damit Produktivitätsreserven durch eine neue Fertigungsorganisation und gegebenenfalls durch veränderte Lohnformen in Gruppenarbeit. Je nach Situation ergibt sich dadurch ein verringerter Personalbedarf bei gleichem Ausstoß oder gleichbleibender Personalbedarf bei erhöhtem Ausstoß.

- Verbesserung der Durchlaufzeit durch veränderte Fertigungsorganisation (Abkehr vom Verrichtungsprinzip, just-in-time-Steuerung) und durch die Übertragung der Terminverantwortung in die sich selbst steuernden Einheiten bzw. Fertigungslinien. Damit sollen die Voraussetzungen geschaffen werden, Lieferzeit, -flexibilität, Termintreue und Planungssicherheit zu erhöhen.

- Verringerung der Bestände in der Fertigung durch prozeß- bzw. objektorientierte Fertigungsstrukturen mit weniger Schnittstellen und damit Liege- und Wartezeiten und durch die dezentrale Verantwortung für Bestandssenkung.

- Verringerter Gesamtpersonalaufwand durch die Verringerung von organisatorischen Schnittstellen, indem indirekte Tätigkeiten bzw. Funktionen in die dezentralen Einheiten integriert werden.

- Verbesserte Qualität der Produkte durch integrierte Qualitätsverantwortung sowie geringere Qualitätssicherungskosten durch Wegfall von Nacharbeit, Ausschuß und separate Kontrolltätigkeiten. Davon verspricht man sich auch positive Wirkungen auf Bestände und Durchlaufzeiten.

- Höhere Arbeitszufriedenheit und Motivation der Mitarbeiter mit entsprechenden Erwartungen an Einsatzwille, "Mitdenken", verringertem Krankenstand und Loyalität dem Unternehmen gegenüber. Bessere Arbeitsmarktposition des Unternehmens bei der Rekrutierung von Facharbeitern durch attraktivere Arbeitseinsatzkonzepte in der Produktion, ein Ziel, das natürlich in besonderer Weise von der Arbeitsmarktentwicklung abhängig ist.

- Beschleunigung von Produktinnovation und stärkere Kundenorientierung durch verbesserte Abstimmung zwischen Vertrieb, Entwicklung/Konstruktion und Produktion und zugleich Ausschöpfung von Kostensenkungspotentialen in der Fertigung durch fertigungsgerechte Konstruktion dank verbesserter Kommunikation zwischen den beiden Funktionsbereichen. Hierauf sind vor allem diejenigen organisatorischen Maßnahmen bezogen, die wir unter strategischer Dezentralisierung (Divisionalisierung) und veränderten Konzepten der Integration der Funktionsbereiche (Projektorganisation, durchgängige Produktverantwortung der Bereiche u.ä.) verbucht haben.

Keineswegs sind in allen Fällen alle Zielgrößen zugleich oder die verschiedenen Zielgrößen in gleicher Gewichtung handlungsbestimmend. Ein Teil der fallindividuellen Variationen erschließt sich über situative Faktoren (konkrete Wettbewerbsbedingungen, Technologie, Prozesse, vorgängige Organisationsstrukturen und die darauf bezogenen Unternehmensstrategien). So finden wir Fälle im Maschinen-/Anlagenbau, in denen die Verkürzung der Durchlaufzeiten und die Bestandssenkung dominierende Ziele sind. In diesen Fällen ist die Wettbewerbssituation in erster Linie durch die Anforderung nach termingerechter, flexibler Kundenbedienung bei kurzen Lieferzeiten gekennzeichnet, während auf dieser Grundlage der Preis der Produkte nur ein sekundärer Faktor ist. In anderen Fällen steht die Vermeidung von Stillstandszeiten bzw. die Erzielung hoher Anlagennutzungsgrade eindeutig im Vordergrund. In wiederum anderen Fällen hat die Ausschöpfung organisatorisch zurückgehaltener Leistungsreserven und die Freilegung von Kreativitätspotentialen zur "kontinuierlichen Verbesserung" der Abläufe Vorrang. Das Ziel, Overhead-Kosten in indirekten Bereichen, Stäben und der Hierarchie abzubauen, spielt in einigen Fällen eine explizite Rolle, in anderen wird es eher in den Rang eines "erfreulichen Nebenprodukts", eines beiläufig zu erreichenden Ergebnisses bei der Verfolgung anderer, im Vordergrund stehender Ziele angesehen. In einem Fall war der Abbau von Overhead-Kosten explizites Ziel, das auch entsprechend operationalisiert wurde. D.h. den einzelnen Reorganisationsprojekten wurden vom oberen Management klare Vorgaben über zu erzielende Einsparungen vorgegeben, die auch mit "Management Power" gegen Widerstreben durchgesetzt wurden.[26]

---

[26] Wir haben es hier mit einem konzeptionellen Problem zu tun. Wenn wir mit Mintzberg Ziele als "Absichten hinter Entscheidungen oder Handlungen/Maßnahmen" ("intentions behind decisions or actions", ders. 1983, S. 5) verstehen, folgt daraus aber auch, daß offizielle Ziele, die nicht operationalisiert werden und in Entscheidungen und Handlungen/Maßnahmen übergehen, bloße "Fiktionen" bleiben, die evtl. nur dem "öffentlichen Konsum" dienen (ebd., S. 7). Das daraus folgende methodische Postulat wäre, nur solche offiziellen Ziele als tatsächliche Ziele der Organisation gelten zu lassen, deren Spuren in Entscheidungen und Maßnahmen nachvollziehbar sind. Abgesehen davon, daß dies methodisch oftmals nur sehr schwer einzulösen sein wird, bleibt natürlich die Rolle von offiziellen Zielen als allgemeiner Legitimationshintergrund und Projektionsfläche des Handelns interner und externer Akteure bestehen, auf deren Grundlage dann im Verlaufe und als Ergebnis betriebpolitischer Prozesse solche "Fiktionen" reale orientierende Funktionen bekommen können.

Generell müssen wir mit dem *Wandel von Zielen oder der Gewichtsverschiebung von Zielen im Zeitablauf* rechnen. Dies kann sowohl durch die Veränderung betriebspolitischer Gewichte im Umsetzungsprozeß als auch durch die Rezeption und das stärkere Gewicht von neuen Leitbildern ermöglicht bzw. ausgelöst werden.

So ist in einigen Fällen das Ziel der Senkung von Overhead-Kosten und des Bürokratieabbaus zu Beginn des Projekts kein explizites Ziel; der eingeleitete Organisationswandel eröffnet aber dann neue Möglichkeiten. Diese werden eventuell erst im Laufe der Umsetzung von Maßnahmen erkannt, so wenn in einem Fall die funktionierende Selbstorganisation den Beteiligten schlaglichtartig vor Augen führt, daß man auf eine Vorgesetztenebene verzichten kann. Die neuen Möglichkeiten ergeben sich eventuell auch erst aufgrund der Veränderungen des betriebspolitischen Gewichts von Akteursgruppen, die durch den Dezentralisierungsprozeß ausgelöst werden, etwa wenn die gestärkten Produktionsabteilungen Einsparpotentiale in produktionsferneren Bereichen ins Visier nehmen. Man muß auch in Rechnung stellen, daß Promotoren das implizite Ziel des Overhead-Abbaus erst zu einem späteren Zeitpunkt explizit machen, um im Vorfeld von Entscheidungen keine Irritationen bei mächtigen betrieblichen Mitspielern hervorzurufen. Zielverschiebungen werden aber auch durch die Schärfung oder Neuakzentuierung von den die Entscheidungsprozesse steuernden und orientierenden Leitbildern ausgelöst. Soweit wir die Betriebsfälle verfolgen konnten, zeigt sich dies in der Rezeption der Studie von Womack u.a. (1991), deren "Botschaft" in mehrfacher Hinsicht zu Zielverschiebungen und Neuakzentuierung von Zielen führte. Zu nennen ist in erster Linie die stärkere Betonung von "kontinuierlichen Verbesserungsprozessen" und die "Verschlankung" von Unternehmen über Hierarchieabbau und Abbau von nicht-wertschöpfendem Overhead.

Explizite, offizielle Ziele können auch überwiegend *symbolische, legitimatorische Funktion,* aber keine oder keine konsistenten Handlungen oder Maßnahmen im Gefolge haben. Sie zielen dann in erster Linie auf die Einbindung von externen oder internen Akteursgruppen.

So kann - wie in einem Fall - das erklärte Ziel des Promotors, die Produktionsarbeit aufzuwerten, zum Bezugspunkt des Bündnisses mit dem Betriebsrat werden, auch wenn das realisierte Konzept nur randständige Veränderungen der direkten Produktionsarbeit mit sich bringt.[27] Das formulierte Ziel hat dann aus Sicht des Promotors vor allem die Funktion, das betriebspolitische Feld für die organisatorischen Veränderungen günstig zu gestalten, wie uns ein Mitglied des oberen Managements veranschaulicht:

> Der Geschäftsführer "war geschickt genug, die von ihm favorisierte Alternative so darzustellen, daß der Betriebsrat da mit Freuden aufgesprungen ist, denn die beste Methode war, daß er von vornherein gesagt hat, 'Wir werden Fürstentümer zerschlagen im Haus und werden die alten Hierarchien zerstören!' Und das hört sich für jeden Mitarbeiter von dem Betrieb erst einmal optimal an, weil ja jeder an der Hierarchie irgendwas auszusetzen hat. Und insofern waren die gleich in dem Boot drin. Und haben gesagt: 'Wenn den Mitarbeitern mal nichts passiert, wenn nur den Fürsten was passiert, dann ist das ja nicht so schlimm. Dann ist das ja schon der richtige Weg.' Und mit der Methode hat er es geschafft, die sehr schnell auf seine Seite zu bringen."

Die Motivation des Betriebsrats, sich auf dieser "symbolischen" Ebene auf die Unterstützung des neuen Konzepts einzulassen, kann jenseits der Frage nach den zu erwartenden, greifbaren Effekten für seine Hauptklientel in der Werkstatt gerade darin liegen, als anerkannter Verhandlungspartner im Unternehmen erstmals überhaupt ins Spiel zu kommen. In der Folge können dann eventuell auf der Grundlage der veränderten Position des Betriebsrats in den betrieblichen Arbeitsbeziehungen auch die im offiziellen Zielkanon auftauchenden Veränderungen des Status der Produktionsarbeit in nicht fiktionaler Weise ins Spiel gebracht werden. Das erklärte Ziel des Promotors, die Produktionsarbeit aufzuwerten, wäre dann als Projektionsfläche für Optionen auf zukünftige Veränderungen zu verstehen.

In anderen Fällen sind die offiziellen Ziele deutlich auf die benötigte Legitimation des Managements gegenüber externen Akteuren (dem Konzernmanagement) bezogen. So wird in einem Fall die Einführung von Fertigungsinseln zwar mit den "üblichen" Zielen der Verbesserung der Durchlaufzeiten und Bestandssenkung über Selbstorganisation verbunden; die zu Realisierung von Selbstorganisation notwendigen Maßnahmen aber werden unterlassen oder nicht konsequent verfolgt, so daß es in einer ersten Phase des Projekts bei der Umstellung der "Hardware", der "technischen" Umstellung von Maschinen nach "gruppentechnologischen" Gesichtspunkten, bleibt. Die weiterreichenden Ziele, die mit dem

---

[27] Interessanterweise verwendet er zur Erläuterung und Begründung in internen Schulungen und nicht zuletzt auch gegenüber dem Betriebsrat Graphiken aus Materialien der IG-Metall. Hierbei finden zur Erläuterung des Grundgedankens der anvisierten Veränderung Schaubilder Anwendung, die eher auf ein Selbstorganisationsmodell abheben, während die realisierte Lösung eher dem Intrapreneurmodell zuzurechnen ist.

Selbstorganisationskonzept verbunden werden, dienen vor allem der Legitimation gegenüber dem Konzernmanagement, um das benötigte Investitionsvolumen zur Modernisierung des Maschinenparks zur Verfügung gestellt zu bekommen. Dieses Investitionsvolumen wäre allein auf der Grundlage von mit technologischer Innovation begründeten Produktivitätszielen nicht bewilligt worden, während zumindest in wichtigen Teilen des Konzernmanagements neue Organisationskonzepte inzwischen schon als hoffähiger Modernisierungspfad galten.

In einem anderen, oben schon erwähnten Fall wurden mit der Einführung von Qualitätszirkeln weitreichende Ziele der Mitarbeiterentwicklung und -beteiligung verbunden. Die Ernsthaftigkeit dieser Ziele wird aber sowohl vom Betriebsrat als auch anderen Akteuren bezweifelt und die Realisierung des Konzepts läßt ein konsistentes Hinarbeiten auf die Ziele vermissen. Hier erweisen sich die formulierten Ziele als wohlfeile Versprechungen gegenüber den operativ Beschäftigten, die keinen Bestand haben und - in erster Linie - als Legitimationsversuch des örtlichen Managements gegenüber dem "Neues Denken" einfordernden (japanischen) Konzernmanagement.

Ziele als Kern(begriff) eines rationalen Entscheidungsprozesses und die Grenzen einer zweck-mittel-rationalen Erklärung

Die Phänomene des Wandels von Zielen und der Gewichtsverschiebung von Zielen im Zeitablauf, die durch betriebspolitische Konstellationen und den Wandel oder die veränderte Akzentuierung von Leitbildern ausgelöst werden, und die symbolische und legitimatorische Funktion von offiziellen Zielen haben uns schon auf die Gefahr des Rationalitätsvorurteils bei Darstellung und Diskussion der Ziele der Dezentralisierung aufmerksam gemacht.

Die rationalistische Sicht des Managements unterstellt, daß Manager Probleme der Organisation bei der Verfolgung des Basisziels der Wettbewerbsfähigkeit identifizieren. Auf Problemanalysen aufbauend definieren sie geeignete Subziele (Strategien), die zur Verbesserung oder Erreichung der Wettbewerbsfähigkeit führen. Sie bereiten Maßnahmen vor, die die Erreichung dieser (Sub-)Ziele und die Behebung der Probleme ermöglichen. Dieses rationalistische Bild vom Management wird in Fremd- und Selbstbildern des Managements reproduziert und stilisiert. Rationales Verhalten besitzt als Erklärungsmuster große suggestive Kraft. Dies ganz unabhängig davon, daß eine Fülle von Alltagserfahrungen der beteiligten Akteure, nicht zu sprechen von organisationswissenschaftlichen Untersuchungen, das rationalistische Bild gründlich demontieren. Befragt man Manager nach Zielen getroffener Maßnahmen, ist man - und da ist unsere Untersuchung keine Ausnahme - immer in der Gefahr, das rationalistische Bild zu reproduzieren. Wie rational auch immer konkrete Ziele hergeleitet, wie rational auch immer getroffene Maßnahmen darauf bezogen waren oder überhaupt darauf beziehbar sind: Die Frage nach den Zielen getroffener Maßnahmen löst vor dem Hintergrund wahrgenommener Rollenanforderungen und Selbstbildnisse bei den Befragten unweigerlich den Impuls aus, getroffene Maßnahmen vor dem Hintergrund "geeigneter" Ziele als folgerichtig zu legitimieren. Da kann es dann dem Befragten - ganz ohne Absicht der Irreführung - richtig erscheinen, getroffenen Maßnahmen Ziele zuzuschreiben, die zum Zeitpunkt der Entscheidung gar nicht intendiert waren, bzw. der Entscheidung eine Stringenz zu unterlegen, die ihr nur im Lichte neuer, inzwischen gewonnener Erkenntnisse zukommt. So können ursprüngliche Ziele, die sich als nicht durchsetzbar bzw. erreichbar erwiesen haben, bei der Darstellung der Ziele "vergessen" werden. Oder es können neue Ziele hinzugefügt werden, die zum Zeitpunkt der Entscheidungsfindung für nicht relevant gehalten oder nicht in Erwägung gezogen wurden, weil sie zu diesem Zeitpunkt nicht realisierbar erschienen.

Die von uns oben präsentierte Liste von Problemen und darauf bezogener Ziele ist somit erst einmal das *rationale Substrat*, das sich aus diesem Befragungsmuster ergibt. In ihm wird eine funktionale Beziehung und Begründung zwischen Zielen und Mitteln und ein entsprechendes Entscheidungshandeln unterstellt. Die tiefergehende Analyse der Entscheidungsprozesse, die sich uns über andere Befragungssequenzen und die Möglichkeiten der cross-examination erschließt, läßt eine andere Sicht angemessener erscheinen.

Tatsächlich gehen betriebspolitische Erwägungen und Einflußnahmen schon in die Formulierung der Zielsetzungen ein. Die von der Organisationsspitze formulierten offiziellen Ziele können als Konsensformel einer "dominanten Koalition" (Cyert/March 1963) in der Organisation verstanden werden (vgl. Mintzberg 1983, S. 246ff.), in die dann auch - was allerdings empirisch jeweils näher zu klären wäre - die Ziele anderer Akteure oder Akteursgruppen eingelesen werden, und sei es nur im Sinne von "constraints", von antizipierten "Gangbarkeitserfordernissen" bei der Verfolgung eines anderen (Haupt-)Ziels. Die Rekonstruktion der Zielbildung als betriebspolitischer Prozeß unter Beteiligung externer und interner Akteure, also der Herausbildung einer "dominanten Koalition", entzieht sich allerdings der Reichweite unserer Erhebungen. Wir haben dennoch einige Hinweise darauf, daß in die offizielle Zielformulierung seitens der Promotoren im Management individuelle und gruppenbezogene Ziele anderer Akteure - deren Einflußmöglichkeiten und Widerstände antizipierend und einrechnend - eingehen (vgl. Kap.V).

Neben der koalitionstheoretischen Sicht der Zielbildung in Organisationen ist auch die institutionelle Perspektive der Genese von Organisationszielen von Bedeutung. Ihrzufolge begründen institutionalisierte Rationalitätsvorstellungen (Leitbilder, "rationalisierte Mythen") zugleich orientierende und gesellschaftlich legitimierte Ziele und darauf bezogene Mittel. Sowohl die machttheoretische als auch die institutionelle Interpretation problematisieren zweckrationale Erklärungsansätze nach dem Ablaufmuster Probleme - Ziele - Mittel (Maßnahmen). Das gilt gerade für Ziele, die mit der Veränderung von Organisationsstrukturen verknüpft sind, worauf Pfeffer (1978) hinweist:

"Wenn wir die Konzeptualisierung von Organisationen als Koalitionen ernst nehmen, dann stellt sich nicht nur eine entscheidende Frage, nämlich die nach den Konsequenzen unterschiedlicher struktureller Dispositionen, sondern noch eine zweite, die Frage danach, wer von diesen Konsequenzen profitiert und wer nicht. Die Struktur, so scheint es, ist nicht einfach das Resultat eines in Managerhirnen ablaufenden Denkprozesses, in dem Konzeptionen zwecks Sicherung eines höheren Profits entwickelt und ausgewählt werden. Sie ist vielmehr in sich selbst das Ergebnis eines Prozesses, in dem konfligierende Interessen so miteinander vermittelt sind, daß sich Entscheidungen herauskristallisieren, welchen Kriterien die Organisation gerecht werden will. Organisationsstrukturen können als das Resultat eines Konkurrenzkampfes um Macht und Einfluß innerhalb von Organisationen betrachtet werden." (Pfeffer 1978, S. 36, zitiert nach Scott 1986, S. 339)

Wir halten eine Sicht der Entscheidungsfindung und Zielbildung der Reorganisationsprozesse für angebrachter, in denen Probleme, Ziele und Maßnahmen lockerer verkoppelt sind als es das zweckrationale Modell nahelegt. Danach werden Ziele unter Berücksichtigung ihrer betriebspolitischen Durchsetzungsmöglichkeiten formuliert. Maßnahmen werden nicht als Ergebnis rationaler Wahl auf der Grundlage feststehender Ziele getroffen, sondern Ziele nach Maßgabe der für rational gehaltenen Mittel festgelegt. Dem Management ist es vielfach nicht möglich, die komplexen Wirkungszusammenhänge zu durchschauen, die die im rationalen Modell unterstellte Ziel-Mittel-Gerichtetheit begründen könnten. Dementsprechend müssen sich Manager bei ihren Entscheidungen mit Rationalitätsunterstellungen begnügen, nach denen es eben - im Hinblick auf unser Untersuchungsobjekt formuliert - "erwartbar" ist, daß dezentrale, selbstorganisierte Strukturen eine bessere Erfüllung solcher Ziele wie Bestandssenkung und Reduktion der Durchlaufzeiten bewirken. Hier sind dann auch die Einfallstore für die vielfältigen betriebspolitischen Interventionen verschiedener (mächtiger) Akteure, die ihre eigenen Interessen und Sichtweisen einbringen. Sie können das aber nicht unter Berufung auf ihre Interessen und persönlichen Sichtweisen, sondern nur unter Bezug auf das Firmenwohl und rationale, möglichst wissenschaftliche oder doch zumindest erfahrungsgestützte Begründungen. Insofern reproduzieren auch die betriebspolitischen Interventionen, von welchen Interessen, Motiven und Begründungen auch immer getragen, die rationale Fassade der Entscheidungen.

Mehr noch: Es ist fraglich, ob Ziele überhaupt unabhängig von Leitbildern bzw. von für rational gehaltenen Mitteln zustandekommen.[28] Setzt sich im weiteren Umkreis einer Industrie die Anerkennung bestimmter Organisationsmodelle als rationale Formen zur Bewältigung bestimmter Probleme durch, dann werden Warnzeichen anhaltenden Mißerfolgs ("rote Zahlen", Liquiditätsengpässe, zurückgehende Gewinne) zum Anlaß genommen, in einer bestimmten Richtung nach Ursachen für die Mißerfolge zu suchen. So ergibt sich, daß das, was in unserer stilisierten Entscheidungsabfolge des rationalen Modells am Anfang steht, nämlich eine bestimmte Problemwahrnehmung, eigentlich erst durch die veränderten Wahrnehmungsmuster, die einem neuen "rationalen" Organisationsmodell (Leitbild) unterlegt sind, zustande kommt. Somit bestimmen dann die rationalen "Mittel" die Problemwahrnehmungen und strukturieren darüber die für notwendig und möglich gehaltenen "Ziele".

Einige Illustrationen zum Zusammenhang zwischen Problemen, Zielen und Mitteln (den Reorganisationsprojekten) müssen hier genügen. So werden in einem Fall die Ziele der Reorganisation explizit gemacht, sind rational begründet, werden operationalisiert und auch in quantifizierten Zielgrößen formuliert: Senkung der Bestände um 10% und Senkung der Durchlaufzeiten um 20%. Diese Zielgrößen, die aus den verschiedensten Gründen nicht erreicht werden können, ergaben sich, wie sich herausstellt, aus ganz allgemeinen Erwartungen, was man mit dezentralen Fertigungsstrukturen erreichen kann. In die quantifizierten Ziel-

---

[28] Hier nicht bezogen auf Globalziele wie "Rentabilität", "ausreichende" oder auch maximale Gewinnerzielung, sondern auf Ziele, die auf Grundlage einer Strategie und bestimmter Annahmen über ihre kausale Verknüpfung mit der Erreichung der Globalziele formuliert werden (z.B. eben "erhöhter Nutzungsgrad", "kürzere Durchlaufzeit" u.ä.).

größen gingen - jenseits aller Versuche, erwartbare Ergebnisse für den konkreten Fall rechenbar zu machen - veröffentlichte Erfolgsmeldungen bezüglich der benannten Zielgrößen aus einem zum Vorbild genommenen anderen Unternehmen ein. In diesem Fall wie in einem anderen wird deutlich, daß die Reorganisation insgesamt auf der Grundlage der krisenhaften Entwicklung des Unternehmens erst einmal - jenseits aller dezidierten Zielsetzungen, die sich in betriebswirtschaftlichem Vokabular ausdrücken lassen - das Ziel hatten, alte Strukturen aufzubrechen und eine neue Richtung vorzugeben. So heißt es in bezug auf die in diesem Unternehmen zuerst erfolgte Divisionalisierung:

"Der eigentliche Auslöser war dann die sehr, sehr schlechte Auftragslage, unsere sehr schlechte finanzielle Situation, so daß man eine Reihe Argumente hatte, mehr als nur eine Feinkorrektur zu machen."

Erst einmal wird erkannt, daß das Problem in den "tiefen Gräben" zwischen den Funktionsbereichen liegt. Kommunikation lief nur auf der unteren Ebene, sobald sie aber über die Vorgesetzen lief, "war das immer sehr schwierig". Wechselseitige Schuldzuweisungen anstelle gemeinsamer Problemlösungen waren eine beliebte Beschäftigung im Unternehmen. In einem anderen Fall stellten sich die Probleme in ähnlicher Weise:

"Und dann ergeben sich irgendwann Erbhöfe in den Bereichen und eine starke Trennung zwischen den Bereichen. Und die Konsequenz von starken Trennungen ist, viele Mißverständnisse, Informationen fließen nicht, oder wenn dann unzureichend oder sogar bewußt ungenau und nicht ausgegoren. Und das andere ist, Prozesse werden einfach länger dadurch. Weil jeder sagt: 'Okay, an diesem Tor übergebe ich dir das jetzt, und, was du damit machst, ist mir egal, meine Sache ist erledigt'."

Die Entscheidungsfindung ist dann eher so zu erklären, daß die Erkenntnis "verkrusteter Strukturen" auf eine allseits propagierte Leitlinie neuer, effizienter Organisationsstrukturen trifft.

Man hatte "*irgendwie die Erkenntnis* (Herv. d.d.V.), daß wir mit den zentralen Strukturen unsere Probleme nicht mehr richtig in den Griff bekommen. Sowohl, was die Transparenz des ganzen Geschehens anbetraf, (...) das war alles unbeweglich geworden. Irgendwie war es eine verkrustete Struktur geworden, *dieser Eindruck war da* (Herv. d.d.V.), die man aufbrechen wollte."

Das "Ziel" der Dezentralisierung bestand somit erst einmal darin, die "Sklerose" der alten Struktur aufzubrechen, wie es einer der Verantwortlichen ausdrückte. Die Divisionalisierung erschien als die geeignete neue Form, über die andere Orientierungen in das Unternehmen hineingetragen werden könnten. Dies bot sich auch an, weil "Divisionalisierung zu der Zeit in aller Munde war", wie es einer der Verantwortlichen formulierte. Ein anderer Vertreter aus dem Top-Management gibt zu, daß auch andere Veränderungen unter rein analytischen Gesichtspunkten denkbar gewesen seien, um Verbesserungen zu erreichen. Man hätte stärker auf projektförmiges Arbeiten und andere Orientierungen der Beteiligten setzen können. Dies hätte man aber in den "verkrusteten Strukturen" nicht durchsetzen und zur Wirkung bringen können. So erscheint ihm vor allem wichtig, daß "überhaupt etwas gemacht wurde", um die alten Strukturen aufzubrechen und erst in zweiter Linie, was dann konkret gemacht wurde. Für die Divisionalisierung als in der Folge ausformulierte Alternative konnte sich dieser Vertreter des oberen Managements dann auch engagieren, weil er sie "zunächst für keine unsinnige Sache gehalten" hat und darüber hinaus durch die dadurch ausgelöste Bewegung des Personalkarussells für ihn Chancen erwuchsen, in eine neue, herausgehobene Position zu gelangen. Das dann realisierte Konzept der Divisionalisierung wurde - wie es heißt - "nicht nach Buchweisheiten" erarbeitet. In seine konkrete Gestalt gingen "in einem mühevollen Diskussionsprozeß" vielfältige Interventionen verschiedener Gruppen im Management ein. Nicht zuletzt wurde hierbei sensibel darauf geachtet, auch zukünftig Motivation und Folgebereitschaft der "Key Players" zu sichern, sofern sie sich nicht offen gegen das neue Konzept stellten. So wird die - in Abweichung von der "reinen Lehre" - nicht realisierte Aufteilung des Vertriebs auf die Divisions nicht nur mit durchaus "griffbereiten" funktionalen Argumenten begründet, sondern auch mit dem betriebspolitischen Argument, daß die Vertriebsfunktionen im Unternehmen nicht zu stark geschwächt werden dürften, um Machtungleichgewichte im Unternehmen zu vermeiden.

Der skizzierte Ablauf führt uns vor Augen, daß in dem Entscheidungsprozeß Probleme, Ziele und Mittel auf der Grundlage betriebspolitischer Konstellationen und geteilter Hintergrundsüberzeugungen zu einer im nachhinein konsistent begründbaren Entscheidung quasi zusammenwachsen.

In einem anderen Fall setzte sich im oberen Management Ende der 80er Jahre erst einmal nur die Erkenntnis durch, daß angesichts der problematischer werdenden Wettbewerbssituation und der damit einhergehenden Standortgefährdung etwas geschehen müsse. Es entstand eine Situation, in der das Werksmanagement auf durchgreifende, Erfolg versprechende Perspektiven angewiesen war. Notwendige Kostensenkungen mußten darüber der Konzernzentrale glaubhaft gemacht werden können. Wie das geschehen könnte, welche Maßnahmen zu ergreifen seien, stand aber zunächst keinem der Beteiligten klar vor Augen. Das neue Organisationskonzept, das heute als das zentrale Mittel zur Verbesserung der Wettbewerbssituation angesehen wird, war ursprünglich eine eher beiläufig geäußerte Idee aus dem weiteren Kreis des Werksmanagements. Ein Manager in Projektfunktion wurde damit beauftragt, den noch vagen Grundgedanken der Integration der indirekten Bereiche in die Produktion einmal "durchzuspielen" und auf Realisierung zu prüfen.

Die Erwartungen des Werkleiters waren da eher verhalten, wie sich der Projektmanager erinnert. Der "hat aber gar nicht geglaubt, daß das was wird. Wir machen ja oft so Dinge. Dann macht man eine Arbeitsgruppe und riecht mal da rein. (...), die haben gedacht, da kommt gar nichts dabei raus, laß die mal ein bißchen wursteln." Dann kam aber in der Arbeitsgruppe, die Grundideen am Beispiel einer Abteilung durchspielte, ein "solch phantastisches Ergebnis" heraus. "Das war so beeindruckend, auch für das Management, (...), daß wir mit so einem Ergebnis kamen, daß wir 38 indirekte Leute freistellen können, wenn wir die Verantwortung neu organisieren, das hat eingeschlagen wie eine Bombe."

Das Modellergebnis wurde dann auf weiteren Management-Meetings vorgestellt, darunter auch bei Meetings mit Vertretern des amerikanischen Konzernmanagements. Und dann gab es kein Halten mehr: "Und schon waren wir gefangen. Das einmal international herumzutrommeln, dann sind sie unter Zugzwang" (Projektleiter). Spätestens zu diesem Zeitpunkt wurde das Konzept zum Konzept der Werkleitung, die mit voller Rückendeckung, mehr noch mit Druck der amerikanischen Zentrale an die Umsetzung ging. Aus Sicht der Werkleitung war das neue Konzept eine willkommene Lösung für die Kosten- und damit für die Standortproblematik. Ein Weg zurück war aber auch nicht mehr möglich.

"Wir konnten nicht mehr zurück, weil wir ja die Amerikaner unter Druck gesetzt hatten. Wir haben ja alle, die ganze Welt unter Druck gesetzt, weil wir ja getrommelt haben, was wir in Deutschland für tolle Dinge machen. Und dann kommen die natürlich alle in Zugzwang, weil jeder sagte: 'geh' doch mal nach X (deutscher Standort), guck' dir das mal an!'" (Projektleiter)

Hinzukam, daß das neue Konzept argumentativ anschlußfähig war an japanische Vorbilder und als allgemein verbreitetes, legitimierendes Ideengut gelten konnte.

Hier zeigt sich ein etwas anderes Muster der Entscheidungsfindung, das aber ebenfalls nicht in ein zweckrationales Korsett zu zwingen ist: Nachdem zuerst Probleme, Ziele und potentielle Mittel in einer offenen Entscheidungssituation, in der nur klar ist, daß etwas "passieren" muß, noch unverbunden nebeneinander stehen, verkoppeln sie sich ab einem bestimmten Stadium des Prozesses zu einem festen Gefüge aus Problemwahrnehmungen, Zielen und darauf bezogenen Mitteln, so daß das Konzept zu einem "Selbstläufer" wird, wie es einer der Verantwortlichen ausdrückt. Diese Verkopplung ist aber nicht funktional begründet, sondern in den betriebspolitischen Konstellationen und der Rolle dominanter Leitbilder zu sehen.

Dies drückt sich dann in der Kennzeichnung des Unternehmens als "aktionistisch" aus: Wenn etwas einmal als richtig erkannt ist, "dann hauen wir das durch". Der "Zug gewinnt an Fahrt", wenn er einmal "unter Dampf steht", lautet die hierauf bezogene, häufig verwendete Metapher. Dann werden nicht mehr alle "Wenns und Abers" erneut thematisiert.

Die Entscheidungen sind nicht mehr offen, die Situation ist sozusagen betriebspolitisch und normativ "verriegelt" (Ortmann 1993). Analytisch-rationale Begründungslinien sind dann nicht ausgespart, im Gegenteil, sie behalten ihre Funktion als notwendiger Legitimationshintergrund für Managerhandeln und als Orientierungspunkt für die Koalition der Neuerer, sie sind aber zugeschnitten auf die Rechtfertigung und Absicherung der getroffenen Grundsatzentscheidung. Ab einem bestimmten Punkt ist es dann in dem Unternehmen "nicht mehr opportun zu zweifeln", wie es einer der Befragten ausdrückte. Auch erklärte Gegner, die im Umsetzungsprozeß die Entscheidungssituation immer wieder zu öffnen versuchen, müssen "beigeben": "Wir haben auch 1000 Argumente gebracht, warum das nichts ist", erinnert einer der Instandhalter. "Schlußendlich muß ich sagen, wurden wir einfach überstimmt, oder wurden unsere Argumente vom Tisch gefegt." Dabei hatten die Gegner aufgrund der Suggestivkraft des neuen Leitbilds einen schlechten Stand, mit einzelnen Einwänden und Argumenten zum Zug zu kommen: "Unsere Argumente wurden vom Tisch gefegt, wir würden uns dem Fortschritt in den Weg stellen, die Entwicklung sei eben mal so und wir müssen da mitziehen". Man habe sich "dem Drang der Entwicklung" nicht entgegenstellen können, vermerkt der ehemalige Instandhalter: "Das was gestern war, ist eben gestern, wir müssen an die Zukunft denken, wir können nicht mehr so weiter machen wie bisher", lauten die großen Argumentationslinien, gegen die auf alternative Lösungen abzielenden Argumente nicht mehr greifen. Diese werden im betriebspolitischen Konfliktfeld zudem mit dem Hinweis auf die borniertenEigeninteressen der Kritiker des neuen Konzepts unterminiert: Diese würden nur ihre "Pfennigbereiche" verteidigen und nicht das Gesamtwohl der Firma im Auge haben, lautet das entsprechende Verdikt.

Zurecht weist Scott (1986, S. 348) darauf hin, daß der Zielbegriff einer der "schillerndsten und tückischsten Begriffe (ist), mit denen Organisationsforscher hantieren". Zusammenfassend gibt er einen knappen, aber treffenden Überblick über die unterschiedlichen Bezugspunkte von Organisationszielen, die uns in der einen oder anderen Weise schon begegneten:

"Ziele werden von Organisationsmitgliedern auf vielerlei Weise genutzt und funktionalisiert. Sie erfüllen kognitive Funktionen, indem sie angesichts verschiedener Möglichkeiten die Wahl des Aktionskurses bestimmen, sie wirken kathektisch, indem sie den Mitgliedern im Innern ebenso wie den Einzugsgruppen draußen ein Motiv für ihre Identifikation mit der und ihre Bindung an die Organisation liefern; sie bieten aktuelle Rechtfertigung für zurückliegende Handlungen; sie geben Kriterien zur Bewertung von Arbeitsleistungen, Mitgliedern und Aktionsprogrammen an die Hand, und unter bestimmten Bedingungen sind sie ideologische Leitlinie, an der die Beteiligten ihre Mitarbeit ausrichten. Darüberhinaus bringen einzelne Beteiligte ihre privaten Ziele oder Motive in die Organisation ein, Ziele, die nur selten mit denen der Organisation koinzidieren" (ebd., S. 383).[29]

In den betriebspolitischen Konstellationen (Kap.V) werden uns diese Bezugspunkte in anderer Perspektive wieder begegnen.[30]

---

[29] Vgl. zur theoretischen Diskussion von Zielen in einer Macht- und Koalitionsperspektive Mintzberg 1983 (insb. S. 8ff., S. 243ff.); Scott 1986, S. 348ff.; Cyert/March 1963.

[30] "Goals do not have lives of their own, independent of actions", gibt Mintzberg (1983, S. 7) zu bedenken. Und er rät: "We are safer talking about power than about goals, (...). It is only through studying power as manifested in actual decisions and actions that we come to understand goals" (ebd.).

IV. Wirkungen der Dezentralisierung auf Aufgaben und Status von Vorgesetzten, indirekten Bereichen und Stäben

1. Hierarchieabbau[31] und Führungskräftebedarf

In sechs der zehn untersuchten Unternehmen ergaben sich Veränderungen in der Struktur der Hierarchie, die mit dem Abbau von Hierarchieebenen einhergingen. Daneben gab es auch die symbolische Rückstufung von Führungsebenen durch den Entzug von "Titeln" (wie "Direktor") oder "Rängen", die z.T. mit besonderen Privilegien verbunden waren. Die Veränderungen sind teilweise unmittelbar auf die Dezentralisierungsprojekte zurückzuführen. Wir unterscheiden zwischen dem durch Dezentralisierung induzierten Hierarchieabbau und einem Hierarchieabbau, der einer allgemeinen Enthierarchisierungsprogrammatik folgt. Von Hierarchieabbau versprechen sich die Promotoren in den Unternehmen kürzere Informations- und Entscheidungswege durch eine "flachere" Organisation und Einsparungseffekte durch reduzierten Führungskräftebedarf.

Durch operative Dezentralisierung induzierter Hierarchieabbau

In Dezentralisierungsprojekten nach dem Modell der Selbstorganisation sind untere Führungspositionen in der Produktion in besonderer Weise gefährdet. Das gilt insbesondere dort, wo die unteren Führungspositionen durch vorgängige (tayloristische) Rationalisierungsprozesse ("Erste Meisterkrise") schon unterminiert wurden und die verbliebenen Restfunktionen nun in die Autonomie der sich selbstorganisierenden Gruppen gelegt werden.

---

[31] Wir verwenden den Begriff "Hierarchieabbau". Er meint den Abbau von hierarchischen Ebenen. Der Begriff "Enthierarchisierung" ist mit der Konnotation eines anhaltenden Bedeutungsverlusts von Hierarchie als generellem Steuerungs- und Koordinierungsmechanismus verknüpft. Diese mitschwingende Bedeutung wollen wir vermeiden. Dies schließt nicht den Wandel des "Inhaltsmusters" von Hierarchie aus (vgl. Krüger/Reißner 1990).

Dort, wo die selbstorganisierten Gruppen eigene "Moderatoren", "Koordinatoren", "Sprecher" aus ihrer Mitte herausbilden, stehen diese unmittelbar in Konkurrenz zu den bisherigen untersten Führungsebenen. Bei Fertigungssegmenten, die durch selbstorganisierte Gruppen den Fertigungsdurchlauf eigenständig organisieren, kann der Anreiz entstehen, auf die oberhalb der Gruppenebene liegende Führungsebene zu verzichten, die für die Koordinationsaufgabe zuständig war.

In mehreren Fällen werden bezüglich einer der Ebenen einer mehrstufigen Meisterhierarchie Konsequenzen gezogen. Es kann aber auch die unterste Führungsebene erhalten bleiben, während die nächsthöhere der Einsparung zum Opfer fällt. Zumeist entfällt nur eine Hierarchieebene, in einzelnen Fällen (nicht unbedingt flächendeckend für die ganze Produktionsabteilung) auch zwei Ebenen.

Dort, wo in erheblichem Umfang indirekte Funktionen in die operativen Einheiten verlagert wurden und dies zu einer deutlichen Reduktion der indirekten fertigungsnahen Abteilungen führte, können - als vermittelte Wirkung - hierarchische Ebenen in den indirekten Abteilungen entfallen, was sich allein schon durch die personelle Reduktion, aber auch durch die funktionale Vereinfachung der indirekten Abteilungen erklären läßt.

Aber strikt funktionale Erklärungen von Strukturveränderungen der Hierarchie und Dezentralisierungsbestrebungen haben deutliche Grenzen. Entscheidungen über hierarchische Strukturen sind weithin durch Leitbilder, aber auch durch betriebspolitische Prozesse im jeweiligen Unternehmen geprägt. Das zeigt sich schon im prozessualen Charakter der Entscheidungen in den Unternehmen. Veränderungen der Hierarchie müssen gar nicht im vorhinein geplant sein, sie können sich aus der betriebspolitischen Dynamik der Projekte ergeben. Oder die Hierarchieveränderungen können im vorhinein ins Auge gefaßt worden sein, aber aus betriebspolitischen Gründen, zur Vermeidung von Unruhe, erst einmal zurückgestellt werden (zum "betriebspolitischen Dilemma der Dezentralisierung" s.u.). In den unsicheren Entscheidungssituationen organisatorischer Reformprojekte empfiehlt es sich für das obere Management, anvisierte Veränderungen der Hierarchiestrukturen nicht in den Vordergrund zu rücken, um die Loyalität der Führungskräfte nicht zu gefährden, die für die mit Unsicherheit behafteten Umstellungsprozesse noch benötigt werden.

Anlässe, hierarchische Strukturen zu verändern, können sich durch das (altersbedingte) Ausscheiden bestimmter Führungskräfte ergeben, deren Stellen dann nicht mehr neu besetzt werden. Auch dadurch verschwimmt der eventuell vorhandene Zusammenhang zwischen dem Dezentralisierungsprojekt und der Veränderung der hierarchischen Struktur. Teilweise erschließt sich den Verantwortlichen auch erst im Zuge der Umsetzung eines Gruppenarbeitsprojekts, daß nunmehr Funktionen des unteren Managements überflüssig werden, oder es offenbart sich im Prozeß der Umsetzung, daß die Risiken der Umsetzung geringer sind als ursprünglich vermutet, so daß auf die Rückversicherung durch eine tiefgestaffelte Hierachie verzichtet werden kann. Mehr noch, es kann sich herausstellen, daß die antizipierten Wirkungen der Dezentralisierung auf die Vorgesetzten diese veranlassen können, den Mißerfolg des eingeschlagenen Weges "herbeizubefürchten", die Selbstorganisationsfähigkeit der ihnen unterstellten Gruppe nicht zu fördern, eventuell sogar zu behindern. Dann kann es naheliegen, auf diese Führungsebene zu verzichten, zumal dann, wenn "von unten", aus der Werkstatt und vom Betriebsrat Einfluß in diese Richtung ausgeübt wird.

Haben sich erst einmal stabile selbstorganisierte Strukturen auf den operativen Ebenen herausgebildet, können sich mittel- bis langfristig weitergehende Folgewirkungen auf die hierarchischen Strukturen ergeben. In Fällen, in denen schon Verkürzungen der Hierarchie vorgenommen wurden, werden weitere Schritte in Erwägung gezogen. So vertritt in einem untersuchten Fall einer der Promotoren die ambitionierte Vision einer weitgehend selbstgesteuerten Fertigung unterhalb der Ebene des Fertigungsleiters unter Verzicht auf die zwei bislang dazwischen angesiedelten Ebenen. Auch in Fällen, in denen bislang an den Strukturen der Hierarchie nichts geändert wurde, werden Veränderungen von den Verantwortlichen für die Zukunft ins Auge gefaßt, auf keinen Fall ausgeschlossen.

Durch operative Dezentralisierung ausgelöster Hierarchieabbau bedeutet nicht die Geringschätzung von "Führungsaufgaben". Vielfach wird gerade die gesteigerte Bedeutung von "Führung" betont, um die Selbstorganisation einerseits zu ermöglichen, andererseits die Risiken zu minimieren. So kann mit dem durch die Dezentralisierung von Kompetenzen veränderten und zugleich verringerten Aufgabenvolumen für Führungskräfte eine Abflachung der Hierarchie mit einer Stärkung der Führungsverantwortung der verbleibenden Ebenen einhergehen.

"Flache Hierarchien" als übergreifende Managementphilosophie

Sicher ist jedenfalls, daß die hierarchischen Strukturen kein Tabu-Thema mehr sind, eine Trendwende ist zu erkennen. Hierarchische Strukturen sind begründungspflichtig geworden und erste Schritte zu ihrem Abbau werden eingeleitet.[32] In jüngster Zeit erhält im Zuge der Rezeption der Studie von Womack u.a. (1991) der Abbau von Hierachieebenen eine eigenständige Rolle. Dies, obwohl fuglich bezweifelt werden kann, ob japanische Unternehmen überhaupt als Vorbilder für Hierarchieabbau taugen (vgl. Altmann 1992). Der unmittelbare Begründungszusammenhang zu konkreten Dezentralisierungsprojekten ist schwächer ausgeprägt. Zum Teil werden auch obere Hierarchieebenen einbezogen, die in keinen Zusammenhang mit den operativen Dezentralisierungsprozessen zu bringen sind. "Schlank werden", "Straffung des Managements", "kurze Informations- und Entscheidungswege" sind die einschlägigen Stichworte. Die in jüngster Zeit wachsende programmatische Bedeutung des Hierarchieabbaus kann auch zu veränderten Bewertungen in den schon eingeleiteten Dezentralisierungsfällen führen und die oben beschriebenen mittel- bis langfristigen Tendenzen beschleunigen helfen. Die programmatische Variante "Hierarchieabbau" kam zum Untersuchungszeitpunkt in der verkündeten Absicht eines Automobilunternehmens zum Ausdruck, von den bislang sieben Hierarchieebenen drei einzusparen. Mittlerweile ist dieser Abbau weitgehend vollzogen.

Hierarchieabbau und Führungskräftebedarf

Der Hierarchieabbau führt in einzelnen Fällen heute schon zu einer spürbaren[33] Reduzierung des Führungskräftebedarfs auf den unteren Führungsebenen in der Linie oder auch in Bezug auf "indirekte" Führungspositionen. Sollten angekündigte und teilweise eingeleitete größere Projekte Wirklichkeit werden, ist in diesen Fällen eine deutliche Reduktion des Führungskräftebedarfs zu erwarten.

---

[32] Programmatische Aussagen, die eine solche Entwicklung stützen und legitimieren, findet man auch schon in der betriebswirtschaftlichen und organisationswissenschaftlichen Literatur der 80er Jahre (vgl. u.a. Bleicher 1982, S. 315f.; Bleicher 1986, S. 99; Bühner 1989).

[33] Spürbar heißt in diesen Fällen, daß die im Zuge der Reorganisation freiwerdenden Führungskräfte nicht alle wieder in Führungspositionen untergebracht werden konnten.

Gegenläufig zu diesem Trend können zwei Momente wirken: Die Verringerung der Leitungsspanne und ein durch gleichzeitige Divisionalisierung des Unternehmens ausgelöster vermehrter Führungskräftebedarf. Beide Aspekte spielen in unserem Sample eine Rolle. Die Neudefinition der zukünftigen Rolle der unteren/mittleren Vorgesetzten gegenüber den selbstorganisierten Arbeitsgruppen kann die Verringerung der Führungsspanne nahelegen. Stabile Muster sind aber nicht zu erkennen. Schien vor kurzem noch gut denkbar, daß betriebliche Spannungen, die durch den Hierarchieabbau ausgelöst werden, über die Verringerung der Leitungsspanne wieder aufgefangen werden könnten (wofür sich auch funktionale Argumente finden lassen), so stehen unter Krisenbedingungen und gemäß dem Leitbild des "schlanken Unternehmens" die Kosteneinsparungen durch verringerten Führungskräftebedarf stärker im Vordergrund und werden die betriebspolitischen Gefahren eventuell geringer eingeschätzt. Divisionalisierung kann unter sonst unveränderten Prinzipien der Organisationsstrukturierung zu einer Erhöhung des Führungskräftebedarfs führen. Wenn die funktionalen Organisationseinheiten Vertrieb/Marketing, Produktion und Entwicklung/Konstruktion auf mehrere Divisions verteilt und dort wieder funktional reproduziert werden und die Verkleinerung der funktionalen Einheiten in den Divisions nicht zu einer kompensierenden Abflachung der Hierarchie führt, entstehen mehr Führungspositionen. Zumindest in einem der Fälle wird von steigendem Führungskräftebedarf durch die Divisionalisierung berichtet. Allerdings fällt der Führungskräftebedarf nicht unbedingt auf den gleichen Ebenen an, die durch anderweitigen Hierarchieabbau Federn lassen müssen.

2. Veränderte Vorgesetztenrollen in der Produktion

Gravierende Veränderungen der Vorgesetztenrollen ergeben sich in erster Linie durch echte Dezentralisierung. Hier können wir zwei Haupttendenzen unterscheiden, die wir typisierend auf die beiden Modelle des Intrapreneurs und der Selbstorganisation beziehen wollen. Dennoch ergeben sich auch bei paralleler Dezentralisierung veränderte Anforderungen an Vorgesetztenrollen. Diese sind allerdings "weicher" formuliert, nicht geronnen in dauerhaften, alltäglichen Verantwortungs- und Kompetenzstrukturen. Die Anforderungen sind leichter zu ignorieren und zu umgehen, zumeist mit fatalen Folgen für Stabilität und Erfolg der parallelen Dezentralisierung. Die Rollenvorbilder für betriebliche Vorgesetzte entsprechen denen, die wir gleich für die Rolle des Vorgesetzten bei Selbstorganisation kennenlernen. Sie werden mit den Begriffen "Motivator", "Moderator", "Coach" umschrieben.

Die Neudefinition von Vorgesetztenprofilen ist vielfach noch im Fluß; in einigen Fällen existieren gar keine einheitlichen, bindenden, formal-festgelegten neuen Profile, sondern mehr oder weniger diffuse Erwartungshaltungen und Selbstdefinitionen. Aber selbst da, wo es formale, bindende Positionsbeschreibungen gibt, kann die tatsächliche Aufgabenwahrnehmung durch Vorgesetzte davon mehr oder weniger deutlich abweichen - aufgrund von Nicht-Akzeptanz der neuen Rolle durch den Vorgesetzten, aber auch aufgrund von Restriktionen im Verhalten anderer Stellen im Unternehmen. Die Neudefinition der Vorgesetztenrollen ist ein eminent "politischer" Prozeß, auf den verschiedene Gruppen im Unternehmen Einfluß nehmen (formell und informell). Die typisierte Darstellung kann dem nur begrenzt Rechnung tragen.

2.1 Selbstorganisation: "Zweite Meisterkrise" oder auf dem Weg zum Vorgesetzten als "Moderator"

Durch selbstorganisierte Gruppen werden die Meister[34] aus klassischen Aufgabenbereichen verdrängt. Sie müssen sich von Aufgaben verabschieden, die zum Kernbereich ihrer bisherigen Tätigkeit gehörten: Anweisungen und Kontrollen in den alltäglichen Arbeitsvollzügen (Arbeitseinteilung, Feinsteuerung von Aufträgen, Qualitätskontrollen, Materialbereitstellung, Werkzeugbereitstellung, personelle Maßnahmen wie Schicht- und Urlaubseinteilung u.ä.). Vieles davon war sicherlich auch bei den Meistern unbeliebt: "Ich komm' ja gar nicht zu meinen eigentlichen Aufgaben", hört man immer wieder. Oder der Meister wird als "Laufbursche" der Produktionsmannschaft geschildert. Aber das alltägliche Steuern des Werkstattgeschehens war auch ihre eigentliche Machtbasis. Meister-

---

[34] Hier synonym verwendet für die untere Führungsebene in der Produktion. Die jeweiligen betrieblichen Bezeichnungen weichen davon ab bzw. sind differenzierter (z.B. mehrere Meisterebenen).

krise "von unten" durch Selbstorganisation ist hier das Stichwort. Dies gilt insbesondere dort, wo die Meisterposition in der Vergangenheit schon durch tayloristische Rationalisierung ausgehöhlt wurde, also viele Funktionen "nach oben" in indirekte Bereiche, in planende, steuernde, kontrollierende und generell technische Büros abgezogen wurden, die Substanz der Meisterposition somit schon recht schmal und ihr betrieblicher Status schon unterhöhlt worden ist[35]. Hier ergänzt die Meisterkrise "von unten" diese klassische Meisterkrise. In zwei Maschinenbauunternehmen ist zu beobachten, daß dieser Prozeß sozusagen simultan erfolgt. Die traditionelle Form der Meisterwirtschaft befindet sich dort durch den Aufbau teilautonomer Gruppen und die Reorganisation der Produktionsplanung und -steuerung bzw. der Zeitwirtschaft in Auflösung. Dezentralisierung und Zentralisierung laufen bezüglich der Meisterposition gewissermaßen ineinander.

Wenn sich die Meister vom bisherigen Aufgabenverständnis nicht losmachen, kommen die anvisierten Vorteile der Selbstorganisation nicht zum Tragen. Vielmehr besteht die Gefahr, daß die Motivation der Gruppen untergraben wird, selbst Verantwortung zu übernehmen, indem in ihren Kompetenzbereich hineinregiert wird. Diese Gefahr wird vielfach in den Reorganisationsprozessen wahrgenommen. Die Verabschiedung von den herkömmlichen Führungsrollen und vom tradierten Führungsverständnis scheint also unabdingbar.[36]

Soweit wurden die Wirkungen nur negativ definiert. Aber was tritt an die Stelle des bisherigen? Diese Frage hat um so mehr Bedeutung, da die beschriebene Entwicklung ja mit einer erheblichen subjektiven Verunsicherung der betreffenden Personen einhergeht. Unausgesprochen oder ausgesprochen steht die brisante Frage im Raum: Was macht der Vorgesetzte eigentlich noch, da doch die selbstorganisierte Gruppe weithin seine früheren Tätigkeiten übernimmt?

In der Mehrzahl der Fälle werden keine schriftlich formulierten, verbindlichen neuen Funktionsprofile für Meister ausgearbeitet; in einigen Fällen wird die

---

[35] Diese Entwicklung wird vielfach durch die Unterhöhlung der fachlichen Überlegenheit des "Meisters" als eigentlichem Fachmann in seinem Unterstellungsbereich durch die beschleunigte technologische Innovation verstärkt.

[36] Von vergleichbaren Erfahrungen wird aus früheren HdA-Projekten berichtet, die mit Kompetenzverlagerungen auf teilautonome Gruppen verbunden waren (vgl. u.a. Freimuth 1988; Fricke/Wiedenhofer 1985)

veränderte Rolle dieser Gruppe erst reaktiv, als Ergebnis der Dezentralisierungsmaßnahmen wahrgenommen. Wo vom oberen Management das neue Anforderungsprofil erläutert wird, ergeben sich oft erhebliche Übermittlungs- und Verständigungsprobleme. Dort, wo neue Funktionsprofile positiv formuliert und auch in offiziellen Positionsbeschreibungen festgehalten werden, kreisen diese um die Begriffe "Stärkung der Führungsrolle", "Moderator", "Motivator" und "Koordinator" der Gruppenprozesse.

Hier sind dann etwa folgende Anforderungen formuliert: Selbstorganisation ermöglichen, die Gruppe an die neuen Aufgaben heranführen, motivieren, qualifizieren, die Selbstorganisation auch gegenüber den übergeordneten Stellen durchsetzen bzw. abschirmen[37], (nur noch) ergebnisorientiert in größeren Zeitintervallen kontrollieren, Personalbeurteilung[38] und -entwicklung verstärkte Aufmerksamkeit schenken.

Das so oder ähnlich formulierte neue Aufgabenfeld bleibt aber oft undeutlich, verschwommen und für die bisherigen Führungskräfte wenig greifbar. Wir gewannen insgesamt den Eindruck, daß formalen Funktionsprofilen, obwohl sie von Personalabteilungen oftmals mit großer Akribie erstellt werden, relativ wenig praktische Bedeutung zukommt. Die neu definierten Aufgaben müssen auch im Kompetenzstreit mit anderen, übergeordneten Ebenen und indirekten Funktionen und Stäben erarbeitet und angeeignet werden. Die Meister fühlen sich zudem für diese neuen Aufgaben vielfach nicht qualifiziert. Auch bleibt Unsicherheit, ob die neue Aufgabendefinition auf Dauer gestellt ist oder nur für eine Übergangssituation sozusagen als Rückversicherung gilt, bis die Selbstorganisation auf eigenen Füßen steht. Diese Befürchtung wird dadurch bestärkt, daß im Zuge der Dezentralisierungsprozesse verstärkt auch die Abflachung der Hierarchie ins Auge gefaßt wird und dadurch die Stabilität der Positionen und die Entwicklungschancen dieser Gruppe in Frage gestellt wird. Eine *tiefgreifende Rollenverunsicherung* der Meister ist erst einmal die Folge.

---

[37] Das kann heißen, gegenüber der Arbeitsvorbereitung für eine bessere Abstimmung zwischen Gruppe/Meisterbereich und Entwicklung/Konstruktion zu sorgen.

[38] Hier scheint bei der Umstellung vom Leistungs- auf den Zeitlohn mit den dabei vorgesehenen Personalbeurteilungen ein wirkliches neues Aufgabenfeld für den unteren Disziplinarvorgesetzten zu erwachsen. Die zukünftige Entwicklung von Entlohnungssystemen bei Gruppenarbeit wird generell großen Einfluß auf die Personalführungsfunktion der unteren Vorgesetzten haben (s.u.).

Zukünftig werde bei der Meisterfunktion "Mitarbeiterführung die menschliche Betreuung mehr Bedeutung haben, der Meister an sich, wenn er bleibt" - so die sibyllinische Äußerung eines befragten Geschäftsführers. Auf Rückfrage von uns, was das heißt: "Wenn's überhaupt notwendig ist, daß er bleibt. ... Ich muß eben diese Qualifikation in der Gruppe haben, da reicht womöglich ein einziger Mann, ein erfahrener Mann. Es gibt ja kein Menschenrecht auf Chefsein, es muß ja immer eine Funktion erfüllt werden. Das gilt für den Meister und gilt für mich. Wenn die Voraussetzung wegfällt, steht die Position zur Disposition, keine Frage." Andere Managementvertreter sind sich der Verunsicherung durchaus bewußt, in die sie die Meister stürzen: "Wir machen eine Broschüre (neues Funktionsbild der Meister, d.V.), die da lautet, 'Wir werten euch auf!'. Und am Schluß steht dann: 'Wahrscheinlich gibt's euch nimmer!' Das muß man dann irgendwie rüberbringen, daß das ein gewisser Anpassungsprozeß über eine gewisse Zeitdauer ist."

Bei den Meistern registriert man die entsprechende Verunsicherung: Auf die Frage, ob er die Befürchtung habe, daß bei Einführung der Gruppenarbeit vielleicht für den Meister nicht mehr genug übrigbleibe, antwortet einer der Betroffenen: "Ja, könnt sein, ich bin da noch nicht mit mir selber im reinen, ob ich jetzt da Angst haben muß oder? Es ist halt was Neues. (...) Man weiß noch nicht so genau, wie es werden wird." So schildert er verunsichernde Situationen, in denen die Unterminierung seines Status für ihn handgreiflich wird. Die Auftragsleitstelle spricht ihn als formal zuständigen Ansprechpartner wegen eines Termins an und er muß zugeben: "Tut mir leid, weiß ich nicht, muß ich erst zu der und der Insel gehen. Dann denken die vielleicht, Herrgott, weiß der Meister nichts mehr, was macht der da. Für was ist denn der noch da. Das ist so meine Befürchtung da." Auch bezüglich der fachlichen Autorität gegenüber der Fertigungsinsel hegt er Befürchtungen. "Ich kann mir vorstellen, daß die (die Inselmitarbeiter, d.V.) das nicht mehr für notwendig halten, (mich einzuschalten); die sind ja angehalten, sich selber zu führen, zu koordinieren, gegenüber anderen Stellen. Also ich kann mir vorstellen, daß so manche Insel selten noch einen Meister braucht." Sein Fazit lautet entsprechend: "Ich mein einfach, wenn ich von mir ausgeh', ich hab da Angst gegenüber dem, weil man wirklich nicht richtig weiß, wie das aussieht. Das tät ich sagen, so ziemlich jeder (Meisterkollege). Wenn das jetzt klar abgegrenzt wär', du machst in Zukunft das und das, und dann könnt' man sich d'rauf vorbereiten, ist alles so wachsweich im Moment noch. ... Nee, dagegen ist also niemand. Also wirklich, die Hauptsache ist, mein ich, daß man nicht weiß, was auf einen zukommt, (...) - es wird anders, aber was wird anders?"

Als mittelfristige Tendenz ergibt sich auf der Grundlage der Erosion der alten Meisterrolle durch Selbstorganisation eine Ausdünnung der Vorgesetztenebenen *und* eine Neudefinition der Anforderungen an die verbleibenden betrieblichen Führungskräfte[39] - eine spannungsreiche Angelegenheit, wenn man bedenkt, daß sich die Meister an der Neudefinition ihrer Position beteiligen sollen, während

---

[39] Z.B. in der Form, daß mehrere Meisterebenen zu einer zusammengezogen werden, die verbleibende Führungsebene dann stärker für die übergeordneten Kooperationsprozesse zwischen den Gruppen und mit übergeordneten Stellen zuständig ist. Allerdings hat dies dann wieder Rückwirkungen auf die übergeordneten Stellen. Ein neues Feld betrieblicher Macht- und Kompetenzabgrenzung wird eröffnet.

sie zugleich nicht wissen, ob sie noch davon profitieren werden. Die Meister entwickeln unter diesen Bedingungen leicht das Gefühl: 'Wenn ich meinen Job gut mache, also die Gruppen zur Selbstorganisation befähige, dann untergrabe ich mittelfristig meine eigene Position, ich mache mich selbst überflüssig.'

In die Neudefinition der Meisterrolle werden dann auch die Bestrebungen von Meistern eingehen, sich für die Verluste an Kompetenzen gegenüber selbstorganisierten Gruppen durch die Übernahme von Kompetenzen übergeordneter Stellen, indirekter Bereiche und zentraler Stäbe schadlos zu halten. Hier geht es dann um die Einbeziehung in Prozesse der Fabrik-, Prozeß- und Betriebsmittelplanung, bei der Gewährleistung fertigungsgerechter Konstruktion und in die Verbesserung von Produktionsprozessen in Zusammenarbeit mit anderen Stellen. Solche Konzepte werden von höheren Linienvorgesetzten aus der Produktion unterstützt und auch eigenständig vertreten. Sie können dann durchaus in den zweiten Strang der Entwicklung einmünden: den Ausbau der Linienpositionen auf Kosten der indirekten Bereiche wie im folgenden unter dem Stichwort Intrapreneurmodell beschrieben.

2.2 Intrapreneurmodell: Herausforderung und Überforderung

Das Intrapreneurmodell ist gerade durch den zur tayloristischen Rationalisierung gegenläufigen Prozeß gekennzeichnet: Kompetenzverlagerung von den indirekten Bereichen in die Linie, die Stärkung der Linie gegenüber dem Stab. Sozusagen im Kopf neuer selbständiger, operativer Einheiten werden Kompetenzen und Verantwortung gebündelt, reintegriert. Dadurch wird ein Umkehrprozeß zur Taylorisierung der alten Meisterwirtschaft beschrieben. Von dieser Vorstellung des Prozesses rührt die Bezeichnung "Neue Meisterwirtschaft".

In die Führungsfunktion der Linie wandert die Gesamtverantwortung wieder zurück. Gegenüber der vorherigen Situation ist die ungeteilte Verantwortung somit das wichtigste Kennzeichen. Dies ist nun nicht so zu verstehen, daß dieser neue "Meister" alles selbst erledigt. Insoweit die Spezialisten erhalten bleiben, wandern sie unter die Aufsicht und Führung des neuen Vorgesetzten. Dieser hat die Gesamtverantwortung für (Primär-)Kosten, Qualität, Durchlauf bzw. Stückzahl, Bestände, Termine, Mitarbeiter. Die neue Position wird vielfach mit dem Stichwort "Unternehmer im Unternehmen", Intrapreneur, "kleiner Unternehmer" u.ä. umschrieben. Sie kann auch mit der Einrichtung von "cost-centers" verbunden sein.

Natürlich sind das relative Begriffe. "Unternehmer" sind diese neuen Figuren im strikten Sinn nicht. Sie haben keinen Einfluß auf die Unternehmensstrategie, die Produktentscheidungen, den Produktabsatz, nicht einmal auf die zu produzierenden Mengen. Auch hinsichtlich der Kosten sind ihre Einflußmöglichkeiten auf die direkt beeinflußbaren Kosten des jeweiligen Bereichs beschränkt. Verantwortung und Kompetenzen fallen auch hier, sozusagen auf höherem Niveau, auseinander. Vielleicht läßt sich der neue Zuschnitt der Führungskraft besser mit "Aufforderung zu unternehmerischem Denken und Handeln" umschreiben. In der klassischen Organisationsvorstellung ist "unternehmerisches Handeln" nur in der Organisationsspitze bei Ziel- und Strategiefestlegung angesiedelt. Die Festlegung der "Superstruktur" (Mintzberg 1983) der Organisation und der formalisierten Handlungsprogramme garantiert dann - gemäß dieser Vorstellung - das ziel- und strategiekonforme Handeln aller Subeinheiten des Unternehmens, ohne daß an anderer Stelle unternehmerisches Denken und Handeln nötig wäre. Es wäre dort sogar eher störend und fehl am Platze. In der dem Intrapreneurmodell zugrundeliegenden Vorstellung funktioniert die Zielausrichtung der Organisation weniger über die Festlegung und Abstimmung von funktional gegliederten Strukturen und über allgemeine Handlungsprogramme, sondern über geteilte normative und kognitive Konzepte der Führungskräfte auf allen Ebenen (den Intrapreneuren) und einer darauf zugeschnittenen Organisationsstruktur ("ganzheitliche" Aufgabenbereiche bzw. Subsysteme der Organisation unter weitgehendem Verzicht auf funktionale Spezialisierung). Von dieser Vorstellung lebt auch das Konzept der "fraktalen Fabrik" (Warnecke 1992).

Die hohen Ansprüche an die neuen "Unternehmer" und ihre begrenzten Kompetenzen führen in der Praxis zu Bestrebungen des Produktionsmanagements, auch das übrige Unternehmen vergleichbar umzugestalten. Umlagekosten von Personalabteilung, Fabrikplanung, Entwicklung/Konstruktion, aber auch von Serviceabteilungen und der Hauptverwaltung und bislang ähnlich sakrosankter Unternehmensbereiche kommen ins Visier des "unternehmerischen Denkens". Dies verbuchen wir unter der betriebspolitischen Dynamik der eingeleiteten

Dezentralisierung, die durch das Leitbild des "schlanken Unternehmens" zusätzliche Nahrung bekommen hat.

Von der formalen Positionsbestimmung her betrachtet, gehören die neuen Vorgesetzten zu den Gewinnern. Zumeist über die ganze Firma hinweg verbreitet ist die Vorstellung, daß die Produktion als Abteilung insgesamt einen wesentlich höheren Status erhält. Sie gewinnt an Ansehen; die betriebliche Führungsposition wird wegen der stärkeren Machtstellung gegenüber den indirekten Bereichen attraktiv. Die dort zentralisierte Verantwortung für Kosten, Termine, Durchsatz, Produktivität, Qualität und Personal drückt ja sehr deutlich die Veränderung gegenüber der vormals geteilten Kompetenz bei letztlicher Verantwortung des Linienvorgesetzten aus. Das alte Dilemma des betrieblichen Vorgesetzten lag bekanntlich gerade in der - aufreibenden - Diskrepanz zwischen Kompetenz und Verantwortung. Nicht umsonst war die alte Struktur durch den institutionalisierten Konflikt zwischen Stab und Linie gekennzeichnet. Einer der Promotoren eines Dezentralisierungsprojektes verdeutlicht diesen Konflikt anhand des Verhältnisses zwischen Meistern und der Arbeitsvorbereitung:

"Er (der Meister, d.V.) war in einer blöden Situation früher. Theoretisch hatte er eigentlich keine Verantwortung für das, was geplant war, sondern nur für die Ausführung. Wenn alles richtig geplant war, dann brauchte er sich ja eigentlich nur entsprechend dem Arbeitsplan zu verhalten und die Standards einzuhalten. Da es aber immer unheimlich schwierig war, alle Voraussetzungen wirklich so hinzukriegen, war er in der Bredouille. Er mußte also dann oft nach Material springen, mußte AV spielen gewissermaßen, oder er war dauernd bei denen, hat die beschimpft, wo sind die Teile. So haben sie sich oft regelrecht zerfleischt, weil die oft keine Chance hatten, Steuerungsprobleme, Ablaufprobleme wirklich in den Griff zu bekommen."

Im Kontrast hierzu steht die neue Führungskraft. Einer der neuen Intrapreneure drückte seine Rolle so aus: "Wir sollten uns so benehmen, als wenn wir ein eigenständiger Kleinbetrieb im Gefüge von so einer großen Firma sind." In diesem Kleinbetrieb sind alle Funktionen integriert. Der neue Typ Vorgesetzte habe jetzt ein "durchgängiges Verantwortungsspektrum", das früher auf Einzelfunktionen verteilt war. "Der hat jetzt fünf Hüte auf". "Wir sollten wie ein Unternehmer denken, der jetzt da eigenständig voll verantwortlich ist, (...) der den totalen Kostenüberblick von der Schraube bis zum Gehalt hat." Ob die so definierte Führungskraft ihrer Aufgabe gerecht wird, wird aus Sicht des Vorgesetzten daran gemessen, ob er in der internen Kunden-Lieferanten-Beziehung eher als "Verwalter oder als Geschäftsmann" agiert. Er werde daran gemessen, ob er innovativ ist, an Verbesserungen arbeitet, um konkurrenzfähig zu bleiben. "Ich kann mich oftmals tatsächlich als kleiner Unternehmer fühlen", so sein Fazit.

Die Entwicklung wird von den neuen Führungskräften unterschiedlich, zum Teil von ein und der selben Person ambivalent bewertet. Sie wird als berufliche Herausforderung und Chance, nicht selten aber auch als Überforderung und Überlastung empfunden.

Einer der Befragten sieht zwar auch die neuen Belastungen in der Position, für ihn ist es aber in erster Linie eine Herausforderung. Er will seine Position eher noch ausbauen und die immer noch vorhandene "Gängelung" beseitigt wissen: "Ja, da ist sicher einiges dazugekommen (...), wo man sich natürlich schon die Frage stellt 'Mensch, das habe ich bisher nicht gemacht, ich muß dazulernen, ich muß wieder weitermachen, ich muß mir Kenntnisse aneignen'. Das ist natürlich eine gewisse Belastung. Man fragt sich schon: 'Pack ich das oder scheitere ich bei der ganzen Geschichte?' Aber überfordert, nein! Ich würde mir vielleicht wünschen, daß man aus seiner Position heraus noch ein bißchen mehr bewegen könnte. Man kann nach wie vor noch zu wenig bewegen. Man hat eigentlich Ideen, die immer noch zu arg gefiltert und blockiert werden."

Andere betonen eher die Kehrseite. Die neue Position sei "kein Zuckerlecken", so einer der neuen Intrapreneure. "Ich fühle mich oft gar nicht mehr so ganz kommod, in meinen Augen gehören da so kleine (Meiers)[40] auf so einen Platz hier". Er entwickelt Selbstzweifel, obwohl er sicherlich hoch motiviert an die Sache herangeht und 10 bis 12 Stunden täglich in der Firma ist. "Wobei man sich dann natürlich fragt, ob das erstrebenswert ist oder nicht, aber das kommt ein bißchen auf den persönlichen Ehrgeiz an. Was dann, wenn sie ein paar Mark mehr bekommen, und dafür 12 Stunden jeden Tag hier sind." Ein anderer bestätigt: "Es gibt viele, die nicht mitgemacht haben, die es nicht verkraftet haben, die es mental nicht verkraftet haben, die nicht mehr auf dieser Position sitzen, die nicht mehr Führungskräfte in der Fertigung sind."

Ein anderer Abteilungsleiter fühlt sich vor allem belastet, weil er nicht "rumkommt", nicht genügend qualifiziertes Personal hat, um beruhigt zu delegieren, dadurch noch viel selbst kontrollieren muß, weil er für alles verantwortlich ist. Die alte Struktur hatte ja den Vorteil, daß die Verantwortung geteilt war, das entfällt jetzt. "Ich sehe mich persönlich irgendwann überfordert", ist sein Fazit. Die Position sei nicht erstrebenswert, was auch Kollegen und die betriebliche Meinungsumfrage bestätigten: "Um den Platz wird sich nicht gerissen (...), da bleibt man lieber in der Fachlaufbahn, da kannst du genausoviel verdienen, hast tausend Ärger weniger, hast tausend Verantwortungen weniger. (...) Das Implementieren hat ja noch Spaß gemacht, aber jetzt ist es ein Feuerwehrjob."

Ob die einheitliche Verantwortung als Chance oder als Überforderung wahrgenommen wird, scheint in erster Linie von zwei Faktoren abzuhängen:

Zum einen sind die individuellen Voraussetzungen der Führungskraft zu nennen. Hier zeichnet sich ein neuer Zuschnitt der Qualifikationsvoraussetzungen ab.

---

[40] Modifizierter Name für den konkret bezeichneten Werkleiter.

Ingenieure kommen subjektiv besser als Industriemeister mit dem neuen Anforderungsprofil zurecht. Teilweise favorisiert die Personalpolitik der Unternehmen auch den Ingenieur für die Besetzung der Positionen, so daß sich im Intrapreneurmodell die untere Führungsposition auf den Ingenieur zubewegt. In einem Unternehmen der Elektronikbranche ist diese Entwicklung schon weit vorangeschritten. Dort ist die Rekrutierung von Ingenieuren für untere und mittlere Führungspositionen in den (teil)autonomen Produktionseinheiten Element der Personalpolitik. In einem Maschinenbauunternehmen, in dem über eine Ergänzung der selbstorganisierten Gruppen durch die Hereinnahme von Arbeitsvorbereitern in eine autonome Fertigungseinheit nachgedacht wird, wird der Ersatz von Meistern durch Ingenieure als erste Linienvorgesetzte in Erwägung gezogen. Diese Entwicklung knüpft an einen schon länger wirkenden Akademisierungstrend auf der Grundlage eines veränderten Arbeitskräfteangebots und veränderter Rekrutierungsstrategien an (vgl. IV.5, vgl. auch Drexel 1991).

Der zweite Faktor, der die Bewertung bestimmt, sind die Delegationsmöglichkeiten innerhalb der operativen Einheit und die Herausbildung eines "Teams". Hierfür spielt die qualifikatorische Basis der Produktionsabteilung eine wichtige Rolle. So wird in einem Unternehmen von einem Betroffenen festgestellt, die neue Führungskraft (Abteilungsleiter) "steht und fällt mit den Leuten, mit den Persönlichkeiten und seiner Handvoll höherwertiger Mitarbeiter", an die man delegieren kann. Wer nicht auf die in die Produktion versetzten Betriebsingenieure, Prozeßtechniker und Instandhalter bauen kann, dem droht die Überforderung.

Somit erzeugt der Neuzuschnitt der operativen Produktionseinheit nach dem Intrapreneurmodell die Notwendigkeit, die Dezentralisierung von Kompetenzen nach unten weiter zu treiben und Tendenzen der Selbstorganisation innerhalb der operativen Einheit zu entwickeln. Diese Notwendigkeit wird von Managementvertretern gesehen, nicht immer werden aber die notwendigen personellen und sonstigen Rahmenbedingungen dafür geschaffen.

Veränderte Qualifikationsanforderungen an Führungskräfte

Das Anforderungsprofil des *Intrapreneurs* wird deutlich angehoben. Die Anforderungsdimension Verantwortung und sozial-kommunikative Fähigkeiten gewinnen an Bedeutung. So wird die Aufgabe der Personalführung deutlich komplexer, da das zu führende "Team" sehr heterogen zusammengesetzt ist und Beschäftigte mit ganz unterschiedlicher Ausbildung und Bildungsgraden integriert werden sollen. Aber auch die Anforderungen an Fachkenntnisse steigen. Es wird eine breite Grundqualifikation erwartet, mit der das erweiterte Verantwortungsfeld abgedeckt werden kann, wenn auch nicht in jedem Fachgebiet Expertenstatus vorausgesetzt wird. So können Kenntnisse im Umweltrecht und in der Umwelt- und Entsorgungstechnik hinzukommen, die dem betrieblichen Vorgesetzten zuvor nicht abverlangt wurden. Oder es werden aufgrund der erweiterten Kostenverantwortung genauere Kenntnisse der Kostenrechnungssysteme verlangt.

Im Fall der *Selbstorganisation* ergibt sich für die Führungskraft in erster Linie eine Verschiebung in Richtung auf die sozial-kommunikative Anforderungsdimension. So soll der "Moderator" zur Beilegung von Konflikten in selbstorganisierten Arbeitsgruppen beitragen, ohne den Mechanismus der Selbstorganisation und die erwarteten leistungssteigernden Effekte des Gruppendrucks außer Kraft zu setzen. Je nach Ausgestaltung der betrieblichen Führungsposition ergeben sich auch neue fachliche Anforderungen. Wenn die Hierachie verkürzt wird, kann auch die unterste betriebliche Führungsebene einen anderen fachlichen Zuschnitt bekommen.

Nicht allein die organisatorischen Veränderungen wirken auf die Anforderungen an die Vorgesetzten ein. Technologische Veränderungen, beschleunigte Innovation von Produkten und Prozessen und die Verwissenschaftlichung der Produktion haben in vielen Fällen schon zuvor die fachliche Autorität insbesondere der unteren Vorgesetzten (Meister) angegriffen. Diese Entwicklung wird durch die Wirkungen der organisatorischen Veränderungen verstärkt. In diesem Kontext entstehen Rekrutierungskonzepte für Produktionsvorgesetzte, bei denen teils die untere Ebene, erst recht aber die nächste Ebene vermehrt mit akademisch gebildeten Fachkräften - graduierten und diplomierten Ingenieuren - besetzt wird.

Obwohl sich die Qualifikationsanforderungen an Führungskräfte deutlich wandeln, wird in den von uns untersuchten Fällen zumeist darauf vertraut, daß die veränderten Anforderungen auf der Grundlage der formalen Berufsausbildung und der bislang absolvierten Weiterbildungsanstrengungen zu bewältigen sind. In Großbetrieben wird dabei auf die zum Teil aufwendigen Systeme der Führungskräfteauswahl und -promotion hingewiesen, von denen angenommen wird, daß sie die Führungskräfte ausreichend auf unterschiedliche Aufgaben vorbereiten. Weit überwiegend - so die Wahrnehmung der Beteiligten - fühlen sich die betroffenen Vorgesetzten dennoch "ins Wasser geworfen". Dies erklärt sich auch dadurch, daß das veränderte Anforderungsprofil erst im Prozeß der organisatorischen Umgestaltung Kontur gewinnt und an seiner Definition im betriebspolitischen Prozeß verschiedene Akteure beteiligt sind. Besondere, den Reorganisationsprozeß begleitende Weiterbildungskurse für Vorgesetzte werden hinsichtlich fachlicher Anforderungen angeboten, die sich im Zuge der Neugestaltung des jeweiligen Verantwortungsbereichs ergeben (wie z.B. hinsichtlich der Betreiberverantwortung für Anlagen). In manchen Unternehmen versucht man auch, den Vorgesetzten die gewandelten Strategien, Visionen und Leitvorstellungen des Unternehmens in stärker zeremonialisierter Form auf besonderen "workshops" und Seminaren zu verdeutlichen. Am ehesten können sich Vorgesetzte auf ihre veränderte Aufgabe dort vorbereiten, wo sie an den die Reorganisation steuernden Projektteams aktiv teilnehmen. Vereinzelt finden wir auch Seminarangebote, die speziell auf die vermuteten neuen Anforderungen hinsichtlich "Sozialkompetenz" und "Kommunikationsfähigkeit" abzielen. Im Rahmen unserer Fallstudien konnten wir die Formen und Methoden der Qualifizierung von Vorgesetzten und deren Ergebnisse nicht genauer erheben. Nach unseren Eindrücken ist aber insbesondere die Vermittlung von "Sozialkompetenz" ein neuralgischer Punkt. Darauf zugeschnittene Veranstaltungen werden von den Betreffenden als hilfreich anerkannt. Ob sie aber mehr als symbolische Funktionen haben, ist eher zweifelhaft. Sie signalisieren den Vorgesetzten erst einmal Aufmerksamkeit und "Zuwendung", zugleich vermitteln sie aber auch die Aufforderung zu Verhaltensänderungen. Ob über diese Formen Lernen ermöglicht wird, ist fraglich. Wir gewannen den Eindruck, daß kontinuierlichere Formen der Austragung von Konflikten und Kontroversen um die Führungsrollen in den Organisationseinheiten nötig sind, die, in den Arbeitsalltag eingebettet, dann durch spezielle Orte der Reflexion der Erfahrungen ergänzt werden können. "Soziale Kompetenz" kann schon kaum als individuelle Kategorie definiert werden, sicherlich aber nicht individualisiert vermittelt werden (vgl. u.a. Novak 1993). Qualifizierung auf diesem Feld ist wohl generell weit problematischer als fachliche Qualifizierung, weil die neuen sozial-kommunikativen Anforderungen in ganz anderer

Weise an die gewachsenen Persönlichkeitsstrukturen der betreffenden Personen gebunden sind. Man lernt nicht einfach etwas Neues, sondern man lernt um. Die bisherige berufliche und betriebliche Sozialisation von Führungskräften rückt damit in das Gesichtsfeld. Zugleich werden die zum Teil erheblichen sozialen Lernzumutungen deutlich, die für die Vorgesetzten oftmals mit dem Organisationswandel verbunden sind; Lernzumutungen, auf die dann oft nur mit mehr oder weniger geschickter Mimikry reagiert werden kann. Sensible, ins Detail gehende Studien wären hier nötig.

Probleme älterer Führungskräfte

Ein verringerter Führungskräftebedarf und veränderte Anforderungen führen in einigen Fällen dazu, daß bisherige Führungskräfte nicht mehr in leitenden Positionen beschäftigt werden können. Ein Auswahlkriterium ist oftmals das Alter, das sowohl für sinkende Leistungsfähigkeit als auch für mangelnde Anpassungsfähigkeit an neue Aufgaben und Anforderungen steht. Die Rückkehr von Führungskräften in Fachfunktionen ist oftmals verbaut. Einigen von ihnen verbleiben dann nur "Abschiebeposten", andere verlassen das Unternehmen etwa über vorzeitigen Ruhestand. Hier existiert vielfach ein direkter Zusammenhang. Die Verkürzung der Hierarchieebene wird in einer Abteilung erst dann vorgenommen, wenn die Verrentung des jeweiligen Vorgesetzten ohnehin gerade ansteht.

Wir stießen aber auch auf Unternehmen, die auf der Suche nach internen Lösungen für das Problem der Weiterverwendung von ehemaligen Führungskräften waren. Hier wird auch an den Verlust an gewachsenen Erfahrungen und Know-How erinnert, der mit dem Ausscheiden solcher Personen verbunden sein kann, die vielfach über lange Jahre loyal zum Unternehmen standen.[41] Die interne Umorientierung erweist sich aber als schwierig. Für Spezialistentätigkeiten in Fachfunktionen (z.B. als Ingenieure in Forschung/Entwicklung) sind die ehemaligen Führungskräfte als "Generalisten" eventuell nicht mehr qualifiziert. Aber mehr als die Qualifikationsdefizite schlägt das mentale Problem zu Buche, das mit dem Abschied von Macht und Status der vormaligen Position und dem Hineinfinden in eine neue Rolle im Unternehmen verbunden ist. Dies äußert sich

---

[41] Konkret wird zum Beispiel die Möglichkeit reflektiert, ehemalige Meister in betrieblichen Qualifizierungsmaßnahmen, die durch die Reorganisation erforderlich werden, als erfahrene Ausbilder einzusetzen.

sowohl in den Selbstdefinitionen der betreffenden Vorgesetzten als auch in Fremdwahrnehmungen aus deren Umfeld.

Eine Verallgemeinerung der neuen Organisationskonzepte würde die Schwierigkeiten der älteren Führungskräfte, für die wir in den Fallstudien Anhaltspunkte fanden, verschärfen, dies zumal in Zeiten wirtschaftlicher Rezession. Die Externalisierung der Probleme erscheint dann wohl vielfach als die einfachere Lösung. Jüngste Meldungen über den Schwenk so mancher Unternehmensberatung vom "Headhunting" zum "Outplacement" lassen eher diesen Trend erkennen: "schonende" und wenig Aufsehen erregende "Entsorgung" von Führungskräften, wobei allerdings die "Fürsorge" des "Outplacement" wohl eher den oberen Rängen der Hierarchie zukommt.

3. Trendwende in der Entwicklung indirekter Bereiche

Abbau, Neuzuschnitt und Statusveränderung indirekter Abteilungen und Tätigkeiten

Hinsichtlich der Folgewirkungen von Formen echter Dezentralisierung auf die indirekten Bereiche lassen sich auf der Basis unserer Untersuchung folgende Hauptentwicklungstendenzen beobachten[42]:

(1) Es kommt zu einem Personalabbau in indirekten, produktionsnahen Bereichen durch die Aufgabenintegration in teilautonome operative Einheiten nach dem

---

[42] In den einzelnen Reorganisationsfällen sind Ausmaß und Richtung der zugemuteten Veränderungen für untere Vorgesetzte und indirekte Abteilungen unterschiedlich verteilt, wie schon die Beschreibung der Grundtypen der "echten" Dezentralisierung aufweist. Von Haupttendenzen zu sprechen, schließt nicht aus, daß im Einzelfall auch eine Ausweitung der Kompetenzen indirekter Abteilungen vorkommen kann. Fall F ist in unserem Sample ein solcher "Spezialfall", bei dem Gruppenarbeit auf der Grundlage einer stärkeren Planung und Systematisierung der Werkstattarbeit zu einer Ausdehnung und Aufwertung der Arbeitsvorbereitung führt. Hier wird gewissermaßen in einem Zug eine "alte Meisterwirtschaft" mit Methoden der wissenschaftlichen Betriebsführung bearbeitet und zugleich Selbstorganisation der Werkstatt eingeführt, wodurch die Meister einem Zangenangriff ausgesetzt werden. Sie müssen Kompetenzen sowohl "nach oben" (an die Arbeitsvorbereitung) als auch "nach unten" (an die Montagegruppen und deren Sprecher) abgeben.

Selbstorganisationsmodell oder durch die gleichzeitige Verlagerung von Personal und Funktion in die operative Einheit (Intrapreneurmodell). In diese Einschätzung geht ein Stück weit eine Extrapolation der beobachtbaren Entwicklungen ein. Um das Risiko zu mindern, kann die Personalreduktion zu Beginn von Dezentralisierungsprozessen vorsichtiger gehandhabt werden. Stellt sich dann heraus, daß die operativen Einheiten in der Lage sind, die verlagerten Aufgaben in eigener Regie wahrzunehmen, können die Sicherheitspolster entfallen. Unterschiedlich ausgeprägt waren in den untersuchten Fällen auch die Zielrichtungen. Verschlankung des Unternehmens durch Reduktion indirekter Tätigkeiten stand nicht überall explizit auf der Tagesordnung. In einigen Fällen wurde aber von vorneherein eine Richtgröße für die Einsparung indirekter Funktionen vorgegeben, auf die dann auch zielstrebig zugesteuert wurde. Auch hier ergibt sich der Eindruck, daß unter dem Einfluß der Lean Production-Diskussion und der allgemeinen Wirtschaftskrise die Kosteneinsparung durch Personalreduktion größeres Gewicht bekommt.

Der Extremfall dieser Entwicklung ist die komplette Auflösung indirekter Abteilungen und ihre Reintegration in die operativen Einheiten. So wurde in einem Unternehmen die Arbeitsvorbereitung vollständig aufgelöst: Arbeitsplaner und Programmierer wurden in die Fertigungsinseln integriert, die Kalkulatoren der Zeitwirtschaft wurden durch die Umstellung auf Zeitlohn gänzlich überflüssig. Drastische Reduzierungen erfährt oftmals der Funktionsbereich Qualitätswesen, der den ganzen Aufgabenbereich der Qualitätskontrolle vor Ort an die operativen Einheiten abgeben muß. Aber auch die Instandhaltung, die "Königsabteilung" der Indirekten, kann von einem signifikanten Personalabbau betroffen sein, wie ein anderer Fall beweist. Hier wurden alle Instandhalter spezifischen Anlagen zugeordnet und in die entsprechenden Fertigungsabteilungen verlagert. Es verblieben nur hochqualifizierte Spezialisten in einer zentralen Instandhaltungsabteilung.

(2) Die verbleibenden indirekten Abteilungen werden mit einer Neubestimmung ihrer Aufgaben konfrontiert und müssen ein neues Selbstverständnis entwickeln. Diese Entwicklung geht in der Regel mit einem Statusverlust gegenüber den direkten Abteilungen einher. Direkte Produktionsarbeit wird als wertschöpfende Arbeit wiederentdeckt und zählt wieder mehr, während sich die indirekten Funktionen durch ihren "Dienstleistungs"charakter rechtfertigen müssen. Sachlich werden sie meist auf übergeordnete Aufgaben der Koordinierung und Integration der operativen Einheiten in das Gesamtgefüge konzentriert, übernehmen den

Restbestand an sehr spezialisierten Funktionen und sollen den operativen Einheiten für spezielle Beratungsaufgaben zur Verfügung stehen. Die Beschäftigten dieser Abteilungen müssen sich vor allem vom überkommenen Anweisungs- und Kontrollverständnis, aber auch vom langjährig gepflegten Expertendünkel lösen. Solche Haltungen und Einstellungen konnten sich in der Vergangenheit auf der Grundlage der geteilten Verantwortung herausbilden und verfestigen, die die institutionalisierte Konkurrenz zwischen den Experten in den indirekten Abteilungen und den Linienvorgesetzten in Werkstatt und Fabrikhallen begründete. Es gehe um die "Zerschlagung von Kulturkreisen" und nicht nur um einige veränderte Federstriche auf dem Organigramm, lernten die Promotoren in einem Unternehmen recht schnell, als es an die Umsetzung des Vorhabens ging, große, gewachsene indirekte Bereiche zu dezentralisieren.

Daß ein verändertes Selbstverständnis gefordert ist, zeigt sich an dem Funktionswandel der Abteilung Fertigungsplanung in einem Unternehmen. Das Verhältnis zur Produktion hat sich durch die Reorganisation geradezu umgekehrt: "Der Stab ist wesentlich abhängiger geworden von der Linie", vermerkt der Abteilungsleiter der verbliebenen indirekten Funktion. Die Abteilung ist auf der Suche nach einem neuen Selbstverständnis, das sich aber nun in den Augen der internen "Kunden" - den Produktionsabteilungen - bewähren muß. Statusängste und -unsicherheiten sind die Folge:

"Wir müssen mehr in die Richtung kommen: Wir beraten die Linie bei der Planung ihres Personalbedarfs" und bei der allgemeinen Kostenplanung. "Die Linie kontrolliert sich selber durch ihre eigene Managementhierarchie und wir tragen dann vielleicht noch zusammen und helfen die nötigen Berichte zu verfassen, damit diese Kontrolle möglich wird. Und früher (...) war es eigentlich so, daß die Stabsfunktion selber in der Kontrollfunktion war. (...) Das ist auch für viele von meinen Mitarbeitern ein gewisses Umdenkungsproblem, wo die auch vielleicht von sich glauben, Kompetenz zu verlieren."

Für den Leiter der Arbeitsvorbereitung in einem anderen Unternehmen, dessen Abteilung den Wandel von der "Kopfstelle" der Produktion zum "prozeßbegleitenden Dienstleister" mitmachen mußte, drückt sich die Veränderung vor allem darin aus, "eine Sache nicht mehr via Befehl durchführen zu können, sondern diese nun verkaufen zu müssen". In einem anderen Fall agierte die Arbeitsvorbereitung ebenfalls zuvor "sehr direkt und weisungsbezogen" und galt im Unternehmen als "Halb-Gott". Nach der Reorganisation fühlen sich die Arbeitsvorbereiter zu "Erfüllungsgehilfen der Produktion" degradiert.

Ähnlich stellt sich das Problem für die Qualitätssicherung, die Qualitätskontrolle an die Produktionsabteilungen abgeben mußte und von einer "Kontrollphilosophie" auf eine "Dienstleistungsphilosophie" gegenüber der Produktion umschalten soll.

"Was für uns der große Umbruch war, ist, daß wir uns eigentlich ganz aus der Fertigung zurückziehen mußten und am Anfang natürlich gedacht hatten, das geht gar nicht. Also irgendwo müssen wir schon noch Stichproben machen, unsere Finger drin haben und mal nachprüfen, ob denn das auch stimmt, was wir erzählt kriegen. Und das hat natürlich sehr viel mit Vertrauen zu tun und das Vertrauen muß über die Zeit wachsen."

Die veränderte Aufgabenstellung der Abteilung hat aus Sicht des Abteilungsleiters dann auch die prekäre Folge, daß Erfolg und Legitimation der Abteilung nicht mehr so einfach meßbar und sichtbar sind. So konnte sich die Qualitätssicherung früher durch das Auffinden von Fehlern "beweisen": "Erfolgsmessung durch viele gefundene Fehler", lautete die Devise. Heute ist es positiv, wenn keine Rückmeldungen kommen. Je erfolgreicher die Qualitätssicherung arbeitet, desto unsichtbarer wird sie und desto überflüssiger erscheint sie.

"(Mein Vorgesetzter) müßte mich eigentlich besonders gut bewerten, wenn er das ganze Jahr nichts von mir hört, (...) wenn ich mich unsichtbar mache. Und das ist ja auch ein hehres Ziel, daß man sagt, ich will die Qualitätssicherung wegrationalisieren. Denn wenn wir alles im Optimum hätten, dann braucht man uns tatsächlich nicht mehr. Das ist natürlich sehr, sehr schlimm für manchen Mitarbeiter, wenn er sich darüber Gedanken macht."

Die Qualitätssicherung als "Qualitätsgewissen" der Werkleitung - wie die neue, strategisch begründete Aufgabenbeschreibung auch bündig lautet - macht deren betriebliche Legitimation labil. Legitimation muß immer wieder erarbeitet werden.

Die - vielfach auch explizit formulierte - "Dienstleistungsphilosophie" bringt die indirekten Abteilungen in einen ungewohnten Rechtfertigungszwang ihrer personellen und sachlichen Ressourcen und setzt sie unter einen anhaltenden Ökonomisierungsdruck, der viel nachhaltiger wirkt als die bislang bekannten Methoden der Reduktion von Overhead-Kosten (z.B. Gemeinkostenwertanalyse). Dies gilt vor allem für ambitionierte Intrapreneurmodelle.

Die verbleibenden indirekten Bereiche müssen zum Teil geradezu unternehmensinterne "Verkaufsstrategien" für ihre Dienstleistungen anwenden. Sie werden von "Aufträgen" der Produktion abhängig. Als formale Notwendigkeit war das in keinem Fall bislang realisiert. Der informelle Rechtfertigungszwang geht aber in diese Richtung. Produktionsmanager betreiben diese Entwicklung weiter und streben an, nur noch diejenigen Dienstleistungen zu "bezahlen" (Umlagekosten), die sie auch beauftragt haben. "Dienstleistungen auf Anforderung" in einem Kunden-Lieferanten-Verhältnis wäre die Konsequenz.

Der zuständige Vorgesetzte einer Abteilung Betriebstechnik, die nach der Reorganisation nur noch Restfunktionen der ehemaligen Grundversorgung und Instandhaltung umfaßt und nun unmittelbar der Produktion unterstellt ist, ist mit einem erhöhten Rechtfertigungsbedarf seiner Personalressourcen konfrontiert: "Damit kriegen sie allen Zoff, den sie kriegen können. Der (Produktionsbereichsleiter) hat das jetzt unter seiner eigenen Fuchtel, der sagt: '20 Mann runter, 25 Mann runter!' Und dann kriegen sie vollen Druck." Auch die einzelnen Produktionsmanager in ihrer gestärkten Position (Intrapreneurmodell) haben jetzt ein wachsames Auge auf die verbliebene indirekte Abteilung: "Der hat heute viel, viel mehr Informationen, auch Möglichkeiten der Einflußnahme als er früher überhaupt hatte. Also ich kann dem da oben (dem Produktionsmanager, d.V.) nicht 10 Leute chargen, dann ruft der mich an und sagt: 'Spinnst du eigentlich, ich zahle hier 10 Leute und sehe immer nur einen, was ist denn das eigentlich'", muß der Manager der indirekten Abteilung feststellen.

Auch der Abteilungsleiter des reduzierten Ingenieursbereichs weiß um die neue Erklärungsbedürftigkeit seiner Dienstleistungsfunktion gegenüber der Produktion, nachdem der Ingenieursbereich die unmittelbar prozeßbezogene Verantwortung abgegeben hat. "Es ist wichtig daß mein 'Kunde' weiß, was ich tue, daß ich nicht nur im luftleeren Raum irgendwo schwebe, und daß einer sagt: 'Na, die haben nur Freizeit!'(...) Das sind Dinge, die sehr schnell aufkommen, wenn man auseinanderrückt."

Durch den Rechtfertigungsdruck wird auch eine permanente Suche der verbleibenden indirekten Abteilungen nach ihre Existenz rechtfertigenden Dienstleistungen ausgelöst.[43] Die aus dem operativen Geschäft weitgehend herausgelösten Dienstleistungsabteilungen unterliegen nun auch einem Externalisierungsdruck, da die Fremdvergabe von Dienstleistungen leichter möglich ist. Umgekehrt werden Bestrebungen der reduzierten indirekten Abteilungen ausgelöst, ihrerseits Dienstleistungen auf dem externen Markt anzubieten, um die eigenen Entwicklungsmöglichkeiten zu sichern. Dies ist natürlich nur für prinzipiell marktgängige Dienstleistungen denkbar. Der Zwang zur Neubestimmung der indirekten Abteilungen als "Dienstleister" ist unterschiedlich ausgeprägt, je nachdem um welchen Typ von Dezentralisierung es sich handelt und welcher Dezentralisierungsgrad angestrebt wird. Die Grundtendenz ist in allen Fällen angelegt. Eine stärker fallbezogene Analyse müssen wir uns hier ersparen. Dies betrifft auch eine gesonderte Behandlung verschiedener Funktionsbereiche (Arbeitsvorbereitung, Produktionsplanung und -steuerung, Qualitätswesen, Instandhaltung, betriebliche

---

[43] Es muß offen bleiben, ob dadurch wieder eine neue Runde der internen Dienstleistungsexpansion ausgelöst wird.

Ingenieursbereiche etc.). Diese Bereiche sind nicht nur unterschiedlich von der Entwicklung betroffen, sie haben auch unterschiedliche Kompensationsmöglichkeiten intern ("nach oben") und extern (als Dienstleistungsanbieter).

(3) Dort, wo die Dezentralisierung auf das Intrapreneurmodell zuläuft, hat sich ein nicht unerheblicher Teil der Mitarbeiter der bisherigen indirekten Bereiche auf eine relevante Veränderung ihres bisherigen Status und ihres Selbstverständnisses einzustellen. Es handelt sich hierbei um die *versetzten ehemaligen Mitarbeiter*, d.h. diejenigen, die den Weg aus den "Expertenbereichen" und nach unten in die Produktion anzutreten hatten.

In den (teil-)autonomen Produktionseinheiten können sie ihren Status nurmehr über eine ausgewiesene fachliche Autorität aufrechterhalten, der funktionale "Bonus" entfällt, der mit der Zugehörigkeit zur Fachabteilung verbunden war. Der Druck auf die ehemals in indirekten Abteilungen tätigen Mitarbeiter, die jetzt immer noch spezialisierte Aufgaben in der operativen Einheit wahrnehmen, bei Nichtauslastung mit Spezialaufgaben oder in Notsituationen allgemeine Produktionstätigkeiten wahrzunehmen, wächst. Ferner wird von ihnen erwartet, Spezialwissen an die übrigen Produktionsmitarbeiter weiterzugeben. Eine Tendenz zur Nivellierung der alten Statusunterschiede ist die Folge.

Die Versetzung etwa von Arbeitsvorbereitern in die dezentralen Einheiten wird auf dieser Grundlage vielfach als Degradierung empfunden. Man sei jetzt dann nur noch der "Fachidiot des Segments", lautete eine Befürchtung. Dort, wo die Versetzung schon erfolgte, wird auf die Fortexistenz von "Ressentiments unter der Oberfläche" formaler Zustimmung zur Versetzung berichtet. Traditionell sozialisierte Arbeitsvorbereiter, die sich in der Vergangenheit in erster Linie als "Kontrolleure" der Produktion fühlten, bleiben in den neuen Strukturen von ihren alten Methoden überzeugt und versuchen, den alten "Corpsgeist" weiterleben zu lassen.

In der Summe läßt sich die Entwicklung als Vermischung von indirekten und direkten Produktionstätigkeiten beschreiben, die, wenn sie sich verallgemeinern würde, zumindest eine Verlangsamung, wenn nicht ein Abbrechen des bisherigen Trends zur Tertiarisierung des sekundären Sektors erwarten läßt. Allerdings stellt sich die Frage, ob dann die Begriffe "tertiär" und "sekundär" noch sinnvoll sind[44]. Zugleich kommt es zum beschriebenen Neuzuschnitt der verbleibenden indirekten Abteilungen.

Wir sprechen bislang von Haupttendenzen in der Entwicklung indirekter Bereiche, die bei allgemeiner Durchsetzung zu neuen Strukturen führen würden. Eine solche vorsichtige Formulierung empfiehlt sich nicht nur, weil wir auf der Basis weniger Fallstudien argumentieren, sondern auch, weil die Fallstudien selbst Gegentendenzen zeigen. Drei Gesichtspunkte seien erwähnt:

Zum einen ist darauf hinzuweisen, daß die Reorganisationen heftig umkämpft sind. Insbesondere Abteilungen, die in der jahrzehntelangen Tradition der tayloristischen Rationalisierung groß geworden sind und zugleich einen fachlichen Expertenstatus mitbringen (wie die Instandhaltung und die Arbeitsvorbereitung) führen heftige Abwehrkämpfe gegen solche Reorganisationsprojekte, gegen die Abgabe von Kompetenzen und den drohenden Statusverlust. Zum zweiten finden wir auch bei erfolgtem Abbau indirekter Abteilungen und durchgeführter Verlagerung von Stabsfunktionen in die operativen Einheiten anhaltende Versuche, alte Demarkationslinien und Statusunterschiede aufrechtzuerhalten. Und drittens darf nicht unerwähnt bleiben, daß in einzelnen Fällen eine "zu weit getriebene" Dezentralisierung auch wieder zurückgenommen wird. Alle drei Gegentendenzen ordnen sich in die betriebspolitischen Konstellationen ein, die wir noch betrachten.

Veränderte Qualifikationsanforderungen an indirekte Tätigkeiten

Die verbleibenden indirekten Abteilungen geben Routineanteile ihres Tätigkeitsspektrums ab, konzentrieren sich eher auf besonders anspruchsvolle Spezialistentätigkeit und suchen zum Teil Kompensation für entfallene Aufgabenkomplexe in anderen Bereichen bzw. in der Ausweitung ihres Kooperationsradius im Gesamtunternehmen. Auf der Grundlage dieser Tendenzen steigen die Qualifikationsanforderungen in den verbleibenden indirekten Abteilungen eher an. In

---

[44] Auf die prekären Definitionsprobleme, die einer solchen Trendaussage zugrundeliegen, kann hier nur hingewiesen werden (vgl. Offe 1984). Würde man die verlagerten indirekten Tätigkeiten selbst bei weiterhin vorhandenen klaren Demarkationslinien zur herstellenden Arbeit im engeren Sinn mit dem Arbeitsstatus versehen, hätte man in statistischen Größen ausgedrückt die Trendumkehr schon "bewiesen".

bezug auf die betroffenen Personen kann das bedeuten, daß das bislang bestehende hohe berufsfachliche Anforderungsniveau erhalten bleibt und in Richtung auf Flexibilität und Kooperationsfähigkeit ausgebaut werden muß.

In operative Einheiten verlagerte indirekte Mitarbeiter sehen sich gegenläufigen Tendenzen ausgesetzt. Einerseits wird oftmals das fachliche Feld der beruflichen Betätigung enger - dies gilt etwa für den Instandhalter, der nur noch für eine spezifische Anlage zuständig ist. Zugleich kann aber andererseits der Spezialisierungsgrad abnehmen - etwa wenn ein Instandhalter nun für alle Störungsarten an der Anlage prinzipiell zuständig ist. Die Möglichkeiten des Austausches mit Fachkollegen werden eingeschränkt.[45] Auf der anderen Seite steigen die sozialkommunikativen Anforderungen im operativen Team und es muß nun unmittelbare (delegierte) Verantwortung für ein fest umgrenztes Aufgabengebiet übernommen werden. In einzelnen Fällen kommt es vor, daß versetzte Spezialisten auch "normale Produktionstätigkeiten" ausführen müssen. Ob dies als eine Veränderung der Qualifikationsanforderungen, als Dequalifizierung zu werten ist, solange die Haupttätigkeit die Fachtätigkeit bleibt, ist unklar. Als Dequalifizierung gilt es dann, wenn ehemalige Mitarbeiter aus indirekten Abteilungen nun überwiegend in - wenn auch angereicherte - Produktionstätigkeit einbezogen werden. Wie auch immer die Bewertung der Veränderungen der Qualifikationsanforderungen ausfallen mag, auf alle Fälle wird eine solche Entwicklung von den versetzten Fachkräften als Statusverlust interpretiert und löst schon im Vorfeld von Entscheidungen Befürchtungen aus. Dies erklärt sich nicht zuletzt vor dem Hintergrund der traditionellen Vorstellungen von Aufstieg, die durch die (Rück)Versetzung in die Produktion so augenfällig verletzt werden.

Es gibt auch Fälle, in denen die Versetzung von ehemaligen Mitarbeitern indirekter Abteilungen in die Fertigung als Statusverlust verstanden und dennoch als qualifikatorische Überforderung empfunden wird. Dies gilt in erster Linie für ehemalige Mitarbeiter der Qualitätskontrolle, die fachlich und im Hinblick auf die Belastungen nicht mehr mit den erweiterten Anforderungen in der Produktion mithalten könnten.

---

[45] Diese Entwicklungen sind nicht notwendigerweise mit den organisatorischen Veränderungen verknüpft. Z.B. kann der Verengung des Tätigkeitsfeldes und der Abschottung vom fachlichen Austausch durch Weiterbildungsanstrengungen und durch Stellenrotation entgegengewirkt werden.

Zentrale Stäbe im Visier: "Fernwirkungen" der Dezentralisierungspolitik

Bislang haben wir die Wirkungen auf die fertigungsnahen indirekten Abteilungen behandelt. Wir können aber auch weiterreichendere Veränderungen in Umrissen erkennen, die an die Veränderungen in der Produktion anknüpfen.[46] Diese Entwicklungen sind in besonderer Weise unter den Bedingungen des Intrapreneurmodells zu beobachten.

Durch die Stärkung der Produktion und den gleichzeitigen Ökonomisierungsdruck, dem die neuen Intrapreneure ausgesetzt sind, geraten alle Dienstleistungen im Unternehmen unter Rechtfertigungszwang. "Beseitigung von Schlacken", Entbürokratisierung, "schlanke" Strukturen sind die allgemeinen Stichworte. Viel Substantielles war zum Zeitpunkt unserer Erhebungen noch nicht geschehen, aber es zeichnet sich eine Eigendynamik des betriebspolitischen Prozesses ab, in dessen Sog weitere Bereiche des Unternehmens geraten können. Zwei Faktoren spielen hier eine Rolle:

(1) Zum einen wird von den betriebspolitisch gestärkten Produktionseinheiten die Anwendung der gleichen Prinzipien, die auf die Produktion und die fertigungsnahen indirekten Bereiche angewandt wurden, auf die verbleibenden indirekten Bereiche und zentralen Stäbe eingeklagt. Die Kostenverantwortung der neuen Intrapreneure und die erreichte Kostentransparenz rückt die Umlagekosten dieser Bereiche in das Zentrum der Kritik. Verantwortung wird jetzt auch hier eingefordert. Kein Unternehmensbereich ist mehr "heilig" und kann sich dem Rechtfertigungszwang entziehen.

Insbesondere die direkten Linienvorgesetzten der Produktion entfalten Druck gegen die Stäbe. "Den allergrößten Teil haben wir im Hause und können auch an denen arbeiten", lautet in einem Fall deren Devise. In der Vergangenheit habe man diesbezüglich sehr große Mühe gehabt.

"Das ist jetzt geändert worden. Wir haben jetzt einen Stab gegründet, der direkt an der Werksleitung hängt, und die Aufgabe der indirekten Bereiche ist es jetzt, sich selbst einmal anzuschauen im Vergleich mit anderen Fabriken. Und dann werden die selber darauf kommen, dann ist da eine Eigenmotivation da, da werden die wohl auch schrumpfen." Die anvisierten

---

[46] In Kapitel III.2 haben wir veränderte Integrationsmodi der Gesamtorganisation und damit einhergehende Veränderungen in der funktionalen Struktur der Gesamtorganisation betrachtet. Diese Gesichtspunkte betreffen zwar auch die großen funktionalen Gliederungen der Unternehmen, aber nicht solche, die wir als Fernwirkungen der operativen Dezentralisierung bezeichnen können.

Funktionsbereiche sind insbesondere: Personalwesen, Ingenieursbereiche, Informationsmanagement, Fabrikplanung. Nicht zuletzt die Methode der Konkurrenzanalyse, der Werksvergleiche, die schon auf die Produktion angewandt wurde, verspricht hier Abhilfe: In der Vergangenheit "sind wir schon auf die zugekommen und haben gesagt, hey, unsere Konkurrenten sind deshalb so billig, weil die viel weniger eurerseits haben. Und das hat bei denen nicht gerade Begeisterung geweckt. Und weil wir da nicht weitergekommen sind, das ist auch eine Frage von Kompetenz- und Machtgerangel, dann geht man jetzt den anderen Weg, die sollen sich jetzt mal selber anschauen." Man habe z.B festgestellt: "Wir haben einen sehr großen Einkauf, der gedruckte Schaltungen einkauft. (...) Ich schaue mir an, wieviel Leute hat der dort sitzen. Und dann gehe ich auf den zu und sage, hey, ich zahle deine 25 Leute nicht mehr. Die kommen unter Druck."

Die letztliche Entscheidungsmacht über den Abbau der zentraleren indirekten Bereiche und Stäbe liegt zwar bei der Werksleitung, aber diese "kann nicht (vom Produktionsbereichsleiter) verlangen, er muß bei Leiterplatten billiger werden, ohne daß der ihm sagt, ich muß aber auch bei den Umlagen billiger werden."

An den zentralen Stäben "zu arbeiten" sei wesentlich schwieriger als die Produktion zu rationalisieren, wird allerdings eingeräumt[47]: "Da schaffen andere Kaliber dran und tun sich schwer." Der Produktionsmanager ist sich aber sicher, daß der Druck auf diese Bereiche stärker wird. Die gesteigerte Kostentransparenz entfalte da heilsame Wirkung. Er kann sich vorstellen, zukünftig z.B. dem Personalbereich oder dem Informationsmanagement nur Ressourcen für klar definierte Aufträge zuzugestehen - "alles andere, das was wir nicht akzeptieren, oder wo die keinen Auftrag dazu haben, fällt durch die Ritzen." Die Produktion habe jetzt eine "stärkere Rolle", die sich ausbauen lasse. Das bekommt dann auch der Personalbereich zu spüren. Die Gegenstrategien der Personalabteilung, ihre Dienstleistungsfunktion für die Produktion herauszustellen, werden von dem Produktionsmanager als Manöver enttarnt, ihren Personalbestand zu halten. Neue betriebspolitische Arenen eröffnen sich:

"Die (Personal) haben neulich was ganz Tolles vorgestellt und haben ein schönes Bildchen gemacht, wo ein Viererteam darauf war. Zwei nette Mädchen und zwei Herren haben sich vorgestellt, sie wären unser neues Personalteam, für uns verantwortlich. Sie haben die ganzen Abteilungsleiter zusammengenommen gehabt, sie möchten uns einen besseren Service bieten und haben das eigentlich auch nett verkauft. Ich habe dann gefragt, ob sie unter dem Strich auch was einsparen an Ressourcen der Personalabteilung, jetzt möglicherweise abbauen. Das haben sie dann ganz schnell verneint und haben sich auf den besseren Service zurückgezogen. (...) Ich hoffe, daß man irgendwann einmal tatsächlich unter dem Strich was einspart. Aber wenn ich mit meinem Kollegen vom Personal spreche, mit dem Hauptabteilungsleiter dort, also

---

[47] Der eigentliche "Härtetest" für Lean Management liege in der Reorganisation der Bereiche EDV, Personal, Forschung, Qualitätssicherung, Finanzen u.ä., stellt Reiß fest (vgl. Reiß 1993, S. 182).

der sieht da nicht viel Veranlassung, seinen Haufen auch einmal unter Wettbewerbsbedingungen anzuschauen, oder sich mal zu fragen, wie macht das eine andere Firma, wieviel Personaler haben die, oder so. Der ist noch nicht so weit und ich bin der Meinung, der muß auch so weit kommen." "Über kurz oder lang begreifen die das wahrscheinlich so, daß es denen sogar ein bißchen weh tut" - so lautet seine Prognose.

(2) Zum zweiten gibt es Tendenzen der schon "verschlankten" indirekten Bereiche, sich weiter oben schadlos zu halten und Funktionen aus den zentralen Stäben in die dezentralen Stabs- und Supportbereiche der Produktion zu verlagern.

Auch aus dem Bereich der reduzierten indirekten Produktionsabteilungen wird die Stoßrichtung unterstützt. Die "Betriebstechnik" im schon erwähnten Fall z.B. fühlt sich selbst weiterhin von den Produktionsabteilungen unter Druck gesetzt und muß sich rechtfertigen. Der Druck wird nach oben weitergegeben:

"Wenn also unsere Leute 'Control' (ein zentraler Stabsbereich, d.V.) da oben sehen, das sind immer noch 460 Leute, die uns eine Menge Geld kosten und da kommen wir nicht dran. Momentan sind wir da alle am Baggern. Das ist ein eigener stellvertretender Werksleitungsbereich. Und da sitzen die dann: Fertigungssteuerung, Lagerwesen, (...), Personal, Fabrikplanung. Das kostet uns alles ein Schweinegeld. Unsere nächste Keilrichtung (...) ist, daß wir sagen 'Heim in's Reich!' Weil, solange sie da nicht rankommen (aufgrund des Unterstellungsverhältnisses, d.V.), solange können sie dort nichts verändern. Bei mir werden alleine 72 Ingenieure gechargt, also hier im Produktbereich für Fabrikplanungsaktivitäten, so um die 30 Millionen. (...) Das haben wir denen aufgezeigt, das kann doch gar nicht wahr sein, das zahlen wir nicht mehr. Das ist schwer. Da haben wir noch diese Herzogtümer (...), aber das brechen wir, da sind wir intensiv dran."

Der Prozeß ist schon im Gang. Aus der Abteilung Fabrikplanung werden "auch ingenieursmäßige Arbeiten" in die Betriebstechnik verlagert und damit dem Produktionsbereich unterstellt. Dort wird das als "Aufwertung" der so arg gerupften indirekten Produktionsabteilungen empfunden. Das dortige Management kann damit seinen betrieblichen Status verbessern: "Uns tut es gut, weil wir dann unsere Tätigkeit irgendwo aufpolieren können mit interessanteren Tätigkeiten. Wir sagen, das können wir auch, was die machen".

Die Dynamik des betriebspolitischen Prozesses entfaltet sich. Einer der ehemaligen Instandhalter in der jetzigen Hauptabteilung Betriebstechnik, in dem hier beschriebenen Prozeß diesmal auf der "Gewinnerseite", kann das nachempfinden. Er stellt fest, "denen" gehe es jetzt so, "wie es uns vor ein paar Jahren in der Instandhaltung ging, die werden dadurch quasi entmachtet und abgebaut." Es werde jetzt dort "nachvollzogen", was im Produktionsbereich in den letzten paar Jahren durchgeführt worden war. "Und dadurch gibt es wieder Spannungen".

Der Druck zur Verlagerung von Kompetenzen und zur Ökonomisierung entsteht für solche Bereiche wie den Einkauf, die zentrale Fabrikplanung, das Informationswesen (EDV) und die Personalabteilung. Insbesondere in großen, stark bürokratisierten und funktional gegliederten Unternehmen ist für eine solche Entwicklung reichlich Nahrung gegeben. Soweit wir diese Prozesse nachvollziehen konnten, haben sich noch keine neuen, stabilen Arbeitsteilungsstrukturen herausgebildet. Unruhe, hektische Betriebsamkeit und Rechtfertigungsversuche der eigenen Existenz und Ressourcenausstattung oder "strategischen Bedeutung" kennzeichnen die Lage.

Solche Fernwirkungen finden sich ansatzweise aber auch dort, wo das Selbstorganisationsmodell die Leitlinie der Reorganisation ist. So geriet bei zwei Maschinenbauunternehmen im Zuge der Einführung selbstorganisierter Produktionseinheiten das Verhältnis zwischen Produktion und Konstruktion/Entwicklung in Bewegung. Zwei Aspekte fallen hierbei ins Auge:

Zum einen beginnt sich die bislang gegenüber der Produktion dominierende Stellung des Bereichs Konstruktion/Entwicklung zu relativieren. In der Tendenz wird in beiden Unternehmen die Konstruktion stärker als früher durch Ansprüchen der Produktion unterworfen. In einem Betrieb wird ihr mittlerweile dezidiert die Rolle eines "Dienstleisters" bzw. "Zulieferers" der Produktion zugewiesen, welcher den Ansprüchen seines "Kunden" gerecht zu werden hat. Stichworte sind rechtzeitige Belieferung (Konstruktionszeichnungen, Stücklisten etc.) und fertigungs- bzw. montagegerechte Konstruktion. Den Ansprüchen aus der Produktion, bis hinab zu den teilautonomen Gruppen, kann nicht mehr so einfach wie früher mit dem Verweis auf den eigenen Expertenstatus die Legitimation abgesprochen werden.

Zum anderen wird die Konstruktion einem engeren zeitlichen Rahmen unterworfen. Ausgehend von dem Interesse an der Verkürzung von Durchlaufzeiten wird ihr die Mobilisierung der Leistungsreserven abverlangt. Von besonderer Bedeutung ist dabei der angestrebte Aufbau einer Zeitwirtschaft für die Konstruktion. Die Zeit der "freien Künstler", so wird in beiden Unternehmen argumentiert, gehe ihrem Ende entgegen.

Es werden aber auch andere Stimmen laut. Bezüglich der hier beschriebenen Maßnahmen, der Fernwirkungen der Dezentralisierung auf zentrale Stäbe werden Befürchtungen geäußert, die "Verschlankung" der Unternehmen könnte zu weit

getrieben und dadurch Innovations- und Flexibilitätspotentiale untergraben werden. Auf alle Fälle öffnet sich hier ein neues Feld der Auseinandersetzung.
Unsere Fallstudien betrachteten die skizzierten Fernwirkungen aus der Perspektive des Produktionsbereichs. Vor hier aus entfaltet sich Druck "nach oben". Veränderungen im Vorfeld der Produktion werden auch deshalb angestrebt, weil sich herausstellte, daß nur so die mit den dezentralen Strukturen angezielten Effekte auch erreicht werden können. Soweit konnten wir die Veränderungen einfangen. Unser Blickwinkel hat aber auch seine Grenzen. Eigene Erhebungen in den produktionsfernen Dienstleistungsbereichen und in den Funktionsbereichen Konstruktion/Entwicklung oder Vertrieb/Marketing haben wir nicht vorgenommen. Die Dynamik der Entwicklung, die sich uns aufdrängte, bestätigt sich durch die in jüngster Zeit - namentlich unter dem Einfluß der Studie von Womack u.a. (1991) - zu beobachtenden verstärkten Bemühungen, den Gesamtprozeß des Unternehmens unter den Stichworten "Wertschöpfungsbeitrag" und "Kundennutzen" in den Blick zu nehmen und umzugestalten. Die in Kapitel III.2 skizzierten Konzepte veränderter Koordination und Integration von Unternehmen stehen für diese Entwicklung. Es muß weiteren Untersuchungen vorbehalten bleiben, den hier ausgesparten Veränderungen der Gesamtkonfiguration der Unternehmen nachzugehen.

Tabelle 3:
Von Prozessen operativer Dezentralisierung betroffene Gruppen bzw. Abteilungen

Fall	operativ Beschäftigte	Produktionsmanagement		produktionsnahe Indirekte Bereiche					zentrale Stäbe/ Funktionen (1)
		untere Vorgesetzte	mittlere Vorgesetzte	Qualitätssicherung/ -kontrolle	Zeitwirtschaft/ Arbeitsplanung	Produktionsplanung u. steuerung	Instandhaltung Wartung	sonstige	
A	++	-	+	-	--	-	o	o	+-
B	( )	(+)	++	-	--	--	o	o	-
C	(+)	(-)	o	o	o	o	o	o	(-)
D	(+)	++	++	--	o	-	--	--	-
E	++	--	o	-	o	+-	(-)	o	-
F	++	--	-	(-)	++	+	o	o	-
G*									
H	++	-	o	o	o	o	-	o	o
I	+	+	++	--	--	-	o	o	o
J	++	-**	+**	(-)	o	-	o	o	o

(1) z.B. Personalwesen, Vertrieb, Entwicklung/ Konstruktion, Fabrikplanung
* keine Werks-/Standortuntersuchung - keine hinreichend präzisen Aussagen möglich
** Verschiebungen innerhalb einer flacheren Hierarchie

Legende:
o keine personellen, kompetenz- oder statusrelevanten Veränderungen bzw. nicht erhoben
( ) geringfügige Veränderungen
+ positive Veränderungen
++ starke positive Veränderungen
- negative Veränderungen
-- starke negative Veränderungen
+- positive und negative Veränderung, eindeutige Tendenzaussage nicht möglich

4. Das Gegenstück: Qualifikatorische und statusmäßige Aufwertung der direkten Produktionsarbeit[48]

Wir ändern nun in diesem Abschnitt die Blickrichtung. Unser Hauptaugenmerk richteten wir bislang auf die in der industriesoziologischen Forschung vernachlässigten Folgewirkungen neuer Organisationskonzepte außerhalb des Terrains der unmittelbaren Produktionsarbeit. Dabei gingen wir davon aus, daß die Dezentralisierungsprojekte die unmittelbare Produktionsarbeit bzw. die operativen Einheiten der Organisation aufwerten, indem Kompetenzen und Verantwortung auf diese verlagert werden. Die Grundzüge dieser Veränderungen ergeben sich aus der Beschreibung der Formen der operativen Dezentralisierung. Wir greifen die Veränderungen der Produktionsarbeit jetzt in knappen Zügen explizit auf und benennen die wichtigsten Veränderungen des Aufgabenzuschnitts, der Qualifikationsanforderungen und des Status dieser Beschäftigtengruppen und einige wesentliche Differenzierungslinien. Die Untersuchung dieser Veränderungen war nicht eigentlicher Gegenstand unserer Erhebungen. Ein knapper Überblick, der sich vor allem auf Expertenaussagen von Management-, Betriebsrats- und Gewerkschaftsseite stützt, empfiehlt sich aber, weil diese Entwicklungen zentraler Bezugspunkt des Interessenhandelns dieser Beschäftigtengruppe sowie der betrieblichen Interessenvertretung sind und sozusagen den "Rohstoff" für "neue Koalitionen" in der betriebspolitischen Perspektive bilden.

Qualifikationsanforderungen im organisatorischen Wandel

In den meisten Fällen gehen die Dezentralisierungsprojekte mit einer Anhebung der Qualifikationsanforderungen und einer Verschiebung in den Dimensionen der Qualifikationsanforderungen einher. Die gestiegenen Anforderungen drücken sich dann auch in Anhebungen der Eingruppierung der jeweiligen Beschäftigten bzw. Beschäftigtengruppen aus. Die Qualifikationsanhebungen sind in den Selbstorga-

---

[48] Von den Reorganisationsprojekten werden auch die Lohn- und Leistungspolitik, Entgeltstrukturen, Leistungsbezugsgrößen und Lohnformen beeinflußt. Dies steht u.a. in unmittelbarem Zusammenhang mit verändertem Aufgabenzuschnitt und veränderten Qualifikationsanforderungen. Wir greifen diesen Gesichtspunkt unter den Randbedingungen betriebspolitischer Koalitionen und dann nochmal ausführlicher unter den Veränderungen der industriellen Beziehungen auf.

nisationsfällen systematisch angelegt und beabsichtigt. Sie resultieren aus der horizontalen und vertikalen Aufgabenintegration. Nur in den Fällen des Intrapreneurmodells, in denen die Dezentralisierung von Kompetenzen überwiegend auf die Führungskräfte und versetzten Experten der neu gebildeten operativen Einheiten konzentriert bleibt, sind Qualifikationsanhebungen bei den operativ Beschäftigten nicht oder nur vereinzelt, eher individuell zu beobachten.

Die beobachtbaren Qualifikationsanhebungen beziehen sich auf die folgenden *drei Dimensionen*:

- berufsfachliche Dimension: Erweiterung im Spektrum der traditionellen berufsfachlichen Kenntnisse und Fertigkeiten, z.B. Beherrschung mehrerer Maschinentypen und Bearbeitungsarten oder Arbeitsgänge, Kenntnisse des Einrichtens und Programmierens von Maschinen und Anlagen, teilweise Instandhaltungs- und Wartungskenntnisse von Anlagen und Maschinen; darüber hinaus gewinnen neue Wissensgebiete an Bedeutung wie z.B. Kenntnisse des organisatorischen Umfelds, EDV-gestützter Planungs- und Steuerungssysteme, des jeweiligen Qualitätssicherungssystems und von Meß- und Kontrollverfahren.

- dispositive Dimension und Verantwortungsdimension: Verantwortung für Qualität, Termine und für kontinuierliche Verbesserung; verantwortliche, situationsadäquate Anwendung von abstrakten Optimierungsregeln.

- sozial-kommunikative Dimension: Anforderungen an "Teamfähigkeit", Kommunikationsfähigkeit. Diese Dimension wird zwar immer als neu hinzukommendes oder stärker zu gewichtendes Anforderungsbündel benannt. Dennoch bleiben die damit angesprochenen Anforderungen vage und unbestimmt. Oftmals werden sie auch nur negativ benannt: Man müsse sich vom Typ des "Einzelkämpfers" verabschieden, heißt z.B. eine solche Formulierung. Für Qualifikationsuntersuchungen wirft diese Dimension enorme Operationalisierungsschwierigkeiten auf. Es besteht hier die Gefahr, über Expertenbefragungen immer nur die Rezepte der boomenden Beraterindustrie zu reproduzieren. Die beschriebenen Tendenzen akzentuieren die kategorialen Probleme der Erfassung von Qualifikationsveränderungen der Produktionsarbeit. Die Qualifikationsprofile nähern sich denen der Angestelltenarbeit an, mit allen kategorialen und Meßproblemen, die man sich dabei einhandelt (vgl. u.a. Baethge/-Oberbeck 1986, S. 282ff.).

Wir beobachten die Anhebung von Qualifikationsanforderungen (in allen drei Dimensionen) von unterschiedlichen Ausgangsniveaus aus. Einfache Anlerntätigkeiten können auf das Niveau anspruchsvollerer Anlerntätigkeiten, Facharbeitertätigkeiten innerhalb des Spektrums der Eingruppierungsmöglichkeiten von Facharbeitern angehoben werden. Allerdings wird in keinem Fall die Trennlinie zwischen Angelernten und Facharbeitern überschritten. Hier spielen wohl verschiedene Faktoren eine Rolle. Zum einen die technologische Basis des jeweiligen Arbeitssystems, zum anderen aber auch die durch den formalen Ausbildungsabschluß verfestigte Spaltung zwischen Anlern- und Facharbeitertätigkeiten und der Umstand, daß Betriebsräte darauf bedacht sind, bislang als Angelernte Beschäftigte in den neuen Arbeitsstrukturen weiterzubeschäftigen, diese aber nicht den Übergang zu einer Facharbeiterposition schaffen können. Die Segmentation zwischen Anlern- und Facharbeiterpositionen ist ausgeprägt, auch wenn in Tarifverträgen die Möglichkeit angelegt ist, in Facharbeiterlohngruppen auch formal nicht mit Facharbeiterabschluß ausgestattete Beschäftigte einzugruppieren.

Qualifikationsanforderungen und Eingruppierung

Der Anstieg von Qualifikationsanforderungen drückt sich zumeist in veränderten Eingruppierungen aus. Anhebungen von einer bis zu drei Lohngruppen können beobachtet werden. Es gibt aber auch Hinweise, daß nicht alle abgeforderten Qualifikationsanhebungen auch eingruppierungsrelevant werden. Hier gibt es eine umstrittene bzw. unbestimmte Zone. Unklar ist wohl vor allem, wie und inwieweit die Dimensionen Verantwortung und sozial-kommunikative Anforderungen berücksichtigt werden sollen. Die Anforderung an die operativ Beschäftigten, sich kontinuierlich an der Suche nach Verbesserungsmöglichkeiten zu beteiligen, wirft z.B. ein solches Problem auf. Werden Verbesserungsvorschläge, die im Rahmen von kontinuierlichen Verbesserungsprozessen entstehen, nicht mehr über das betriebliche Vorschlagswesen vergütet, so erhebt sich die Frage, ob die neue Anforderung in anderer Weise über die Eingruppierung berücksichtigt wird. Hieraus ergeben sich Regelungsnotwendigkeiten für die Tarifpolitik.

Qualifikationsanforderungen und Qualifizierung

Ein guter Teil der neuen, höheren Anforderungen wird über die Ausnutzung von vorhandenen, bislang jedoch nicht oder nur rudimentär genutzter Qualifikationen sichergestellt. Dies betrifft z.B. die sogenannte Facharbeiterreserve in der Automobilindustrie, aber auch vorhandene Facharbeiterqualifikationen im Maschinenbau, die in den verrichtungsorientierten Arbeitsstrukturen einfach nicht voll zum Tragen kommen konnten. Hier entsteht teilweise ein Bedarf nach Aktualisierung ursprünglich erworbenen, aber zwischenzeitlich verschütteten berufsfachlichen Wissens, teilweise aber auch ein neuer Qualifizierungsbedarf, so zum Beispiel für Facharbeiter, die jetzt bei Mehrmaschinenbedienung zusätzlich CNC-Maschinen beherrschen müssen. Andere Qualifikationsanforderungen - z.b. Kenntnisse von übergeordneten Steuerungssystemen - müssen durch betriebliche Weiterbildung neu erworben werden. Vielfach geschieht das nicht über formalisierte Weiterbildungsprogramme, sondern durch "training on the job". Einzelne Elemente der neuen Qualifikationsanforderungen werden auch in speziellen Weiterbildungsveranstaltungen vermittelt (z.B. Lötkurse, CNC-Kurse). In einem Fall wird für angelernte Beschäftigte ein größer angelegtes Weiterbildungskonzept, das die verschiedenen Anforderungsdimensionen umfaßt, zwischen Betriebsrat und Geschäftsleitung vereinbart. Hieraus erwächst ein neues betriebliches Ausbildungszertifikat, das nach bestandener Abschlußprüfung verliehen wurde. Zur Vermittlung der geforderten sozial-kommunikativen Anforderungen wird mit speziellen "Workshops" unter Anleitung eines externen Moderators experimentiert.

Statusgewinn von Produktionsarbeit

Die Veränderungen des Aufgabenzuschnitts und der Qualifikationsanforderungen münden in einen veränderten Status von Produktionsarbeit, der nicht in den formalen Kriterien von Kompetenzzuwachs, Eingruppierung und Bezahlung aufgeht. In den allermeisten Fällen sind die Dezentralisierungsprozesse mit einer veränderten "Wertigkeit", einem höheren Ansehen der unmittelbaren Produktionsarbeit bzw. der Produktionsabteilung im gesamten Organisationsgefüge verbunden. Dies drückt sich nicht nur in Fremdwahrnehmungen, sondern auch in einem veränderten Selbstwertgefühl und Selbstbewußtsein der Produktionsarbeiter aus, mit dem sie (je nach Konstellation) den Vorgesetzten und indirekten

Bereichen gegenübertreten. Diese Entwicklung wird durch die "Philosophie" des oberen Managements, die den Dezentralisierungsbestrebungen konzeptionell zugrunde liegt, zumeist gedeckt und befördert.

Problemgruppen im Abseits? Un- und Angelernte, Ältere, Leistungsgeminderte - Akzentuierung bekannter Segmentierungsgefahren

Die Niveauanhebung direkter Produktionsarbeit - worin wir die Haupttendenz der Reorganisationsprozesse für die direkte Arbeit sehen - hat durchaus auch eine problematische Kehrseite. Zwei Elemente der Reorganisationsprozesse, die wir schon dargestellt haben, haben Probleme für ältere, leistungsgeminderte und weniger anpassungsfähige Mitarbeiter zur Folge.[49]

Zum einen können die gestiegenen Qualifikationsanforderungen in den neuen Produktionseinheiten das Niveau übersteigen, das zumindest ein Teil der vorhandenen Belegschaft erreichen kann. Eine harte Grenze läßt sich hier jedoch nicht definieren. Es ist sehr umstritten, welche Entwicklungsmöglichkeiten zum Beispiel in bislang in Anlerntätigkeiten Beschäftigten schlummern und mit welchen Anstrengungen und Kosten sie gegebenenfalls mobilisiert werden können. Zum anderen werden durch die Integration indirekter Tätigkeiten in das Tätigkeitsspektrum direkter Produktionsarbeit Auswege aus der Produktionsarbeit verbaut, die Älteren und Leistungsgeminderten traditionell offen standen - die Qualitätskontrolle ist hierfür ein besonders prägnantes Beispiel.

In den untersuchten Fällen ist es bis zum Ende des Untersuchungszeitpunkts weitgehend gelungen, "harte" Wirkungen für die bedrohten Gruppen zu vermeiden. Den Tendenzen zur Ausgrenzung bestimmter Beschäftigtengruppen, die im Grundzug der Konzepte angelegt sind, wird in der betrieblichen Praxis - zumeist durch Initiativen des Betriebsrats - entgegengewirkt. Zum einen finden wir eher defensive Maßnahmen, wie Frühverrentungsprogramme, zeitliches Strecken von Maßnahmen und die Duldung von Ausnahmeregelungen für Übergangszeiträume, so daß die natürliche Fluktuation zum Tragen kommen kann. Offensive Maßnah-

---

[49] All diese Kategorien verbergen natürlich kulturell überlieferte und teilweise institutionell verankerte Zuschreibungen von Eigenschaften. Gerade bezüglich der Kategorie "Alter" wird ja neuerdings angesichts der Alterspyramide eine gesellschaftliche Umdeutung eingefordert. Ob und wie ein solcher Prozeß in das Wirtschaftssystem Eingang finden kann, ist aber weitgehend unklar.

men, mit dem Problem umzugehen, bestehen in der Förderung und Weiterbildung von Un- und Angelernten. Die Bestrebungen von Betriebsräten gehen zumeist dahin, mit der vorhandenen Belegschaft die Reorganisation zu bewältigen. "Keine olympiareife Mannschaften!" ist das Stichwort. Hier spielen auch Bestrebungen eine Rolle, die Leistungsstandards in den neuen Organisationseinheiten so zu definieren, daß sie Ältere und Leistungsgeminderte nicht ausschließen, und internen Gruppendruck auf schwächere Gruppenmitglieder durch die Ausgestaltung des Lohnsystems und die Stärkung des Zusammenhalts der Gruppe zu verhindern.

Es ist jedoch fraglich, ob bei einer Verallgemeinerung der neuen Organisationsformen diese Konzepte zur Problembewältigung noch greifen können. Insbesondere unter den Bedingungen einer Wirtschaftskrise wird der betriebliche Spielraum zur Vermeidung von besonderen Härten für die benannten Personengruppen sehr eng. Aber selbst wenn betriebliche Lösungen durch Weiterbildung, zeitliche Streckung und Duldung von Ausnahmen zum Tragen kommen sollten, verstärkt sich die soziale Schließung der Betriebe gegenüber den Problemgruppen am Arbeitsmarkt. Die Eintrittsbarrieren für diese Beschäftigtengruppen werden noch höher.

5. Karrierewege im Umbruch

Krise der klassischen Facharbeiterkarriere?

Programme operativer Dezentralisierung halten in vielen Fällen hinsichtlich Arbeitsinhalt und Handlungsautonomie Angebote für die Produktionsarbeit bereit. In besonderer Weise trifft dies sicherlich für Produktionsfacharbeiter zu. Die Kehrseite scheint freilich zu sein, daß Dezentralisierungsprozesse klassische Berufsverläufe von Facharbeitern in Frage stellen. Zugespitzt formuliert heißt Dezentralisierung, gerade solche Tätigkeiten in die Produktion zu integrieren, an die qualifizierte Produktionsarbeiter ihre Aufstiegshoffnungen hefteten. Die überkommenen Formen vertikaler und funktionaler Arbeitsteilung boten, um mit Lutz (1989a, S. 252) zu sprechen, den "durchsetzungs- und verhandlungsstärksten Gruppen der industriell-städtischen Arbeitnehmerschaft" vielfältige Möglichkeiten des beruflichen Aufstiegs und banden sie damit zugleich "fest in den gesellschaftlichen Konsens" ein. Reflexive Rationalisierung, so unsere These, setzt diesen Möglichkeiten in der Tendenz ein Ende. Die These von der Krise des klassischen Facharbeiteraufstiegs kann natürlich nur Gültigkeit beanspruchen, wenn sich die angenommenen Entwicklungstendenzen verallgemeinern und verbreitern. Die These wird allerdings auch von einigen Befragten explizit als Trendaussage gestützt.

Es lohnt sich an dieser Stelle, an eine Argumentationsfigur von Lutz (1987; vgl. auch ders. 1989b) zu erinnern. Es sei nicht unplausibel, die von Kern/Schumann (1984) identifizierten "neuen Produktionskonzepte" als "erste Ansätze zu einem säkularen Wechsel in der gesellschaftlichen Bündnisstrategie des industriellen Kapitals" zu deuten. Das sich zu Beginn der Industrialisierung formierende, enge Bündnis mit den städtischen Mittelschichten fand, so Lutz, seine "äußere Erscheinungsform" in der privilegierten Stellung der Angestellten. War damit ehedem der Zugriff auf die "bürokratisch-administrative Kompetenz und Wissenschaftsorientiertheit" im Interesse der Durchsetzung industrieller Herrschaft gesichert, haben sich die Grundlagen dieses Bündnisses seit Mitte des 20. Jahrhunderts grundlegend verändert. Geschlossene soziale Milieus lösten sich auf. Lebensformen und -orientierungen ebenso wie das besondere "Kapital" der alten Mittelschichten - Bildung - haben sich tendenziell verallgemeinert. Die spezifische Zurichtung industrieller Rationalisierung verschob die Proportionen im Verhältnis zwischen Angestellten und Arbeitern. Naheliegend - so Lutz (1987, S. 206) - sei nun die Frage, ob nicht an die Stelle des bisherigen Bündnisses ein neues mit der qualifizierten Industriearbeiterschaft eingegangen wird, das diese "zu den zentralen Agenten einer neuen Rationalisierungsstrategie macht und ihnen Privilegien zuweist, wie sie früher den Angestellten vorbehalten waren?" Ebenso naheliegend ist für ihn aber dabei auch die Frage, ob sich das in den neuen Produktionskonzepten verpackte Angebot an die Facharbeiter nicht in einen Phyrrussieg verwandelte:

"Diesen jungen Industriefacharbeitern wird mit einer Rationalisierungspolitik, die weit stärker als bisher auf die Nutzung berufspraktischer Qualifikationen im unmittelbaren Produktionsprozeß setzt, in erster Instanz zwar ein durchaus attraktives Angebot gemacht (...). In dem Maße freilich, in dem sie bereit sind, auf dieses Angebot einzugehen, schaffen sie die Voraussetzungen dafür, daß in zweiter Instanz (...) genau diejenigen Arbeitsplätze in den fertigungsnahen technischen Büros verschwinden, in die aufsteigen zu können bisher ein essentielles Akzeptanzmoment von industrieller Facharbeiterausbildung ausmachte."(Lutz 1987, S. 206).

Unsere Befunde lassen sich zumindest ein Stück weit in diese von Lutz entworfene These einlesen. Drei Entwicklungen stützen die These von der Krise des klassischen Facharbeiteraufstiegs:

Zum einen werden durch Reduktion und Verwissenschaftlichung verbleibender technischer Büros bei gleichzeitiger Integration von fertigungsnahen indirekten Tätigkeiten in die operativen Einheiten bzw. in die operativen Tätigkeiten selbst die Aufstiegsmöglichkeiten in die technischen Büros verbaut. Zweitens kappt der verringerte Bedarf an Führungskräften durch die Verkürzung der Hierarchie Aufstiegswege in der Führungslaufbahn für Facharbeiter. Die Akademisierungstendenz in der Personalrekrutierung, speziell in der Rekrutierung des Führungskräftenachwuchses, die (teilweise) qualifikatorische Anhebung von Führungspositionen, neue Personalentwicklungsstrategien für Führungskräfte, die auch eine "Bewährungszeit" in der Produktion vorsehen, führen drittens zu einem Verdrängungswettbewerb für nicht akademisch ausgebildete Anwärter auf betriebliche Führungspositionen. Dies gilt schon für untere Ebenen, erst recht aber werden die zweiten Ebenen, die früher oftmals noch offen standen, für Facharbeiter unerreichbar.

Als Beispiel sei an dieser Stelle ein Fall angeführt, an dem alle drei Entwicklungslinien erkennbar wurden. Stand dort vor der Einführung dezentraler Strukturen entlang dem Intrapreneurmodell nicht akademisch ausgebildeten Fachkräften die Übernahme von Führungspositionen bzw. der Wechsel in indirekte Bereiche offen, so sind ihre diesbezüglichen Chancen mittlerweile drastisch eingeschränkt. Die erste Einschränkung ergibt sich durch die Reduzierung der Zahl der bislang in Frage kommenden Leitungspositionen bzw. Abteilungen; die zweite durch das gestiegene Anforderungsprofil, welches sich an die nun bestehenden Führungs- und Stabsfunktionen knüpft. Wie schwierig ein Aufstieg im Unternehmen inzwischen geworden ist, zeigt allein die Tatsache, daß selbst Techniker, die bislang in der Produktion in Führungspositionen standen, kaum mehr die Möglichkeit sehen, in eine Fachlaufbahn in einem indirekten Bereich zu wechseln. Diese Aufstiegsbarrieren für qualifiziertes Personal in der Produktion werden ergänzt durch eine veränderte Personalrekrutierung vor allem bezüglich der Führungspositionen in der Produktion. So ist beobachtbar, daß zunehmend Ingenieure in untere Führungspositionen der Produktionseinheiten drängen. Diese Akademisierung im Produktionsmanagement wird von nicht akademisch gebildeten Führungskräften in einer Weise reflektiert, die deutlich macht, welche Zukunft bisherige Zugangswege haben: In der "Fabrik der Zukunft" sei man - gemeint sind Techniker und vergleichbar qualifiziertes Personal - voraussichtlich "nicht die Führungskraft der Zukunft". Ein Befragter, der vor der Dezentralisierung noch eine klassische Karriere gemacht hatte, vermerkt eindrücklich, daß sein Weg anderen nicht mehr offen steht: Die Chancen der Bewerbung eines qualifizierten Mitarbeiters auf eine indirekte Funktion sei heute nahezu aussichtslos, die klassischen Aufstiegswege für einen Facharbeiter seien weggebrochen. Der Weg über die Instandhaltung, früher der "einfachste, sicherste und schnellste Weg" ist nun verschlossen. Der Weg über die Weiterbildung, um in einem technischen Bereich (z.B. Elektronikausbildung) unterzukommen oder eine Führungsfunktion übernehmen zu können, ist angesichts der Akademisierungstendenz ebenfalls nahezu aussichtslos. So sei mittlerweile für eine Hauptabteilungsleiterposition Voraussetzung, daß man Diplomingenieur ist, möglichst sogar über den Doktorgrad verfügt. In der Konkurrenz mit den Akademikern sind diejenigen, die den Aufstieg versuchen, weitgehend chancenlos.

Verschiedentlich wird die skizzierte Entwicklung sowohl von Managementvertretern als auch von Betriebsräten und Gewerkschaftsvertretern problematisiert. Die Paradoxie der Entwicklung besteht darin, daß gerade in dem Moment, in dem die erweiterte Nutzung der Facharbeit als Wissens- und Motivationsreserve erkannt wird, Aufstiegsmöglichkeiten beschnitten werden und damit auch der Status dieser Gruppe tangiert wird. Wir können dies das Attraktivitäts-Aufstiegsdilemma für die Facharbeit nennen. Es muß offen bleiben, ob Facharbeiter, die in veränderten Arbeitsstrukturen breiter gefordert, besser bezahlt und angesehen sind, zukünftig bereit sein werden, auf die bisherigen Aufstiegschancen zu verzichten.

In der gegenwärtigen Umbruchsituation zeigt sich jedenfalls deutlich, daß für Facharbeiter nicht nur eine Rolle spielt, welches die Bedingungen ihrer gegenwärtigen Arbeit sind, sondern auch, welche Entwicklungsmöglichkeiten ihnen im Verlauf ihres Arbeitslebens offenstehen. Die bisher möglichen Arbeitskarrieren waren unmittelbar mit den vertikal differenzierten betrieblichen Strukturen verbunden. In dem Moment, in dem jene in Bewegung geraten, stellt sich die Frage nach den Möglichkeiten des Facharbeiteraufstiegs neu (vgl. auch Drexel 1991).

Die durch die neuen Organisationskonzepte hervorgerufenen Verwerfungen der traditionellen Wege der Facharbeiterkarriere dürften angesichts einer Entwicklung an Brisanz gewinnen, auf die andere empirische Untersuchungen (vgl. v.a.

Drexel 1991) aufmerksam machen.[50] Die traditionellen Zugangswege zu Führungs- und Stabspositionen geraten auch durch Veränderungen auf der Angebotsseite unter Druck.

Die historisch gewachsene, stabile Qualifikationsstruktur des "technisch-gewerblichen Mittelfeldes" (Techniker, ernannte technische Angestellte, Meister) zwischen Facharbeitern und Ingenieuren, die auf die Facharbeiterausbildung aufsetzt, wird durch verschiedene Entwicklungen herausgefordert: Zum einen durch die Öffnung neuer Zugangswege in dieses Mittelfeld, zum anderen durch qualitative und quantitative Veränderungen im Arbeitsangebot bei Facharbeitern und Ingenieuren. Auf der einen Seite finden sich Innovationen im Feld beruflicher Ausbildung (neue Ausbildungsgänge wie z.b. Ingenieur (Berufsakademie) oder Techniker (Berufskolleg) in Baden-Württemberg), die unmittelbar auf dieses Mittelfeld abzielen - ohne den Weg über die Erstausbildung als Facharbeiter vorauszusetzen. Damit entstehen zu den herkömmlichen Rekrutierungswegen Alternativen, erwächst dem Facharbeiteraufstieg eine Konkurrenz.

Auf der anderen Seite geraten die traditionellen mittleren Qualifikationsgruppen in die "Zange eines doppelten Angebotsdrucks sowohl von der Facharbeiter- als auch von der Ingenieurebene, und damit unter einen doppelten Konkurrenz- und Erosionsdruck" (Drexel 1991, S. 230). So hat das gestiegene allgemeine Bildungsniveau und die Neuordnung relevanter Facharbeiterberufe das Kompetenzprofil jüngerer Facharbeiter in einer Weise ausgedehnt, die ihren Einsatz auch in solchen Feldern, die bisher für höhere Ebenen bzw. für die Gruppe des mittleren Qualifikationsbereichs reserviert waren, erlaubt. Ein solcher Einsatz wird von diesen zunehmend auch eingefordert. Gleichzeitig ermöglicht das wachsende Angebot an Ingenieuren, deren Einsatz in Felder auszudehnen, die bisher durch aufgestiegene Facharbeiter besetzt waren.

Der Effekt: "Betriebe können im Kontext dieser für sie zweifach vorteilhaften Angebotslage traditionelle mittlere Qualifikationen, vor allem Techniker und ernannte technische Angestellte, mit größeren Schwierigkeiten vielleicht sogar Meister aussterben lassen, d.h. sie in breiten Überlappungsbereichen einerseits durch Facharbeiter und andererseits durch Ingenieure ersetzen." (Drexel 1991, S. 231)

Verknüpft man dies mit Befunden unserer Untersuchung, so wäre - deren Verallgemeinerung vorausgesetzt - nicht nur von einer "Destabilisierung der Karriere-

---

[50] Vgl. zu traditionellen Aufstiegswegen und Tendenzen ihrer Auflösung im Maschinenbau Kalkowski/Manske 1993.

muster traditioneller Gruppen" (Drexel 1991, S. 233), sondern in der Tat von deren Krise zu sprechen.

In der Tendenz wird jenes bislang für die Unternehmen sehr wichtige funktionale Bindeglied zwischen Produktionsarbeit und den Ingenieursbereichen durch die sich wechselseitig verstärkenden Wirkungen von Dezentralisierungsbestrebungen und Veränderungen in den Rekrutierungsmöglichkeiten aufgelöst. Grenzüberschreitungen, wie sie die bisherigen Facharbeiteraufstiegswege darstellen, dürften dann kaum mehr möglich sein. Drexel (1991) hebt zu Recht hervor, daß die traditionellen Karrierewege nicht nur für die Betriebsbindung der Facharbeiter und die Kooperations- und Kommunikationsbeziehungen zwischen Facharbeitern und Ingenieuren von Bedeutung sind, sondern auch "Antriebsmotor für die 'vorauseilende' Weiterbildung der Facharbeiter auf eigene Initiative und damit (für) das Entstehen eines flexibel abrufbaren Qualifikationsvorrats" sind. Deswegen stellt die Erosion der traditionellen Karrierewege nicht nur für die Facharbeiter selbst einen Einschnitt dar. Auch für die Unternehmen, die durch einen spezifischen, erfahrungsgeleiteten Innovationstyp, der sich auf qualifizierte Facharbeit stützt, gekennzeichnet sind (vgl. Kalkowski/Manske 1993), können sich dadurch negative Konsequenzen ergeben.

Sofern das angesprochene Attraktivitäts-Aufstiegsdilemma überhaupt thematisiert wird, kommen in erster Linie zwei mögliche Auswege - oder Möglichkeiten zur Abmilderung des Problems - zur Sprache: Zum einen wird die Erleichterung der Studienberechtigung für berufserfahrene Facharbeiter ins Spiel gebracht. Dies bricht nicht mit bekannten Mustern von Facharbeiterberufsverläufen, insofern heute schon graduierte Ingenieure, die als Konkurrenten des Facharbeiters um Aufstiegspositionen auftreten, selbst vielfach frühzeitig "ausgestiegene" Facharbeiter sind. Wenn sich mit der Eröffnung dieses Weges mehr als nur vereinzelte berufliche Entwicklungswege verbinden, ist mit einer steigenden Konkurrenz um die verbleibenden Aufstiegspositionen zu rechnen, denen ja schon heute ein Angebotsüberschuß an Universitäts- und Fachhochschulabsolventen gegenübersteht. Eine Relativierung, wenn nicht Zurücknahme des Statusversprechens akademischer Abschlüsse könnte auf mittlere Sicht die Folge sein. Erst einmal bewegt sich der "Ausweg" erleichterter Studiermöglichkeiten aber in den bekannten Bahnen der Statusdifferenzierung zwischen Ausbildungsabschlüssen. Zum anderen ist an Statusdifferenzierung innerhalb der operativen Einheiten zu denken, die unter den Stichworten "Fachhierarchien" oder "Zusatzhierarchien"[51] diskutiert werden. Hierüber sollen fachliche Qualifizierung, berufliche Erfahrung und Verantwortungsübernahme honoriert werden können, ohne daß der Facharbeiter die produktive Einheit in Richtung auf ein technisches Büro verlassen, Führungskraft werden oder nachträglich ein Studium aufnehmen muß. Diese Fragen werden zu einem Thema für die Tarifpolitik, so wenn "Durchlässigkeit nach oben, insbesondere für sich weiter qualifizierende Facharbeiter" (Hundt 1993, S. 14) von Arbeitgeberseite als ein Ziel der Realisierung eines einheitlichen Entgelttarifvertrages formuliert wird.

Die Anhebung des Sozialprestiges des Facharbeiters gegenüber dem Hochschulabsolventen durch "leistungsgerechte Anreize (Einkommen)" fordert auch die "Zukunftskommission Wirtschaft 2000" (1993, S. 38) in Baden-Württemberg. Dort wird auch deutlich ausgesprochen, daß die Steigerung der Attraktivität der Facharbeit auf Kosten anderer Berufsgruppen, vor allem der Hochschulabsolventen erfolgen soll: "Veränderte Relationen (...) zwischen den Einkommen von Facharbeitern und Hochschulabsolventen" (ebd.) werden eingeklagt und die Überprüfung der Anfangseinkommen von Hochschulabsolventen gefordert. So deutet sich bei diesem "Ausweg" aus dem Attraktivitäts-Aufstiegsdilemma eine Statusangleichung zwischen den Ausbildungsabschlüssen auf Kosten der Hochschulabsolventen an.

Veränderte Karrierewege für Ingenieure

Gewissermaßen das Gegenstück zu dieser Entwicklung sind veränderte Karrierewege für Ingenieure. Diese deuten sich in neuen Konzeptionen für die Führungskräfterekrutierung und Personalentwicklung an.[52] Sie sehen vor, daß Ingenieure zumindest eine Zeit lang auch in der Produktion tätig geworden sein müssen, sei es als Betriebsingenieure oder als Führungskräfte. Eine ausschließliche Karriere

---

[51] Vgl. - allerdings am Beispiel von Ingenieurslaufbahnen entwickelt - Heeb 1985. In dem dort vorgestellten Konzept ging es unter anderem darum, Job-Rotation mit einem der Beförderung gleichwertigen Status zu versehen (vgl. S.123), die Statusbedeutung von Linienfunktionen zu relativieren und den in der Vergangenheit unvermeidlichen Drang zur Schaffung von zusätzlichen Linienpositionen zu stoppen (vgl. S.127).

[52] Prinzipiell denkbar ist eine solche Entwicklung auch für andere akademische Berufsgruppen (insb. kaufmännische) in anderen Funktionsbereichen. Uns ist darüber aber nichts bekannt.

z.B. in Entwicklung/Konstruktion oder Stabsabteilungen ist danach ausgeschlossen.

"Einmal Produktionsleiter, immer Produktionsleiter", so umschreibt ein Befragter das Grundprinzip der in der Vergangenheit üblichen Karrierewege. Heute hingegen müsse man sich darauf einstellen, im beruflichen Entwicklungsweg die Funktion oder den Bereich nach einiger Zeit zu wechseln, und zwar nicht nur bei Aufstieg in hierarchisch höherrangige Positionen. Ein bisheriger Produktionsleiter könne sich dann auch im Marketing oder in einem Entwicklungsprojekt wiederfinden.

In solchen Personalentwicklungskonzepten wird die Notwendigkeit reflektiert, Fach- und Führungskräfte für Aufgaben im Projektmanagement und ressort- und funktionsübergreifendes Denken betrieblich zu sozialisieren. Diese Personalentwicklungskonzepte stellen das personalpolitische Pendant zu den skizzierten organisatorischen Veränderungen dar, die auf eine Überwindung der starren funktionalen Aufgabenzuschreibungen zielen. Diese Befunde deuten auf die Abkehr von den bislang - in Großunternehmen zumindest - verbreiteten "Schornsteinkarrieren" hin. Für den hier betrachteten Personenkreis der Ingenieure bedeutet diese Entwicklung Verunsicherung und Orientierungsprobleme. Sicher ist unter den veränderten Bedingungen erst einmal nur der Zwang zur fortlaufenden Sondierung der Lage, zur Neuorientierung, zum Wechsel und zur Anpassung an veränderte Anforderungen.

Ingenieure, die nun den obligatorischen Karriereschritt in die Produktion machen - sei es als Betriebsingenieur oder Linienvorgesetzter, haben damit zwar den geforderten ersten Karriereschritt erbracht, können aber keineswegs sicher sein, wie es weitergeht. Berufliche Entwicklung ausschließlich in den Expertenpositionen der Stäbe oder in der Entwicklung ist nicht mehr möglich, der Weg in die Produktion hingegen wird von vielen Ingenieuren - heute noch zumindest - als Sackgasse oder gar als Abstieg gewertet. Aber auch Ingenieure, für die der Aufgabenzuschnitt eines Intrapreneurs die Linienposition in der Produktion gerade reizvoll macht, stehen vor der Frage, ob sie zu einem späteren Zeitpunkt den Weg zurück in eine Expertenposition noch einmal schaffen können. Wer für einige Jahre in der Produktion verbleibe, für den könne angesichts des Innovationstempos in den Entwicklungsbereichen aus fachlichen Gründen der Weg zurück verbaut sein. Für die "spannendere" und entwicklungsträchtigere Neuentwicklung von Produkten oder Prozessen komme der Ingenieur, der in der Produktion "einen Prozeß begleitet bis er stirbt", eventuell nicht mehr in Frage - so lauten Befürchtungen von Befragten. Für sie stelle sich die schwierig zu beantwortende Frage, wohin man sich als Ingenieur noch orientieren soll, wie man seinen "Marktwert" erhöhen kann, "innerbetrieblich, aber auch nach außen hin, um hier frei zu sein".

Arbeiter-Angestellte: Vor dem Ende einer altehrwürdigen Unterscheidung?

Die beschriebenen organisatorischen Innovationen unterminieren die überkommenen Unterscheidungsmerkmale zwischen Arbeitern und Angestellten. Drei Faktoren wirken in diese Richtung.

Zum einen nimmt die auf Dauer gestellte Zusammenführung von Arbeitern und Angestellten in dezentralen Organisationseinheiten und die enge Zusammenarbeit von Fall zu Fall in Projekt- und Problemlösungsgruppen viel von der Legitimation der überkommenen Unterscheidung.

Zum zweiten gleichen sich die Tätigkeiten im Zuge der Aufgaben- und Funktionsintegration an, wobei die Arbeitertätigkeiten mehr "angestelltentypische" Züge erhalten, während die Angestelltentätigkeiten prozeß- und produktionsnäher werden. Hier werden durch organisatorische Maßnahmen Tendenzen vorangetrieben, die schon an anderer Stelle vor allem als Ergebnis der technologischen Entwicklung skizziert wurden (vgl. Kern/Schumann 1984; Springer 1987): Der "Wächter und Regulator" der automatisierten Produktion als Sinnbild der mediatisierten Arbeit ist schon nicht mehr "Arbeiter" im klassischen Sinn, eher "Dienstleister", "Gewährleistungsarbeiter" am automatisierten Prozeß.

Zum dritten gehen die neuen Organisationskonzepte und ihre Leitideen mit einer Aufwertung des Status der direkten, "wertschöpfenden" Arbeit und einer Problematisierung der indirekten Arbeit einher. Eine Statusangleichung ist die Folge, die wohl nicht ohne Wirkung auf die Institution der Arbeiter-Angestellten-Differenz bleiben wird.

Aber es gibt auch gegenwirkende Faktoren. Zu deutlich ist der Versuch verschiedener Beschäftigtengruppen aus den indirekten Bereichen, sich auch in den neuen

Organisationseinheiten an Statusunterschieden festzuklammern.[53] Das Bestreben nach Statusdifferenzierungen wird sich aber zukünftig eventuell an anderen Unterscheidungsmerkmalen als an der bisherigen Arbeiter-Angestellten-Unterscheidung festmachen. Zu denken ist hierbei an Unterscheidungen nach Berufen und Bildungsabschlüssen.

Ob die Arbeiter-Angestellten-Unterscheidung letztlich Bestand hat, hängt noch von anderen als den hier aus betrieblicher Perspektive beschriebenen Faktoren ab. Insbesondere die Tarifpolitik spricht hier ein entscheidendes Wort mit. Mit den Bestrebungen der "Tarifreform 2000" (IG Metall 1991) ist im gesamten Organisationsbereich der Metallindustrie der Startschuß für die generelle tarifpolitische Reform gegeben worden. "Getrennte Tarifverträge jeweils nur für Arbeiter oder Angestellte sind überholt", heißt es dort lapidar (ebd., S. 5). Die Grundidee wird auch von der anderen Seite, im Arbeitgeberlager geteilt (vgl. Hundt 1993), und die Tarifbewegung zu einem "Einheitlichen Entgelttarifvertrag" ist in Baden-Württemberg in eine erste praktische Phase getreten (vgl. Bahnmüller 1993). Trotz der erklärten, gleichgerichteten Absicht beider Seiten am Verhandlungstisch ist der tarifpolitische Abschied von der Arbeiter-Angestellten-Unterscheidung aber noch nicht besiegelt. Ohne an dieser Stelle auf Einzelheiten eingehen zu können: Die Realisierung kann insbesondere unter den seit 1992 deutlich veränderten wirtschaftlichen Rahmenbedingungen auch scheitern. Die Verteilung der Anpassungsleistungen zwischen den Beschäftigtengruppen ist strittig und besonders dann schwierig zu regeln, wenn dies für die Unternehmen kostenneutral erfolgen soll. Dadurch wird das Vertretungsdilemma, auf das wir in den betriebspolitischen Konflikten um die neuen Organisationskonzepte stießen (s.u.), für die Gewerkschaft auch auf der tarifpolitischen Ebene virulent und sie gerät bei dem Versuch, die (bisherigen) Arbeitertätigkeiten hinsichtlich der Eingruppierung anzugleichen, in Gefahr, bei den (bisherigen) Angestellten Boden zu verlieren. Der "Einheitliche Entgelttarifvertrag" kommt inzwischen innerhalb der

---

[53] In einem unserer Fälle drückte sich das im Festhalten an den unterschiedlichen Bekleidungstraditionen ("Kittel"farbe) aus. Von einem Automobilunternehmen wurde auf einer Tagung berichtet, daß die Angestellten einer Organisationseinheit an dem Tag, als der Tarifvertrag, der die Unterschiede zwischen Arbeitern und Angestellten formell aufhob, in Kraft trat, demonstrativ in Krawatte und Jackett erschienen - was sie zuvor nicht getan hatten.

IG-Metall unter den Angestelltenvertretern in den Geruch ein "Arbeitertarifvertrag" zu sein.

Unabhängig von der für die Begründung der Statusdifferenz wichtigen tarifpolitischen Ebene bleibt aber die sozialversicherungsrechtliche Fundierung erhalten, auf deren Grundlage in Deutschland die Differenzierung in "white collar" und "blue collar" ihre besondere Gestalt erlangte. Auf dieser Ebene sind für uns keine Abrückbewegungen zu erkennen.

V. Betriebspolitische Aspekte von Dezentralisierungsprozessen und Wirkungen auf die betrieblichen Arbeitsbeziehungen

Wir interpretieren die zu beobachtenden Dezentralisierungsprozesse, die sich auf theoretische und normative Konzepte aus der Management- und Organisationstheorie stützen können (vgl. Brünnecke u.a. 1992, S. 2ff.), als grundlegenden Richtungswandel industrieller Rationalisierung. Sie richtet sich nicht länger nur auf die primäre Fertigungsarbeit, sondern nun vor allem auf die Restrukturierung der organisatorischen Hinterlassenschaft bisheriger, auf die primäre Fertigungsarbeit konzentrierter Rationalisierungsprozesse und kann in diesem Sinn als "reflexiv" (Deutschmann 1989b) bezeichnet werden.

Leitbilder der Rationalisierung als institutionalisierte Rationalitätsvorstellungen, als normative und kognitive Konzepte des Managements haben die Funktion, die überkomplexe Welt zu vereinfachen, die Problemvielfalt und die Vielfalt der potentiellen Lösungsmöglichkeiten zu reduzieren. Sie blenden einen Wirklichkeitsausschnitt und ein Spektrum von Lösungsmöglichkeiten ein, lenken den Blick darauf und blenden zugleich andere Probleme und Lösungsmöglichkeiten aus. An tayloristischen Prinzipien und Konzepten orientierte Rationalisierung - so läßt sich unter dieser Perspektive formulieren - blendete die spezifischen Kosten dieses Rationalisierungstyps wie die wachsenden planenden, steuernden und kontrollierenden indirekten Bereiche, den erhöhten Koordinierungsaufwand durch Arbeitsteilung und Spezialisierung und die damit einhergehenden Kosten aus, während der reflexive Blick, das neue Leitbild, gerade diese Folgeprobleme fokussiert. Damit haben aber die Dezentralisierungsprozesse und die Versuche, die Effizienzvorteile der Selbststeuerungs-Modelle auszuschöpfen, immer auch mit den durch die vorgängige Rationalisierung etablierten Interessen- und Machtstrukturen, dem darauf aufbauenden Statusgefüge und den verfestigten, zu Ideologien geronnenen Rationalisierungsleitbildern und -orientierungen bei verschiedenen Akteuren zu tun. Ob die in funktionaler Sicht behaupteten Effizienzvorteile der neuen Organisations- und Managementkonzepte zum Tragen kommen, hängt demnach nicht zuletzt davon ab, ob sich betriebspolitische Konstellationen herausbilden, die Beharrungskräfte der überkommenen Strukturen überwinden können.

Es geht dabei zum einen um die betriebspolitischen Aspekte der Dezentralisierungsprozesse und deren Wirkungen auf die betrieblichen Arbeitsbeziehungen. Zum anderen sind die neuen Organisationskonzepte mit den Institutionen und Kulturen der industriellen Beziehungen konfrontiert, die sich zur Regulierung der vorgängigen Rationalisierungsprozesse herausgebildet haben. Einerseits bewegen sich die betrieblichen und überbetrieblichen Aushandlungsprozesse in diesen Institutionen und knüpfen an diesen an, während sie sich andererseits an ihnen reiben und Veränderungsimpulse hervorrufen. Insbesondere die Tarifstrukturen erweisen sich als "Spiegelbild der taylorisierten Massenproduktion" (Riester o.J., S. 68). Deren Reform wird auf die Tagesordnung gesetzt.

1. Betriebspolitisches Dilemma der Dezentralisierung

Nicht nur die früheren Erfahrungen aus der Qualitätszirkelbewegung und den Experimenten mit teilautonomer Gruppenarbeit aus der HdA-Bewegung[54], sondern auch eine Fülle von Erfahrungen aus den oftmals langjährigen Reorganisationsprojekten unseres Fallspektrums zeigen, daß Initiativen der Organisationsspitze zur Kompetenzverlagerung am Beharrungsvermögen der Hierarchie und der technischen Stäbe scheitern oder auf halbem Wege steckenbleiben können. Die Erwartung wirksamen Widerstands kann Initiativen zum Organisationswandel auch von vorneherein zum Erliegen bringen oder bewirken, daß sie nur halbherzig ausgearbeitet und betrieben werden.

So werden in einem Unternehmen neue Organisationskonzepte unter Rücksichtnahme auf die betriebspolitisch starke Stellung einer zentralen Instandhaltung von vorneherein so formuliert, daß deren organisatorischer Bestand nicht angetastet wird.[55] In einem anderen Fall wird die

---

[54] Vgl. hierzu zusammenfassend Brünnecke u.a. 1992, S. 8ff. und die dort zitierte Literatur. Wir interpretieren die dort referierten Fälle "steckengebliebener oder gescheiterter Dezentralisierungsbestrebungen" als "betriebspolitische Konstellationen der Beharrung" (ebd.).

[55] Minssen u.a. (1991, S. 438) berichten vom Scheitern eines anfänglich vom oberen Management favorisierten Konzepts der betriebsorganisatorischen Instandhaltungsintegration bei Opel.

Dezentralisierung eines Teils der Ingenieurskompetenz in die Produktionabteilung zwar wie geplant vollzogen, das Widerstreben der Ingenieure gegen diese neue Organisationsform zeigt sich dann im Alltag in "gekonnt" erfolglosem Funktionieren der neuen Struktur, so daß nach einiger Zeit das Projekt für gescheitert erklärt werden muß. In einem weiteren Fall werden die formalen Organisationstrukturen und die technische Infrastruktur zwar geändert, die tatsächliche Verantwortungs- und Kompetenzübernahme durch die Gruppe aber über einen langen Zeitraum durch die Vorgesetzten und Experten nicht vorangetrieben, wenn nicht sogar hintertrieben. Die neuen Formalstrukturen leben mit den alten Einstellungen und Arbeitsweisen weiter. In einem anderen Unternehmen scheitert ein Qualitätszirkel-Projekt nach anfänglichen Erfolgen nicht zuletzt an der mangelnden Unterstützung und Widerständen im mittleren und unteren Management und in den indirekten Abteilungen, nachdem es zuvor schon lange Zeit nur unter "Druck" und letztlich weitgehend symbolisch am Leben erhalten worden war. Eine tragfähige Koalition betrieblicher Akteure zur Umsetzung der Methode hatte sich nicht herausgebildet. Auch heute als allgemein erfolgreich angesehene Reorganisationsfälle können auf jahrelange Kämpfe zurückblicken. Nur unter Forcierung der "Japan-Diskussion" ist es in einem anderen Fall gelungen, die Integration der Instandhalter in die Fertigung gegen die Bestandsinteressen und die gebündelte Fachautorität des mächtigen Fachbereichs durchzusetzen und auch nach dem formalen Vollzug der Entscheidung hat es noch vier Jahre gedauert, die "Kultur der Instandhaltung zu zerschlagen". Wohlgemerkt: Wir haben explizit nach erfolgreichen Reorganisationsfällen gesucht und sind dennoch auf eine Reihe einschlägiger Hinweise gestoßen. Würde man - was aufgrund der Tabuisierung des Themas schwierig einzulösen wäre - gezielt nach gescheiterten Reorganisationen suchen, würde man sicherlich eine Fülle beweiskräftigen Materials finden.

Widerstand tritt zumeist nicht in Form von expliziten Koalitionen auf. Widerstandsformen von Vorgesetzten und Fachkräften können sich häufig auf die "Ausbeutung" von Lücken im System der formalen Autorität und des zugewiesenen Expertenstatus gründen. Sie "verkleiden" sich in einer Fülle von mit fachlichen Argumenten vorgetragenen Einwänden, die an traditionellen Orientierungen und Arbeitsweisen der Abteilungen und Berufsgruppen anknüpfen. Widerstandsaktionen können aber auch bis hin zur sichtbaren Insubordination und Sabotage gehen. Hierfür haben wir allerdings nur vereinzelte Hinweise. In solchen Fällen fällt dann auch mal das Stichwort "betriebsschädigendes Verhalten". Dermaßen zugespitzte Kontroversen werden mit den Vokabeln des Krieges umschrieben: "Das müssen sie doch mal so sehen, ich habe denen (den Meistern) regelrecht den Krieg erklärt, das ist eine Machtprobe." So skizziert einer der Promotoren die Auseinandersetzung in seiner Firma. Ein Meister hat sich seinerseits auf die Machtprobe eingelassen und mit seinen Möglichkeiten - kleinliche Schikanen gegenüber den unterstellten Teams sind nur ein Beispiel - dagegengehalten. Die Kontroverse endete mit der Ablösung dieses Meisters. Solche Formen offenen Widerstands, sichtbarer Insubordination und erkennbarer Sabotage treten zumeist erst dann ans Tageslicht der betrieblichen Öffentlichkeit, wenn daraus personelle Maßnahmen, d.h. die Ablösung von Führungskräften folgen.[56] Allein aufgrund geteilter Auffassungen und gemeinsam empfundener Statusgefährdungen kann sich gleichgerichtetes Verhalten von Gegenspielern im Reorganisationsprozeß ergeben, das keiner expliziten Übereinkunft und koordinierten Aktion bedarf. Wir finden aber auch in einzelnen Fällen abgestimmtes Verhalten von Vorgesetzten oder von gleichermaßen betroffenen Gruppen aus verschiedenen Abteilungen. Dies ist allerdings eher die Ausnahme. Nur bestimmte Gruppen wie Instandhalter, Meister in Großunternehmen, die traditionelle Bindungen an den Betriebsrat bzw. die Gewerkschaft haben, versuchen in abgestimmter Weise über die Interessenvertretung auf die Entscheidungen Einfluß zu nehmen (s.u.). Vielfach sind die Vorgesetzten jedoch traditionell auf individuelle Interessenvertretung orientiert, immer nur Kämpfer in eigener Sache gewesen. Die schließt nicht aus, daß sie informelle Netzwerke im Unternehmen zur Beeinflussung der Entscheidungen, zur "Stimmungsmache", zu nutzen suchen, was hochwirksam sein kann.

All diese Erfahrungen verweisen auf ein *betriebspolitisches Dilemma* der Dezentralisierungsprojekte. Einerseits berührt die Dezentralisierungspolitik notwendigerweise die Interessen relevanter Gruppen der mittleren und unteren Hierarchie und der Stäbe. Einbußen an Macht und Einfluß drohen, traditionelle und erwartete Karrierewege können verbaut werden, Status und professionelles Selbstverständnis dieser Gruppen kommen ins Wanken. Andererseits sind die Promotoren der Dezentralisierung zur organisatorischen Umsetzung und zur Bewältigung der zumeist unabsehbaren Risiken des Wandels - zumindest für ein gutes Stück des Weges - auf motivierte und loyale Mitarbeit der unteren und mittleren Hierarchie und der technischen Experten angewiesen. Oder pointierter ausgedrückt: Es muß sichergestellt werden, daß diese Gruppen gegebenenfalls an der Demontage ihrer eigenen Positionen mitarbeiten.

---

[56] Formen des Widerstandes, die an die Insubordination und Sabotage heranreichen, sind womöglich häufiger, als wir aufgrund der hochgradigen Tabuisierung des Themas erheben können. Aufgrund der Tabuisierung einer Infragestellung der Hierarchie ergibt sich aber auch das Ausweichen auf andere "weichere", weniger angreifbare und sichtbare Formen des Widerstands: die vielfältigen "fachlichen" und "sachlichen" Verkleidungen von Widerspruch und die Politik des "Ins-Leere-Laufen-Lassens".

So müssen die Initiatoren der Dezentralisierung bestrebt sein, die Folgebereitschaft von potentiellen Verlierern der Dezentralisierung weitgehend zu sichern oder doch zumindest Obstruktion zu verhindern. Frontale Strategien scheinen hier unangebracht. Ähnlich riskant scheint unter diesem Gesichtspunkt, allen betroffenen Gruppen in einem Zug die Neuerungen zuzumuten, selbst wenn alle diese Gruppen auf Dauer durch die entbürokratisierenden und enthierarchisierenden Wirkungen Federn lassen sollen. Die letztlich zu findende neue Organisationsstruktur bleibt zudem zu Beginn des Prozesses notwendigerweise unbestimmt, sie kann von den Promotoren nicht in einem Zug entworfen und umgesetzt werden[57]. Mittleres Management und technische Stäbe müssen an der Ausformung des Konzepts mitarbeiten. Die Promotoren der Dezentralisierung sind auf die Mithilfe der "Opfer" angewiesen, weil der bisherige Rationalisierungsmodus technischen und organisatorischen Sachverstand vor allem im mittleren Management und in den Stäben bündelte. Gerade dieser muß aber für die vielfältigen technischen und organisatorischen Probleme bei der Umstellung mobilisiert werden.

Darüber hinaus ist die Mithilfe der "Opfer" wünschenswert, weil die Kompetenzverlagerung auf die ausführende Arbeit selbst schlecht abschätzbare Risiken enthält. Alte, wohleingeübte Programme der Handlungsregulation werden außer Kraft gesetzt und neue sind noch nicht wirklich erprobt. Ein weites Feld von unstrukturierten Entscheidungssituationen entsteht, das durch "Führung" und neue nicht umstandslos voraussetzbare Führungsqualifikationen bearbeitet werden muß. Unklar bleibt auch erst einmal, ob die mit größeren Kompetenzen ausgestatteten Werkstattbeschäftigten die zugestandenen Handlungsfreiräume auch im gedachten Sinne - zur Optimierung von Abläufen und Produkten -, oder eben auch zur ungeplanten "Selbstregulation" von Leistungsanforderungen nutzen.

Der Spielraum der mittleren und unteren Hierarchie und der Stäbe im Reorganisationsprozeß darf aber auch nicht zu weit gefaßt sein, so daß der Dezentralisierungszweck verfehlt wird. Es stellt sich nämlich die Frage, ob die "Produktionsintelligenz vor Ort" wirklich zur Qualitätssicherung, Feinsteuerung, besseren Anlagennutzung und termingerechteren und flexiblen Lieferung genutzt werden

---

[57] In den untersuchten Fällen finden wir zum Teil recht vage Vorgaben des oberen Managements, die vielfältige Interpretationsspielräume offen lassen und in Projekten unter Beteiligung der betroffenen Gruppen in handhabbare Konzepte umgesetzt werden müssen.

kann, wenn nicht die Vorgesetzten von alten Führungsstilen Abschied nehmen und Stäbe nicht deutlich in ihren Kompetenzen beschnitten und gegebenenfalls auf neue Aufgabenfelder und ein neues Selbstverständnis orientiert werden. Ferner: Lohnt sich der ganze Aufwand der Kompetenzverlagerung in die Werkstatt überhaupt, wenn dem nicht deutliche, rechenbare Gewinne beim Hierarchie- und Bürokratieabbau gegenüberstehen? Wird nicht wirklich in der Hierarchie und in den ausufernden Stäben eingespart, dann führt die Dezentralisierung eventuell nur zu einer Verfestigung und Vertiefung der von Brödner beschriebenen "fehlgeleiteten Arbeitsstrukturen", in denen Kompetenz sozusagen doppelt vorrätig gehalten wird (vgl. Brödner 1985, S. 56f.). Dies wäre nicht nur unter Kostengesichtspunkten fatal, sondern im Hinblick auf die versprochenen Effekte wohl auch nicht sonderlich wirkungsvoll. Die Motivation der Werkstatt zu mehr verantwortlicher Selbstorganisation würde bei Aufrechterhaltung der alten Anweisungs- und Kontrollstrukturen auf Dauer wohl untergraben.

2. Betriebspolitische Konstellationen des Wandels

Wie ist nun aber angesichts des betriebspolitischen Dilemmas der Dezentralisierung dennoch Wandel möglich? Auf der Grundlage der Fallstudien können wir vier Faktoren identifizieren, die den organisatorischen Wandel anstoßen, am Leben halten und letzlich auch dafür sorgen, daß die betriebspolitischen Blockierungen der alten Akteurskonstellation überwunden werden können:

(1) die Wirkung von Unternehmenskrisen als Ferment für die Entstehung neuer Konzepte und zur Hebung der Durchsetzungschancen;

(2) die Herausbildung eines starken initiierenden und vorantreibenden Zentrums im oberen Management;

(3) die Rolle von neuen Leitbildern effizienter Organisation mit Orientierungs- und Legitimationsfunktion;

(4) die Herausbildung neuer Koalitionen von Akteuren bzw. Akteursgruppen.

Die vier Faktoren stehen hier isoliert nebeneinander, in der Realität wirken sie im "Konzert", wie wir zeigen wollen.

2.1 Krise und Krisenwahrnehmung

Eine Unternehmenskrise stand bei der Entstehung und Durchsetzung einschneidender, neuer Organisationskonzepte fast immer Pate. In der Krise kommt die Erkenntnis zum Tragen, daß es so wie bisher nicht weitergehen kann. Krise meint nun nicht unbedingt eine akute, das Unternehmen oder den Standort unmittelbar gefährdende Zuspitzung der Rentabilitätslage. Sie kann auch an anderen Indikatoren festgemacht werden, an einer im Vergleich zu aufstrebenden Konkurrenten deutlich verschlechterten Wettbewerbssituation, die Gefahren für die nähere Zukunft anzeigt, oder an deutlichen Signalen der Verschlechterung eines entscheidenden Wettbewerbsfaktors (z.B. der Liefertreue im "Zeitwettbewerb").

Zum Teil handelt es sich um Konzernunternehmen bzw. Fertigungswerke in größeren Unternehmenszusammenhängen, bei denen die Krise diejenige eines Standorts, einer Produktgruppe (Sparte) innerhalb des größeren Unternehmenszusammenhangs sein kann. Gerade im Zusammenhang von größeren strategischen Reorganisationen, bei denen Unternehmen die Fertigungstiefe oder die Marktorientierung überprüfen - Konzentration auf das "Kerngeschäft" ist hier das Stichwort - können akute Standortgefährdungen ausgelöst werden. Als Impuls, nach neuen Konzepten zu suchen, reicht das allemal.

Krisen sind aber keine Krisen, wenn sie nicht wahrgenommen werden. Es zeigt sich auch, daß die Krisenwahrnehmung an Wahrnehmungs- und Interpretationsmuster gebunden ist, die durch Leitbilder vermittelt werden. Die Wahrnehmung kann z.B. durch einen konjunkturellen Einbruch ausgelöst werden, in dem erst deutlich wird, daß die bislang als weitgehend unproblematisch wahrgenommene Unternehmensentwicklung nur durch Umsatzwachstum zugedeckt wurde. "Die äußere Krise (Umsatzeinbruch) hat die innere Krise aufgedeckt", so lautet eine der markanten Aussagen hierzu. Im Fall eines international tätigen Elektronikkonzerns ist die japanische Konkurrenz über die konzerninterne Standortkonkurrenz vermittelt vertreten. Wettbewerbsnachteile des eigenen Standorts gegenüber der japanischen Konkurrenz werden hier sehr viel unmittelbarer wahrgenommen. Die von den Promotoren ins Unternehmen getragenen neuen Leitbilder eröffnen in mehreren Fällen neue Blicke auf das Unternehmen, so daß bisherige

Strukturen als ineffizient erkannt werden. Erst auf dieser Grundlage entwickelt sich ein Krisenbewußtsein.

Wie auch immer das im Einzelfall ausgesehen haben mag: Erst das Krisenbewußtsein macht der Reorganisation Beine. Dies ist nicht verwunderlich, weil die massiven Widerstände, die gegen tiefgreifende Reorganisationen des geschilderten Typs zu erwarten sind, leicht die Oberhand behalten, solange man sich Overhead, lange Entscheidungswege und Koordinierungskosten noch leisten kann.[58] Inzwischen - nicht zuletzt durch die Studie von Womack u.a. (1991) - hat sich offenbar ein verbreitertes, von der jeweiligen konkreten Unternehmenssituation unabhängiges Bewußtsein der problematischen Wettbewerbsposition des "Standorts Deutschland" durchgesetzt. Zugleich brachen mit dem Ende der Sonderkonjunktur der "Vereinigung" Produktion und Absatz fast aller industriellen Branchen teilweise drastisch ein, so daß auf breiter Front der Blick auf neue Organisationskonzepte gelenkt wird. Dies zeigt sich in unserem Sample auf zweierlei Weise[59]: Zum einen werden Reorganisationsprojekte, die in der Produktion ihren Startpunkt hatten, weitergetrieben, erfassen andere Funktionsbereiche und die Managementstrukturen auf höheren Organisationsebenen. Zum anderen werden begrenzte Projekte von Gruppenarbeit verbreitert und zum allgemeinen oder überwiegenden Organisationskonzept für die Produktion erklärt.

Allerdings wirkt die Verallgemeinerung und Vertiefung der Krise auch gegenläufig. Wiewohl sie Auslöser für die Suche nach neuen Lösungen ist und die Durchsetzungschancen neuer Organisationskonzepte sich verbessern, weil die Parole des "Weiter so" kein Gehör mehr findet, können sich doch zugleich die Durchsetzungschancen neuer Organisationskonzepte verschlechtern. Die Krise verringert den Spielraum der Unternehmen zur Kompensation, zeitlichen Streckung und sozialverträglichen Abfederung der erwarteten bzw. eintretenden Produktivitätsgewinne.[60] Dies kann der Kompromißbildung den Boden entziehen,

---

[58] Vgl. zu den "konstruktiven Wirkungen" von Unternehmenskrisen, die es ermöglichen, "übernommene und erstarrte Strukturen aufzubrechen" Krystek (1989, S. 190).

[59] Diese Erkenntnisse stammen aus der Weiterverfolgung einiger Fälle über die Hauptuntersuchungsphase hinaus.

[60] Zuvor bestanden z.B. in einem Fall Kompensationsmöglichkeiten über die Personalverschiebung in andere Produktbereiche bzw. Werke des Unternehmens. Zum Teil kam es auch zur Eigenkündigung von Mitarbeitern, die mit der neuen Aufgabenzuweisung nicht zufrieden waren. Der externe Arbeitsmarkt ermöglichte diesen Schritt zu diesem Zeitpunkt offenbar

die für die Herausbildung stabiler Koalitionen des Wandels notwendig ist. Kampf "aller gegen alle" kann dann das Ergebnis sein. Auf diesen Gesichtspunkt kommen wir bei der Diskussion der Stabilitätsbedingungen von neuen Koalitionen noch einmal zurück. Auf der Grundlage unserer Ergebnisse, aber wohl auch nach dem allgemeinen Eindruck, den man auf den verschiedenen einschlägigen Kongressen gewinnt, kann die Hauptwirkungsrichtung der Krise - Beförderung oder Erschwerung des organisatorischen Wandels - gegenwärtig nicht entschieden werden. Beförderung der Planung und erster Umsetzungsschritte, aber Erschwerung der Realisierung und der Stabilisierung der neuen Organisationskonzepte, könnte eine Bewegungsform der beiden Tendenzen sein.

---

noch. Diese Kompensationsmöglichkeiten entfallen bei einer Verallgemeinerung und Vertiefung der Krise.

2.2 Herausbildung eines starken initiierenden und vorantreibenden Zentrums im oberen Management

Zumeist findet man starke, identifizierbare Figuren im oberen Management, die für neue Organisationskonzepte stehen: Machtpromotoren und "Visionäre" zugleich.[61] Wenn sich solche Promotoren nicht etablieren können, sie resignieren oder ausscheiden, kommt es zu Rückschlägen, Stockungen oder zum Scheitern.

Bei den Promotoren handelt es sich vielfach um führende Produktionsmanager bzw. Werksmanager. Das erklärt sich aus dem Umstand, daß traditionell auf der Produktion der größte Kostendruck lastet, sie traditionell am intensivsten durchleuchtet und vermessen wird. Hier wird dann am ehesten deutlich, daß man neue Wege gehen muß[62]. Allerdings brauchen diese Promotoren Rückendeckung "von ganz oben". Dies scheint insbesondere dann wichtig, wenn durch die Reorganisation Interessen von Bereichen außerhalb der Produktion berührt werden: Sei es, daß sie in die Reorganisation unmittelbar einbezogen werden, sei es, daß sie für Rahmenbedingungen sorgen müssen, die Reorganisation in der Produktion überhaupt ermöglichen.

Krise, personeller Wechsel im oberen Management und die Herausbildung von Promotoren können Hand in Hand gehen. In einigen Fällen sind es von außen kommende, neue Figuren, "Sanierungsmanager", die den Vorteil haben, mit

---

[61] Über die Bedeutung von Promotoren aus dem oberen Management wird auch in der industriesoziologischen Forschung über organisatorisch innovative Implementierungen neuer Technologien berichtet: die Fälle "Fertigungsinsel" bei Hirsch-Kreinsen/Wolf (1987, S.188) und die "strukturinnovativen Betriebe" bei der Implementierung von CIM-Komponenten bei Schultz-Wild u.a. (1989). Die Autoren betonen die entscheidende Rolle des Topmanagements in ihren Fällen "strukturinnovativer" CIM-Implementation. "Strukturinnovative Betriebe weichen in zentralen Produktionsbereichen durchgängig vom tayloristischen Rationalisierungsparadigma ab. Die betriebliche Arbeitsteilung wird nicht nur in ihrer fachlichen, sondern auch in ihrer funktionalen und hierarchischen Dimension abgebaut" (ebd., S.194). Dieser Typ entspricht unserer Definition "echter" Dezentralisierung. Hier sind die Implementationsprozesse durch "dauernde Beteiligung und Dominanz des Topmanagements (...), das sich teilweise in internen Machtkämpfen gegen innerbetriebliche 'Fürstentümer' durchsetzen muß" (ebd., S. 204), gekennzeichnet.

[62] So werden vorhandene Probleme mit der Liefertreue und den Auftragsdurchlaufzeiten zuallererst in bezug auf die Durchlaufzeiten in der Produktion thematisiert und angegangen, auch wenn sich herausstellt, daß die gesamte Prozeßkette dafür verantwortlich ist und die Fertigung nur den geringeren Teil verantwortet.

anderem Blickwinkel auf die Unternehmenssituation zuzugehen, nicht in den Traditionen des Hauses befangen und in gewachsene Beziehungsnetze mit all ihren Verpflichtungen zur Rücksichtsnahme verwoben zu sein. Hier ist vorausgesetzt, daß die Eigentümer, die eine neue Geschäftsführung bestellen, zum einen davon überzeugt sind, daß die bisherigen Wege der Rationalisierung ausgereizt sind und die bisherige Geschäftsführung den Umschwung nicht schaffen kann, und zum anderen, daß das allgemeine Konzept ("Philosophie", Leitbild) der neuen Figur Erfolg bringt. Dies geht natürlich nur dann, wenn das präsentierte Leitbild mit Überzeugungskraft vorgetragen wird und in Industrie und Wissenschaft ausreichend legitimiert ist. Solche Chancen für organisatorischen Wandel ergeben sich beim Generationswechsel in eigentümergeführten Unternehmen oder beim Übergang von eigentümergeführten zu managergeführten Unternehmen.

Die Promotoren stehen in aller Regel mit ihrer Person für neue Leitbilder, Visionen, Zukunftsbilder des Unternehmens oder des jeweiligen Zuständigkeitsbereichs, die sie mit Suggestivkraft vertreten und mit Energie und "politischem Geschick" im Unternehmen durchsetzen.[63] Auf dieser Grundlage können sie ein Kernteam der Veränderung im Unternehmen oder Unternehmensteil um sich scharen, ein initiierendes und vorantreibendes Zentrum.

Die Rekonstruktion der Herausbildung des initiierenden Zentrums ist schwierig, nicht zuletzt weil heikle Fragen der Reputation von Managern angesprochen werden, die nicht die "Zeichen der Zeit" erkannt haben. Die Rekonstruktion gelingt in den vorliegenden Fallstudien aufgrund der Materiallage nicht immer oder nur in Ansätzen. Weitere Untersuchungen zu diesem Punkt wären hilfreich, gerade um Bedingungen organisatorischen Wandels bzw. die Durchsetzung neuer Leitbilder in Unternehmen besser erfassen zu können. Hierfür wäre die Verknüpfung der Innen- und Außenperspektive von Organisationen nötig; insbesondere die Rolle von Eigentümern, Hauptkreditgebern, in einigen Fällen aber auch von mächtigen Kunden, die Einfluß auf die Auswahl von Top-Managern nehmen, wäre zu untersuchen. Es gibt vereinzelte Hinweise, daß in Unternehmenskrisen gerade Banken, die das Risiko einer Sanierungsfinanzierung übernehmen sollen, Einfluß auf diese Entscheidungen nehmen. An welchen Gesichtspunkten - normativen und kognitiven Konzepten und Macht- und Einflußchancen - sie sich hierbei orientieren, wäre dann von Interesse.[64]

---

[63] Vgl. auch Mintzberg (1983, S. 23) zur allgemeineren Charakterisierung von "Machtakteuren". Hiernach benötigt ein Machtakteur irgendeine relevante Machtquelle (hier formale Autorität), die sich mit "Handlungsenergie" und "politischem Geschick" verbindet.

[64] Einen theoretischen Rahmen für eine solche auch externe Akteure einbeziehende Machtperspektive auf Organisationen könnten die "Machtkonfigurationen" Mintzbergs (ders. 1983, vgl. auch Faust 1992) darstellen. Auch die "strategische Organisationsanalyse" konzipiert die "Umwelt (von Organisationen, d.V.) selbst als ein von Machtbeziehungen strukturiertes

2.3 Überzeugungskraft eines neuen Leitbilds

Es ist unmittelbar einsichtig, daß eine Krise allein noch nichts ändert. Situationen können womöglich erst aufgrund veränderter Wahrnehmungs- und Deutungsmuster als "krisenhaft" bewertet werden. Auch die erwähnten Promotoren bringen ja nur etwas Neues, wenn sie nicht die Lösungen in alten Rezepten suchen. Oder wie Ortmann (1990, S. 102) es umschreibt: "Rote Zahlen schweigen darüber, wie sie wieder schwarz werden."

Noch in den 80er Jahren, insbesondere nach der Rezession von 1981/82 wurde vielfach das Heil in der Vision der vollautomatisierten Fabrik und EDV-technischen Integration und Steuerung (CIM, PPS) gesucht (vgl. auch Brödner 1985). Auf steigende Overhead-Kosten wurde zumeist mit globalen Personalreduzierungskampagnen nach dem Rasenmäherprinzip geantwortet (vgl. u.a. Berger 1984), wobei man dann bald feststellen mußte, daß der Rasen in den unveränderten Strukturen schnell wieder nachwächst. Heute scheint da vieles einfacher - wenn man die Konjunktur des Leitbilds der Lean Production und die parallel dazu einhergehende konjunkturelle Talfahrt der CIM- und Vollautomationsvisionen bedenkt.[65]

Die hohe Konjunktur neuer Organisationskonzepte, von Gruppenarbeit, flacher Hierarchie und Entbürokratisierung sollte aber nicht vergessen lassen, daß noch vor einigen Jahren, als einige der hier behandelten Reorganisationen anstanden, so mancher Abteilungsleiter einer Arbeitsvorbereitung, weite Teile der Ingenieurszunft und nicht zuletzt viele EDV-Spezialisten (mit Unterstützung der EDV-Beraterbranche und der EDV-Hersteller) lieber noch ein paar Jahre auf die Ver-

---

Handlungsfeld" (Ortmann u.a. 1990, S. 59).

[65] Wahre "Paulus"-Erlebnisse bei Managern und einschlägig ausgewiesenen, beratend tätigen Wissenschaftlern lassen sich hier verzeichnen. Hochautomation und globale EDV-Vernetzung (CIM) werden heute als Ursachen von Unternehmenskrisen gehandelt, während sie noch einige Jahre zuvor als die zentralen Problemlöser firmierten (zum Niedergang des Computermythos vgl. Faust 1992, S. 19ff.). Und auch die Software-Industrie orientiert sich um: Nicht nur dezentrale Leitstandkonzepte, sondern auch Programme zur Computerunterstützung von Gruppendiskussionen und Teamsitzungen werden unter Hinweis auf die gestiegene Bedeutung von Gruppen- und Teamarbeit feilgeboten.

vollkommnung einer zentralen, bis ins letzte Detail planenden Produktionsplanung und -steuerung über EDV setzte, als Planungs- und Steuerungsaufgaben in die Werkstatt zu verlagern. In einigen Fällen bahnte erst das mehr oder weniger offensichtliche Scheitern ambitionierter EDV-technischer Lösungsversuche und Automationskonzepte den Weg für neue Ideen.

Theoretische Angebote für neue Leitbilder gab es auch schon Mitte/Ende der 80er Jahre als die hier behandelten Dezentralisierungsprojekte ihren Ausgang nahmen (vgl. Brünnecke u.a. 1992). Die wiederkehrenden Kerngedanken der Konzepte waren in einigen Fällen den durch die Diskussion um Lean Production ins Blickfeld gerückten Gesichtspunkten und Modellen sehr ähnlich und hatten zudem den gleichen Ursprung in japanischen Vorbildern: "Japanese Manufacturing Techniques" (Schonberger 1982) und das Just-in-time-Konzept (Wildemann 1988) waren konzeptionelle Bezugspunkte von Reorganisation. Auf Prinzipien "exzellenter Unternehmen" (Peters/Waterman 1982) wurde rekurriert. Die Wiederentdeckung der Wertschöpfung als Basis des Unternehmenserfolgs und die Zurückführung von indirekter und Stabstätigkeit auf Dienstleistungen waren orientierungsbildend. Aber auch die Modellüberlegungen des "Ausschusses für Wirtschaftliche Fertigung" (AWF) spielten in mehreren Fällen eine wichtige Rolle. Leitbilder konnten sich dann besonders fest etablieren, wenn sie mit konkreten, erfahrbaren Vorbildern verknüpft waren. Besuche bei solchen vorbildhaften Unternehmen bildeten in einigen Fällen den Grundstock für die Stabilisierung von Überzeugungen und die Verbreiterung der Basis der Überzeugten. Die in einem Unternehmen jeweils vorkommenden Ausprägungen von Leitbildern können pragmatisch Gedanken aus verschiedenen Quellen kombinieren. Die auf Markt- und Kundenbeziehungen und die internen Abläufe und Strukturen orientierten Modelle und Leitideen werden zumeist mit personalpolitischen und Führungsgrundsätzen kombiniert. "Kooperativer Führungsstil", "Mitarbeiterbeteiligung", "Vertrauen", "Anerkennung und Ernstnehmen aller Mitarbeiter im Unternehmen" sind wiederkehrende Stichworte.

Die "Kunst" der Promotoren besteht nun darin, allgemeine Leitbilder mit den konkreten Gegebenheiten des Unternehmens und der jeweiligen Markt- und Produktstrategie zu einem schlüssigen, überzeugungsträchtigen Konzept zu verbinden. Die Leitbilder haben meist einen Ideenüberschuß gegenüber den konkret anvisierten Projekten. Ein Mindestmaß an zeremonieller Inszenierung und symbolischer Überhöhung gehört auch dazu. Eine Mischung aus rational-analytischer

Überzeugungskraft und bildhafter Suggestionskraft ist typisch. Rein analytische Konzepte bilden jedenfalls nicht den Ausgangspunkt des Veränderungsprozesses; analytische Verfahren werden eher nachgeschoben, wenn es an die Umsetzung und Überprüfung geht. Bezugspunkte von Leitbildern sind auch immer die größeren Zusammenhänge des Unternehmens und der Kooperation der Beteiligten, nicht nur der enge Rahmen eines konkreten Werkstattprojekts. Das heißt nun nicht, daß die konkreten Reorganisationsprojekte sich aus den übergeordneten Leitbildern ableiten ließen. Dafür sind diese zu vage und interpretationsbedürftig. Die Leitbilder lassen Raum für Interpretationen und damit für verschiedene, konkrete Lösungen. Macht und Einflußnahme verschiedener Akteursgruppen im Unternehmen füllen diesen Spielraum dann erst aus.

Aus den Fallstudien kann man auch die Schlußfolgerung ziehen, daß konkrete Reorganisationsprojekte in der Fertigung, die "nur" auf einer relativ engen funktionalen Begründung basieren, gefährdet sind, abgekapselt zu werden und gewissermaßen argumentativ austrocknen. Das Umfeld, Vorgesetzte, indirekte Bereiche und die anderen Funktionsbereiche verharren in den überkommenen Orientierungen. Ein übergeordneter Gesichtspunkt der Reorganisation fehlt. Rückschläge und stockende Entwicklung können die Folge sein. Ein neuer Anlauf mit einer breiteren Reorganisationsperspektive und einem übergeordneten Leitbild der Organisationsentwicklung bringt dann erst wieder Schwung in den Prozeß der Umgestaltung, der auch das Werkstattprojekt stabilisieren hilft.

Auf der Grundlage von Leitbildern kann es den Promotoren gelingen, Unterstützer zu gewinnen, Gefolgschaften zu organisieren und Zweifler und Gegner zumindest die argumentative Basis zu entziehen. Nicht zu unterschätzen ist auch die Bedeutung von konkreten *Vorbildern*, vorbildhaften Unternehmen, in denen die Leitbilder in geronnener Form als gangbarer und erfolgträchtiger Weg präsentiert werden können.[66] Tagungen, auf denen erfolgreiche Fälle präsentiert werden, haben hier genauso ihren Stellenwert wie ausgedehnte Reisetätigkeiten zu vorbildhaften Unternehmen, zu denen Skeptiker und potentielle Bündnispartner (Betriebsrat) mitgenommen werden. Auf seiten der als vorbildhaft geltenden Unternehmen drückt sich dies in einem anhaltenden Besucherstrom aus. Die symbolisch-legitimatorische Bedeutung, auf gangbare und erfolgträchtige Vor-

---

[66] Vgl. zur Rolle von Vorbildern bei der Durchsetzung eines neuen Paradigmas Piore/Sabel (1985, S. 55f.).

bilder verweisen zu können, zeigt sich dabei nicht zuletzt darin, daß sich die Besucher oftmals mit recht vordergründigen Eindrücken und formalen Erfolgsausweisen zufrieden geben müssen und auch zufrieden geben.[67] Die neuen Leitbilder und darauf gegründeten Konzepte hatten es in den untersuchten Fällen nicht leicht, sich in der Diskussion durchzusetzen. Zu kraß war oft der Kontrast zu Wohlvertrautem und langjährig Praktiziertem, gerade bei bisherigen Meinungsbildern und Experten. Zum Teil spielen hier Unternehmensberater und sonstige externe Experten eine wichtige Rolle als Vermittler von Orientierungswissen und als Legitimationsinstanz. Einfluß gewinnen sie aber in dieser Rolle nur dann, wenn die Initiatoren sie ins Spiel bringen. Ohne deutlich sichtbare Rückendeckung durch interne Machtpromotoren können Berater intern mit noch so suggestiv vorgetragenen, überzeugungsmächtigen Ideen und Konzepten nichts ausrichten. Dies schließt nicht aus, daß Berater und externe Experten den konzeptionellen Hintergrund für die Promotoren liefern können und somit zur Herausbildung des initiierenden Zentrums beitragen. Hartnäckige Überzeugungsarbeit war letztlich in allen Fällen nötig[68] und immer wieder stellte sich heraus, daß die schnelle Zustimmmung und der ausbleibende Widerspruch nur tiefverwurzelte Ablehnung oder andauerndes Unverständnis kaschieren. Am konkreten Fall läßt sich dann oft nicht entscheiden, wo die Überzeugungsmacht der neuen Orientierung aufhört und die Orientierungskraft der Promotorenmacht anfängt. Manchem Manager oder technischem Experten, der sich irgendwann gezwungen sieht, das zu tun, was ihm widerstrebt oder nicht einleuchtet, fällt es leichter, den Wandel zu vollziehen, wenn er seine bisherige Orientierung zumindest nach außen hin aufgibt.

Die Karriere der Lean Production als neuem Leitbild - soweit sie sich heute abzeichnet - macht die Reorganisationsprozesse leichter, insofern sie die alten Leitbilder rationaler Organisation noch gründlicher demontieren hilft, als das ohnehin schon der Fall war, und den Promotoren in den Unternehmen weit mehr

---

[67] Als wiederkehrend genanntes Referenzunternehmen fungierte ein bekannter HdA-unterstützter Reorganisationsfall. Ein interessantes Phänomen, das ein Licht auf eine veränderte Rolle von Wissens- und Erfahrungstransfer aus HdA-Projekten wirft, nachdem sich die Großwetterlage zugunsten neuer Organisationskonzepte gewendet und sich damit das "Angebot an kognitiven und normativen Möglichkeiten" geändert hat (vgl. Braczyk 1992, S. 202).

[68] "Ich kann nicht Krieg führen im Betrieb, immer auf's Neue, ich muß ein überzeugendes Fundament bieten" - so hat dies einer unserer Gesprächspartner formuliert.

externe Legitimation für ihre Bemühungen verschafft als noch in den späten 80er Jahren.[69] Über die Stabilität dieser Entwicklung läßt sich aber zum gegenwärtigen Zeitpunkt nichts Verläßliches aussagen. Zudem bleibt weiterhin ein nicht unbeträchtlicher Interpretationsspielraum bei der betrieblichen Umsetzung des Leitbilds und der konkreten Ausformung der sich darauf berufenden Projekte.[70] Die wirkliche Bewährungsprobe der neuen Konzepte steht noch aus.

2.4 Neue Koalitionen

Mit den bisher benannten Faktoren haben wir aber nur die "halbe Miete". Auch starke Promotoren brauchen Verbündete und neue Leitbilder relevante Akteure und Akteursgruppen, die sich der Sache wirklich annehmen. Zur Durchsetzung des Wandels müssen sich "neue Koalitionen" herausbilden. Etwas vereinfacht gesprochen: Der bislang vorherrschende tayloristisch-fordistische Rationalisierungsansatz bestand im Kern in der weit vorangetriebenen Effizienzsteigerung der unmittelbaren Fertigungsarbeit durch Arbeitsteilung und Mechanisierung/Automation. Dies ging mit dem Abzug planerischer, dispositiver und indirekter Funktionen in wachsende und ausdifferenzierte Spezialabteilungen und mit der Herausbildung eines tiefgestaffelten Leitungssystems einher. Dem entsprach - betriebspolitisch betrachtet - eher eine "alte" Koalition aus oberem Management, mitt-

---

[69] Diese Einschätzung stützt sich auf Rückmeldungen aus den beteiligten Unternehmen zu einem späteren Zeitpunkt, aber auch auf eine Vielzahl von Praxisberichten aus jüngerer Zeit in Wirtschaftspresse und auf Fachkongressen.

[70] Vgl. u.a. Reiß (1993), der zwar einerseits versucht, den orientierenden Kern von Lean Management herauszuarbeiten, andererseits aber auch unterschiedliche Lesarten des "schillernden" Konzepts feststellt: "Falsch ist es außerdem, mit 'dem' schlanken Unternehmen eine einzige Erscheinungsform von Fitness zu assoziieren. Lean Management ist tatsächlich ein schillerndes Konzept, das ein ganzes Spektrum von Varianten umfaßt. Diese sind entweder stärker durch die Funktionsprinzipien des Total Quality Management (TQM) oder des Gemeinkostenmanagements (GKM) geprägt" (S.180).

lerem und unterem Management und den indirekten Abteilungen (sozusagen den Profiteuren dieser Entwicklung) gegen die operativen Bereiche.[71] Der neue Rationalisierungsansatz verfolgt in unterschiedlicher Weise das Ziel, die skizzierte Entwicklung durch Dezentralisierung und Funktionsintegration wieder ein Stück weit zurückzunehmen. Damit wird aber die Geschäftsbasis der bisherigen betriebspolitischen Koalitionen untergraben. Verlierer der Rationalisierung gibt es jetzt nämlich auch im mittleren Management und den indirekten Abteilungen; Gewinner hingegen deutlich auch in den operativen Bereichen. Schon die Entwertung bisheriger beruflicher Standards und die erzwungene Abkehr vom bisherigen beruflichen Selbstverständnis können ausreichen, um eine Selbsteinschätzung als Verlierer zu erzeugen. Die *subjektive* Sicht ist handlungsleitend.

Auf Grundlage der Fallstudien unterscheiden wir zwei Typen von betriebspolitischen Konstellationen, zwei Typen von Koalitionen des Wandels: gruppenorientierte Koalitionen des Wandels und leitbildorientierte Koalitionen des Wandels.

Bevor wir uns den beiden Koalitionstypen empirisch nähern und auf deren Voraussetzungen und Erfolgsbedingungen näher eingehen, wollen wir theoretische Überlegungen explizit machen, die der verwendeten Typologie zugrundeliegen.

Theoretischer Exkurs: Betriebspolitik und Koalitionen; Interessendifferenzierungen und Koalitionstypen

Wie in der Einleitung (Kap. I) ausgeführt, gehen wir von der grundlegenden Überlegung aus, daß sich Organisationswandel nicht allein unter einer funktionalen Perspektive verstehen läßt. Welche Organisationsstrukturen, Verfahrensweisen und Personaleinsatzkonzepte als rationale Mittel zur Erreichung des Organisationszwecks gelten, ob die für rational gehaltenen Mittel sich auch von der Organisationsspitze über die Machtmittel formaler Autorität durchsetzen und zum Leben erwecken lassen, welche konkreten Formen von Dezentralisierung und mit

---

[71] Tatsächlich ist die "alte" Koalition mindestens ebenso differenziert wie es neue Koalitionen sind. Namentlich finden wir beträchtliche Differenzierungen zwischen den Kernbereichen tayloristisch/fordistischer Rationalisierung in der Massenproduktion und den traditionell kundenorientierten Branchen mit Klein- und Mittelserien, die oftmals die tayloristischen Prinzipien nur unvollkommen und gebrochen zur Anwendung brachten.

welcher Reichweite sich letztlich bewähren oder ob sich von der Organisationsspitze anvisierte Veränderungen nur teilweise, in modifizierter Form oder eventuell sogar gar nicht realisieren lassen, hängt von den betrieblichen Macht- und Akteurskonstellationen, von der Herausbildung von Koalitionen ab, die den Wandel tragen.[72] Dementsprechend hebt unser Untersuchungsansatz auf die Interessenlagen, Optionen und Machtressourcen relevanter Akteursgruppen im Dezentralisierungsprozeß ab.

Wir konzipieren Koalitionen als gleichgerichtete Handlungsströme von relevanten Akteuren bzw. Akteursgruppen auf der Grundlage zumindest partiell gleichgerichteter Interessen und/oder geteilter Überzeugungen. Die gleichgerichteten Handlungsströme können auf expliziten Übereinkünften beruhen, die sich in informellen Abmachungen aber auch in formalisierten Verfahren (Verträgen, Vereinbarungen) niederschlagen können. Von Koalitionen wollen wir aber auch auf der Grundlage nur impliziter Übereinkünfte von Akteursgruppen oder bei nur emergentem Gleichklang der Einflußnahme verschiedener Akteursgruppen sprechen. Als Koalitionen erkennbar werden diese (impliziten) Formen aber nur dann, wenn sie zumindest im nachhinein als gleichgerichtetes, einen bestimmten Zweck beförderndes Handeln interpretiert werden können. Methodisch gesehen setzt dies entsprechende Interpretationen der ins Geschehen involvierten Akteure voraus.

Koalitionen können für spezifische Zwecke zustandekommen und bei Zweckerfüllung wieder zerfallen, so daß sich neue Akteurskonstellationen bilden können. Koalitionen können aber nicht nur aus diesem Grund befristet sein; durch Veränderungen des Aktionsfeldes (vgl. auch Scott 1986, S. 352ff.) können Begründungen und Anlässe zur Koalitionsbildung im Zeitverlauf entfallen und

---

[72] Die macht- oder koalitionstheoretische Perspektive auf Organisationen, die einem solchen Blick auf Organisationswandel zugrundeliegt, ist nicht als ausschließliche Perspektive auf Organisationen zu verstehen. Sie wird von uns als komplemetäre Perspektive zu einer institutionellen oder kulturellen Perspektive auf Organisationen verstanden, mit der sie verschränkt ist. Leztere hebt auf die Rolle von Leitbildern (vgl. u.a. Ortmann u.a. 1990) und rationalisierten Mythen (vgl. Meyer/Rowan 1977) "richtiger", effizienter und effektiver Organisationsgestaltung ab, die das Handeln der Akteure orientieren und legitimieren. Beide Perspektiven - die macht- und koalitionstheoretische und die institutionelle oder kulturelle - "leben" sozusagen in den Lücken des zweckrationalen Organisationsmodells bzw. der funktionalen Erklärungen des Organisationswandels (vgl. Faust 1992). Sie erwachsen auf dem Boden "begrenzter Rationalität".

Koalitionen zerbrechen oder sich auflösen. Sie können sich aber auch strukturell verfestigen und über längere Zeit Bestand haben, wenn sie an stabile Macht- und Interessenkonstellationen rückgebunden sind.

Akteure bzw. Akteursgruppen gewinnen nur dann betriebspolitischen Einfluß, wenn sie in irgendeiner Weise auf Machtressourcen zurückgreifen oder privilegierten Zugang zu Machtquellen haben und willens und "politisch geschickt" sind, diese Ressourcen zur Verfolgung von Interessen einzusetzen (vgl. Mintzberg 1983, S. 23). Die Machtquelle kann in unmittelbarer oder abgeleiteter formaler Autorität[73] verankert sein, auf der Verfügung über eine kritische Fertigkeit oder einen kritischen Wissensbestand (professionelle Machtquelle) beruhen, als auch aus der "politischen" Ausbeutung erstgenannter Quellen erwachsen (vgl. Mintzberg 1983).

Wenn wir von Koalitionen zur Beeinflussung von Zielen und Aktionen von und in Organisationen ausgehen, dann erhebt sich die Frage, was bindet Akteure und Akteursgruppen zusammen, so daß sie Koalitionen eingehen können bzw. Koalitionen entstehen. Unsere erste, allgemeine Antwort besteht in dem Verweis auf gemeinsame Interessen von individuellen Akteuren und geteilte Überzeugungen. Daraus ergibt sich aber als nächstes die Frage, ob wir allgemein gültige, unternehmensübergreifende und relativ stabile Gruppierungen von Interessenlagen oder Überzeugungen zugrunde legen können, die Basis von Koalitionsbildung ausmachen, und worauf diese sich gegebenenfalls stützen können.

An (hypothetischen) Akteursgruppen orientierte Konzepte der Interessendifferenzierung und Koalitionsbildung

Als wir das hier vorgestellte Forschungsprojekt konzipierten, hatten wir eine an "hypothetischen Akteursgruppen" (Staehle u.a. 1990, S. 26) orientierte Vorstellung von Koalitionsbildung. Noch ohne expliziten Bezug auf diesen später von Staehle u.a. (ebd.) übernommenen Begriff, unterstellten wir, daß in den zu untersuchenden Prozessen des Organisationswandels die in Abteilungen und Funktionsbereichen des Unternehmens sedimentierten, langfristig verfestigten Inter-

---

[73] Über unmittelbare formale Autorität verfügt natürlich die Organisationsspitze, aber über institutionalisierte Rechte auch die Interessenvertretung. Abgeleitete formale Autorität, "Amtsautorität" findet sich auf allen Stufen der Hierarchie als delegierte formale Autorität.

essen von Akteursgruppen für die Koalitionsbildung ausschlaggebend sind. Entsprechend gingen wir für unseren Untersuchungszweck in Anlehnung und Modifikation des Mintzbergschen Konzepts der internen Akteursgruppen ("groups of influencers", vgl. Mintzberg 1979, 1983) von folgenden relevanten Gruppen im Unternehmen aus: oberes Management, mittleres Linienmanagement, untere Vorgesetzte, technische Stäbe, operativ Beschäftigte, Betriebsrat (und die ihn tragenden Gewerkschaften) (vgl. Brünnecke u.a. 1992).

Diese typisierte "innere Koalition" wurde von Mintzberg schon im früheren Buch (1979) verwendet. In "Power in and around Organizations" (1983) werden darüberhinaus die Einflußnahme der externen Akteure (in der Diktion von Mintzberg die "äußere Koalition") und das Wechselspiel der internen und externen Akteure bzw. Akteursgruppen einbezogen. Damit liegt ein interessanter, u.E. fruchtbarer Ansatz zur handlungs-/akteursbezogenen Rekonstruktion der Umwelten und der "Systemimperative" (vgl. Berger 1984) von Organisationen vor.[74] Diese erweiterte Perspektive auf Macht und Akteure "in und um" Organisationen lag der ursprünglichen Konzeption unseres Untersuchungsansatzes nicht zu Grunde. Für die spezifische Fragestellung trägt auch der Blick auf die interne Koalitionsbildung weitestgehend. Wir gewannen aber verschiedene Hinweise, daß der erweiterte Blick auf Einflußnahme von externen Akteuren (Banken, Eigentümer, Kunden, Lieferanten) für die Erklärung des organisatorischen Wandels und seiner Ausprägungen eine wichtige Ergänzung darstellt. Systematisch können wir das mit unserem Fallmaterial (das ja selbst durch den Filter der überwiegend "internen" Perspektive gegangen ist) nicht einholen. Wir belassen es bei einzelnen Bemerkungen an gegebener Stelle.

Der Auswahl dieser Akteursgruppen war die eher implizite Vorstellung relativ homogener Interessenlagen und Einflußnahme dieser Gruppen in bezug auf die interessierenden Veränderungen der Organisationsstrukturen unterlegt.[75] In diese implizite Vorstellung können wir den Begriff der "hypothetischen Akteursgruppe" einlesen, den Staehle u.a. (1990) in bezug auf "Interessendifferenzierungen im Management" konzipiert haben. Danach knüpfen hypothetische Akteursgruppen an "langfristig verfestigten, personenunabhängig verankerten, strukturell

---

[74] Vgl. auch die Konzeption der Beziehungen zur "Umwelt" als Macht- und Austauschbeziehungen in der "strategischen Organisationsanalyse" (Ortmann u.a. 1990, S. 59).

[75] Es zeigt sich hieran auch deutlich, daß Koalitionen in bezug auf Zwecke, bzw. definierte Probleme konzipiert werden müssen, auf die sich dann Interessenlagen, betroffene Akteure und Machtmittel beziehen. Was im Hinblick auf eine organisatorische Veränderung zu einer spezifischen Koalition führen kann, kann in bezug auf die Einrichtung einer Betriebssportgruppe zu ganz anderen Gruppierungen führen (z.B. Fußballinteressierte vs. Tischtennisinteressierte), um es an einem drastischen Gegensatz zu demonstrieren (vgl. in der Perspektive des Konzepts der "innerbetrieblichen Handlungskonstellation" Weltz/Lullies 1984, S. 156).

bedingten Interessenkonstellationen" (ebd., S. 26) an. Nach Staehle u.a. erschließen sich solche hypothetischen Akteursgruppen in einer "deterministischen Perspektive" auf Interessendifferenzierungen, womit die Unterstellung gemeint ist, daß solche Interessendifferenzierungen durch vorgängige Strukturen bestimmt ("determiniert") werden. Eine solche Vorstellung kann auf einige gute Gründe verweisen.[76] Wir nehmen drei wesentliche Ursprünge für die Herausbildung solcher verfestigter Interessendifferenzierungen an:

(1) *Außerbetriebliche berufliche Sozialisationsprozesse* von Akteuren, die ein gemeinsames berufliches Aufgabenverständnis, geteilte Orientierungen, die oft über das außerbetriebliche professionelle Netzwerk (Berufsverbände, Fachtagungen, Kontakte zu Fachkollegen aus anderen Organisationen) dauerhaft gepflegt werden, und kulturelle Selbstverständlichkeiten (Umgangsformen, Sprach- und Kommunikationsstile) hervorbringen, die in der Organisation weiterwirken. Berufliche Sozialisationsprozesse begründen darüberhinaus vielfach gemeinsamen gesellschaftlichen Status, der in die Organisation hineinreicht.

(2) *Betriebliche Sozialisationsprozesse*, die auf solchen beruflichen Sozialisationsprozessen aufbauen oder auch unabhängig davon zu einem geteilten Aufgabenverständnis und Status innerhalb einer Abteilung oder eines Funktionsbereichs und an die jeweilige Subeinheit der Organisation gebundene Loyalitätsverpflichtungen begründen. Diese Identifikation beruht ihrerseits auf der Erfahrung, auf dieser Grundlage den eigenen betrieblichen Status sichern und ausbauen zu können. Diese betrieblichen Sozialisationsprozesse müssen eine hinreichende Stabilität aufweisen, damit sie in der angesprochenen Form wirksam werden können. Sie sind vielfach an tradierte, oftmals institutionalisierte Karrierewege gebunden.

---

[76] Die Industriesoziologie, die traditionell kein ausgefeiltes begriffliches Instrumentarium zur Beschreibung und Analyse von Koalitionen zur Verfügung hat, geht dort, wo sie sich über die beiden Akteurspole Management und Belegschaft hinaus mit der Einflußnahme von einzelnen Akteursgruppen beschäftigt, intuitiv und implizit üblicherweise von einem solchen Modell der hypothetischen Akteursgruppen aus. So wenn auf die Interessen und das Interessenhandeln *der* Meister, *der* Arbeitsvorbereitung, oder größerer funktionaler Bereiche wie *dem* Vertrieb, *der* Konstruktion/Entwicklung etc. z.B. im Prozeß der Technikimplementation abgehoben wird. Der weit verbreiteten Rede von solchermaßen konzipierten kollektiven Akteuren in empirischen Untersuchungen ist ein solches Verständnis strukturell begründeter und verfestigter Interessenlagen unterlegt, bei der zumindest eine partielle Interessenübereinstimmung von den Vorgesetzten und den sonstigen Beschäftigten dieser Funktionsbereiche oder Abteilungen im Hinblick auf das jeweilige Reorganisationsprojekt unterstellt wird.

(3) In Organisationen verbreitete *"Spiele" zum Aufbau, Erhalt und Ausbau von Macht* auf der Grundlage individueller Konkurrenz um Status und Privilegien (Belohnungen), die in den Lücken der formalen Autorität und des Expertentums entsteht und zugleich diese Machtquellen ausbeutet.[77]

Auf der Grundlage solcher Spiele entstehen und entfalten sich dann verselbständigte positionale und professionelle Interessen von Akteuren und Akteursgruppen (vgl. auch Weltz/Lullies 1984, S. 156). Hierunter würden die von Mintzberg beschriebenen Machtspiele in Organisationen wie das "alliance-building game", das "empire-building game", das "budgeting game", das "expertise game" und "line versus staff game" fallen (vgl. Mintzberg 1983, S. 194ff.). Von der Machtausdehnung von Abteilungen, Bereichen, Positions- oder Berufsgruppen in Organisationen profitieren dann womöglich alle Beteiligten (Vorgesetzte und Untergebene innerhalb der jeweiligen Einheit) hinsichtlich Arbeitsautonomie, Status, Beschäftigungssicherheit, Aufstiegsmöglichkeiten und Bezahlung oder diverser Privilegien, wodurch sich das verbreitete Phänomen gleichgerichteten Interessenhandelns aller Mitglieder einer "Abteilung" in ihren "Außenbeziehungen" innerhalb der Organisation erklären und die Rede von solchermaßen konzipierten kollektiven Akteuren plausibel werden läßt. Die Arbeitsvorbereitung, die Qualitätssicherung, der Vertrieb, die Konstruktion/Entwicklung werden dann nicht nur in wissenschaftlichen Beschreibungen, sondern auch in den Selbst- und Fremdbeschreibungen in Reorganisationsprozesse verstrickter Akteure als denkende und handelnde Einheiten, als kollektive Akteure thematisiert.

Solche an professionelle Standards und Orientierungen oder an Subeinheiten der Organisation gebundene Identitäten offenbaren sich - wie unsere Fallstudien zeigen - gerade in Prozessen organisatorischen Wandels, die diese Einheiten in Frage stellen, in vielfältigen Formen: in Widerstandsaktionen, in kollektiven Verunsicherungen über die eigene Rolle, im Festhalten an Arbeitsroutinen und Symbolen. Wie die Fallstudien und unsere Präsentation im folgenden zeigen, sind

---

[77] Vgl. ausführlicher Mintzberg 1983, S. 171ff., zusammenfassend Faust 1992, S. 76ff. In der Terminologie von Mintzberg handelt es sich hierbei um "Politik" im engeren Sinne, also um das Wirken nicht legitimierter Machtausübung in den Poren des "Systems der Autorität", des "Expertentums" und der geteilten "Ideologie" der Organisation, also den legitimen Systemen der Machtausübung (vgl. Mintzberg 1983): "Politics refers to individual or group behaviour that is informal, ostensibly parochial, typically divisive, and above all, in the technical sense, illegitimate - sanctioned neither by formal authority, accepted ideology, nor certified expertise (though it may exploit any one of these)" (ebd., S. 172).

die betriebspolitischen Konstellationen der Dezentralisierungsfälle zumeist von solchen vorgängigen gruppenbezogenen Sozialisationsprozessen und Identitäten geprägt, die die Um- bzw. Neugruppierung von an hypothetischen Gruppen orientierten Koalitionen hervorbringen.

Eine andere Deutung von Interessendifferenzierungen: Leitbildorientierte Koalitionen in einer "voluntaristischen Perspektive"

In Zuge der Erhebungen stießen wir dann aber auf Situationsdeutungen durch befragte "Mitspieler" bezüglich der Akteurskonstellationen im Reorganisationsprozeß, die nicht in das Bild der gruppenorientierten Koalitionsbildung passen wollten.

Das war zum Teil eine sehr eindrucksvolle Erfahrung in der Interviewsituation. Während wir nach der Einflußnahme auf die Entscheidungs- und Umsetzungsprozesse durch verschiedene "Gruppen" im Unternehmen fragten, verweigerten sich die Befragten explizit einer solchen Zuordnung ihrer Erfahrungen, sondern differenzierten über Gruppen hinweg. Auch auf die von uns gestellte Frage nach "Gewinnern" und "Verlierern" wurde uns in diesen Fällen die an hypothetischen Akteursgruppen orientierte Zuordnung explizit verweigert. Die Differenzen zum gruppenorientierten Blick auf Interessendifferenzierungen und Koalitionen gingen deutlich über die auch in einer solchen Perspektive zu tolerierenden Abweichungen vom Idealtyp hinaus und waren nicht auf die einzurechnende Auflösung bestehender Gruppenidentitäten nach erfolgter Reorganisation zurückzuführen. Ein anderer Blick auf Interessendifferenzierungen und Koalitionsbildung erwies sich als notwendig.

Wir haben einen zweiten Typ von Koalitionsbildung konzipiert, den wir für unseren Untersuchungszweck "leitbildorientierte Koalition" nennen. Dieser Typ impliziert eine andere Deutung von Interessendifferenzierungen. Staehle u.a. (1990) bezeichnen sie in Abgrenzung zur "deterministischen Perspektive" als "voluntaristische Perspektive" auf Interessendifferenzierungen im Management. Diese sind nach Staehle u.a. "allein ein Phänomen relativ kurzfristiger, wechselnder Koalitionen interner Stakeholders, also allein Ergebnis subjektiver Handlungsrationalitäten" (ebd., S. 26). Zu Recht weisen die Autoren darauf hin, daß es sich um unterschiedliche Interpretationen von Interessendifferenzierungen im Management und darauf aufbauende Koalitionen handelt und nicht um sich ausschließende Modelle. In diesem Sinne könnte man, wie das die Autoren nahelegen, die "voluntaristische Perspektive" für bestimmte Phänomene in Organisationen (Problem-, Entscheidungstypen in Organisationen) reservieren, bei denen die verfestigten Interessendifferenzierungen nicht in gleicher Weise zum Tragen kommen. Dies würde auch die "kurzfristigen und wechselnden" Koalitionen erklären, die sie hierbei im Auge haben. Wir können aber die voluntaristische Perspektive auch in anderer Weise verwenden, sie für unseren Untersuchungszweck zuschneiden. In Organisationen, in denen gruppenorientierte Interessendifferenzierungen und Identitäten nicht oder nur rudimentär entwickelt sind, gruppen-, abteilungs- oder funktionsbezogene Loyalität schwach, Loyalität zur Gesamtorganisation demgegenüber stark ausgeprägt ist, können sich für den Prozeß der Organisationsreform Koalitionen des Wandels herausbilden, deren Bezugspunkt das Leitbild des Organisationswandels darstellt, auf das sich abteilungs- und funktionsübergreifend Akteure beziehen.[78] Gravierende Veränderungen der Organisation, Eingriffe in Organisationsstrukturen und Statusverteilungen in der Organisation, wie wir sie mit den Dezentralisierungsprojekten im Blick haben, würden bei Existenz gruppenorientierter Interessendifferenzierungen mit diesen in Konflikt kommen. Wenn wir uns leitbildorientierte Koalitionen nicht nur als "kurzfristige und wechselnde Koalitionen" vorstellen, die neben gruppenorientierten Interessendifferenzierungen und darauf aufbauender Koalitionsbildung ihren Platz haben, müssen wir einen anderen Strukturtyp von Managementorganisation unterstellen. Diesen anderen Typ von Managementorganisation haben wir mit dem Begriff "gering kristallisiertes Management" bedacht. "Gering kristallisiertes Management" umfaßt Formen der Managementrekrutierung, -selektion und -promotion, die oben beschriebenen Sozialisationsprozesse, die zu gruppenorientierten Identitäten führen, vermeiden oder neutralisieren.

Die Verhinderung verfestigter professioneller oder abteilungs- bzw. funktionsbereichsbezogener Gruppenidentitäten im Management kann prinzipiell mit der Formierung von solchen Identitäten und Interessensdispositionen auf den operativen Ebenen einhergehen.[79] Wir können auch unterstellen, daß die operativ Be-

---

[78] Das von Mintzberg (1983, S. 204f.) skizzierte "Rival Camps Game" beschreibt z.B. die Bildung von "Lagern" bei der Entscheidung über eine bedeutende Veränderung der Organisation, wenn diese mit einer Veränderung der strategischen Orientierung, der "Mission" der Organisation ("shift in mission") einhergeht (die "alte Garde" gegen die Neuerer, die "young turks").

[79] Ob und inwieweit die Sozialisationsprozesse im Management und in den jeweiligen Beschäftigtengruppen der Abteilungen/Bereiche gleichförmig verlaufen, ist eine empirische Frage. Hier kann mit einer erheblichen Bandbreite der Abweichungen gerechnet werden. Allerdings ist zu vermuten, daß an die operativ Beschäftigten in den Funktionsbereichen nicht in gleichem Umfang Erwartungen an Mobilität und Flexibilität gerichtet werden können wie an die Manager.

schäftigten Unsicherheitszonen besetzen und damit auf Machtressourcen zurückgreifen können, die in der Regel in "kritischen" Fertigkeiten oder Wissensbeständen zu suchen sind. Diese können im organisatorischen Wandel vielfältig zum Tragen gebracht werden, nicht zuletzt in Formen hinhaltenden Widerstands, quasi in Verstößen gegen den "Geist" der anvisierten Veränderung. Diese Möglichkeiten können durchaus von den Promotoren des Wandels antizipiert werden und in die Entscheidungsprozesse von vorneherein eingehen.

Die Einflußmöglichkeiten dieser Gruppen sind aber deutlich geringer einzuschätzen, wenn das Management der entsprechenden Funktionsbereiche und Abteilungen nicht mitzieht. Widerstandsmöglichkeiten werden nachhaltig und systematisch geschwächt, der Gruppenzusammenhalt als Basis für gleichgerichtete Einflußnahme untergraben. Organisiertes, über die formale Hierarchie koordiniertes Interessenhandeln der Gruppen, das Eingang finden könnte in die Entscheidungs- und Planungsprozesse, ist in diesem Fall ausgeschlossen. Dennoch organisiert vorgetragene Interessen dieser Gruppen stehen dann unvermeidlich in dem Geruch "illegitimer" Aktion. Die Gruppeninteressen sind dann allenfalls über die betriebliche Interessenvertretung verfolgbar, müssen aber dort in den Prozeß der Interessenaushandlung der betrieblichen Vertretung eingebracht werden, in dem andere, relevantere Gruppeninteressen schon die besten Startplätze belegt haben.

Weil "gering kristallisiertes Management" an die vorgängige Managementorganisation gebunden ist, ist die Herstellung einer leitbildorientierten Koalition für das obere Management im Reorganisationsprozeß keine frei wählbare Option. Wir belassen es hier bei der typisierenden Gegenüberstellung der Koalitionen, die in der Folge bei der Interpretation des Fallmaterials ihre Fruchtbarkeit beweisen müssen und dort auch weiter illustriert werden.

Einem möglichen Mißverständnis ist vorzubeugen. Die Gegenüberstellung von "leitbildorientierten" und "gruppenorientierten" Koalitionen könnte suggerieren, daß in letzterem Fall Leitbilder keine Rolle spielen. Nach unserem Verständnis von Rationalisierungsprozessen in Organisationen spielen Leitbilder immer orientierende und legitimierende Funktion für die eingeschlagenen Wege und getroffenen Maßnahmen. Unter den Bedingungen gruppenorientierter Interessendifferenzierungen brechen sich die leitbildinspirierten und -legitimierten Dezentralisierungsprozesse in besonderer Weise an den durch die gruppenorientierten Interessendifferenzierungen gegebenen betriebspolitischen Blockaden und Hemmnissen. Das Leitbild gibt aber auch in diesem Fall zugleich den "Kitt" ab, der die neue gruppenorientierte Koalition zusammenhält; es liefert die gemeinsame Interessenperspektive, Orientierung und Legitimation der Koalitionäre.

Koalitionstypen und Ausprägungen

Wir haben zu Beginn des Kapitel V.2.4 zwei empirisch angeleitete Typen von Koalitionen unterschieden: gruppenorientierte und leitbildorientierte Koalitionen des Wandels. Nach den Ausführungen über das theoretische Vorverständnis wollen wir nun diese beiden Koalitionsformen genauer betrachten.

Bei der *Gruppenorientierten Koalition des Wandels* handelt es sich um eine Koalition des initiierenden Zentrums im oberen Management mit den operativ Beschäftigten und dem Betriebsrat, der in den Werkstattbeschäftigten seine Hauptklientel sieht, gegen das mittlere und untere Management und die indirekten Bereiche als "Modernisierungs- und Sozialpakt" neuen Typs. Vom Typ der "alten" Koalition abhebend können wir diesen Wandel der betriebspolitischen Konstellation auch als "Bündniswechsel" fassen. Dieser Begriff hat allerdings den Nachteil, daß er die Intentionalität der Prozesse zu stark betont und damit zu Mißverständnissen Anlaß gibt.

Diese Konstellation geht mit einer aktiven Einbeziehung des Betriebsrats von seiten des Managements und einer konzeptionellen Einflußnahme des Betriebsrats auf den Reorganisationsprozeß einher, in dem sich oftmals neue Strukturen der Zusammenarbeit zwischen Management und Betriebsrat in gemeinsam besetzten Projektgruppen und Lenkungsausschüssen herausbilden.[80] Diese neuen Kooperationsformen ersetzen oder unterminieren aber keineswegs die rechtlich verbindlichen Mitbestimmungsmöglichkeiten der Betriebsräte, sie setzen sie vielmehr voraus. Konfliktbewußtes Co-Management der Betriebsräte ist Element *und* Ergebnis dieser neuen Koalition. Mit dieser sozialwissenschaftlichen Kurzformel (vgl. Müller-Jentsch 1988a, S. 286f., auch Dörre u.a. 1993, die einen ähnlichen Typ von "neuer Koalition" im Auge haben) für die Entwicklung der betrieblichen Arbeitsbeziehungen haben die betreffenden Betriebsräte keine Selbstverständnisprobleme, zuweilen aber Legitimationsprobleme gegenüber ihrer Gewerkschafts-

---

[80] Dort, wo neue Formen der Zusammenarbeit entstehen, werden diese als Bruch mit den bisherigen Beziehungen zwischen Management und Betriebsrat verstanden, in denen der Betriebsrat als "vernachlässigbare Größe" wahrgenommen wurde.

organisation. Die Promotoren auf der Seite des Managements, die sich in diesen Konstellationen zu veränderten Kooperationsformen und zum Teil auch Mitbestimmungsformen bereit finden, können sich ihrerseits bei formaler Fixierung dieser Formen von seiten ihrer Verbandsorganisation Legitimationsprobleme einhandeln.

In solchen Konstellationen sehen sich die Betriebsräte, ganz anders als bei traditioneller Schutzpolitik, aber auch bei Prozessen der Technikeinführung und -gestaltung, in die Pflicht für die gesamte Unternehmensentwicklung genommen. Weitreichende Informationen und schonungslose Offenlegung der prekären Unternehmenssituation durch die Promotoren im Management stehen zum Teil am Anfang einer solchen Annäherung. Die Betriebsräte sehen keine Alternative zu einer verstärkten Verantwortungsübernahme und dazu, sich auf den Prozeß der Umgestaltung einzulassen und eigene konzeptionelle Beiträge zu liefern. In der Hauptsache sehen sie darin Chancen erweiterter Einflußnahme, die auch das Risiko rechtfertigen, für eventuell problematische Ergebnisse gegenüber ihren Wählern gerade stehen zu müssen.

Bei der *Leitbildorientierten Koalition des Wandels* handelt es sich um eine Koalition des Wandels, die sich auf der Grundlage des vom initiierenden Zentrums ausgegebenen neuen Leitbilds auch quer zu den durch die gewachsenen Strukturen gegebenen hypothetischen Gruppen formiert. Die Koalition, die Neuerung trägt, wird hier eher über die Zustimmung zu den neuen Leitbildern gebildet, also nach eher individuellen Überzeugungen und einer individuellen Chancenabwägung.

Unter solchen Bedingungen ist der Reorganisationsprozeß einfacher zu bewältigen, weil Widerstände weniger stark in Gruppeninteressen und überkommenen Beziehungsgeflechten gebündelt sind und dadurch weniger wirksam werden können. Eine solche leitbildorientierte Koalition kann nur dort zustande kommen, wo die frühere Praxis der Organisation und Rekrutierung des Managements die Ausbildung starker Gruppenidentitäten verhindert hat. Wir bezeichnen dies auch als "gering kristallisiertes Management". Hier sind die Promotoren des Wandels deutlich weniger auf das aktive Mitspielen der operativ Beschäftigten und ihrer betrieblichen Interessenvertretung angewiesen.

Beide Typen von Koalitionen können nun *verschiedene Ausprägungen* erfahren. Die Ausprägungen können sich nach dem Typ des jeweiligen Reorganisationsprojektes richten (Selbstorganisation oder Intrapreneurmodell). So finden wir z.b. eine Koalition von Promotoren aus dem oberen Management und der Werkstatt (operativ Beschäftigte und untere Vorgesetzte) gegen die Stäbe bzw. indirekten Abteilungen. Hierbei wird an frühere (partielle) Werkstattbündnisse von Meistern und Werkstattbeschäftigten gegen die Dominanz der indirekten Abteilungen angeknüpft (vgl. auch Hirsch-Kreinsen/Wolf 1987, S. 190). "Vereint gegen die Stäbe" - so haben wir diese Ausprägung einer neuen Koalition genannt (vgl. Brünnecke u.a. 1992, S. 25f.), die am ehesten bei Dezentralisierungskonzepten nach dem Intrapreneurmodell denkbar sind. Das Gegenstück hierzu ist eine Koalition gegen die unteren und gegebenenfalls mittleren Führungskräfte unter Einschluß oder zumindest Neutralisierung indirekter Bereiche. Angebote der Selbstorganisation an die operativen Beschäftigten sichern das Mitmachen dieser Gruppe und ihrer Interessenvertretung.

Es läßt sich aber auch die umgekehrte Wirkungsrichtung zwischen den Dezentralisierungstypen und den betrieblichen Koalitionen beobachten. Weil die Projekte notwendigerweise konzeptionell unabgeschlossen bleiben und ein bedeutsamer, prozessual auszufüllender Interpretationsspielraum der zugrundeliegenden Leitbilder bleibt, beeinflussen die betrieblichen Koalitionen die Ausprägungen der Modelle selbst. Neue Organisationskonzepte und betriebliche Akteurskonstellationen beeinflussen sich in einem verschränkten Prozeß. Der organisatorische Wandel geht eben nicht in funktionalen Größen auf.

So können auf der Grundlage von Fortschritten der (operativen) Dezentralisierung in der Produktion und den dadurch veränderten Machtkonstellationen erweiterte und neugruppierte Koalitionen entstehen. Die "Fernwirkungen" operativer Dezentralisierung in der Produktion können als Ergebnis einer erweiterten und neugruppierten Koalition des gestärkten Produktionsmanagements gegen zentrale Stäbe und andere Funktionsbereiche gegebenenfalls unter Einschluß der schon "verschlankten" fertigungsnahen indirekten Bereiche, die nun nach Kompensation "weiter oben" suchen, interpretiert werden.

Tabelle 4:
Koalitionstyp

Fall	A	B	C	D	E	F	G	H	I	J
Leitbildorientierte Koalition	●			●						
Neue gruppenorientierte Koalition		●			●	●		●	●	●
Keine neue Koalition bzw. nicht erfaßt			●				●			

Voraussetzungen neuer Koalitionen

Die beiden Koalitionstypen sind an bestimmte Voraussetzungen geknüpft, die vorgängig vorhanden sein oder sich in betrieblichen Aushandlungsprozessen herausbilden müssen. Die Koalitionen sind somit voraussetzungsvoll und ihre Stabilität ist gefährdet.

Wir präsentieren im folgenden die wichtigsten Voraussetzungen und "Funktionsprinzipien" der beiden Koalitionstypen. Die systematisierende Darstellung - auf die wir uns hier beschränken müssen - kann aber nicht die je betriebs- bzw. unternehmensindividuelle "Anschauung" der Genese von Koalitionen und ihrer Erfolgsbedingungen bzw. Gefährdungen ersetzen.

Voraussetzungen gruppenorientierter Koalitionen - Entstehung und Charakter neuer Bündnisse

Von einem neuen Bündnis zwischen Promotoren im oberen Management und operativ Beschäftigten und Betriebsräten gegen die potentiellen Verlierer im mittleren Management und in den indirekten Bereichen zu sprechen, erscheint überspitzt. Es handelt sich um informelle, implizite, oft den Beteiligten selbst nur halbbewußte Bündnisse.[81] Solche Bündnisse entstehen nicht notwendigerweise in allen Fällen intentional über bewußte Bündnisangebote, sondern können auch über die Bearbeitung von Konflikten über einen längeren Zeitraum erwachsen, in dem beide Seiten die Absichten und Befürchtungen der jeweiligen Gegenseite erst genauer kennenlernen, so daß auf dieser Grundlage gegebenenfalls Vertrauensbeziehungen entstehen können. Dennoch sind diese informellen und impliziten Bündnisse betriebspolitisch wirksam.

Wir bewegen uns hier in einer Grauzone der Interpretation. Die meisten Dezentralisierungsprojekte enthalten ja Elemente, die den Intentionen des Betriebsrats entgegenkommen, also ein "Angebot" darstellen. Dies allein wollen wir aber nicht gleich zu einem Bündnisangebot erklären. Dennoch kann es in konkreten Fällen so gemeint und dann auch so verstanden werden. Zumindest in zwei der untersuchten Fälle verstehen die Promotoren die frühe Einbeziehung des Betriebsrats in das Dezentralisierungsprojekt als Versuch, den Betriebsrat für das Vorhaben zu gewinnen, als ein Bündnisangebot, auch wenn es nicht mit diesem Vokabular versehen wurde. Hierbei antizipierten sie nicht nur, daß die Interessenvertretung über ein erhebliches Störpotential verfügt, das es zu neutralisieren gilt, sondern auch deren den Umsetzungsprozeß befördernde Möglichkeiten. So betont einer der Promotoren, der mit seinem Konzept zugleich offensiv auf die Gewerkschaft IG Metall und auch direkt auf die Werkstattbeschäftigten zugeht: "Also ich mache vom ersten Gedanken nichts ohne Betriebsrat - hat sich immer ausgezahlt. Der Betriebsrat spielt eine wichtige Rolle, weil er die Schaltstelle zu der Belegschaft ist." Dem Betriebsrat und den operativ Beschäftigten wird mit dem neuen Konzept ein Angebot gemacht, das beide aufgreifen. Der Betriebsratsvorsitzende spricht selbst von "einer Art Bündnis" mit dem Promotor, der seinerseits angibt:

"wenn ich auch hier Unternehmensvertreter bin, ich hab' mehr Unterstützung gehabt für die Sache vom Betriebsrat hier im Haus. Die haben die Gruppen (...) ganz nah gestützt, konkret umgesetzt (...). Das ist ein schönes Erlebnis eigentlich gewesen. Und wenn sie so arbeiten, dann haben sie auch keine Schwierigkeiten, mal Überstunden oder 'was zu kriegen."

---

[81] Ortmann u.a. (1990, S. 398f.) sprechen in einer ähnlichen Fassung des Koalitionsbegriffs von "impliziten sozialen Arrangements" (vgl. auch darauf bezugnehmend Minssen u.a. 1991, S.441).

Von "Bündnis" werde im Unternehmen zwar nirgends gesprochen und könne auch nicht gesprochen werden, vermerkt einer der befragten Manager eines anderen Unternehmen, aber "... die Cleveren" wüßten natürlich, daß "wir gemeinsam mit den Betriebsräten auch die Führungskräfte aushebeln müssen. Nur das dürfen sie nicht laut sagen. (...) Wenn wir die Instandhaltung reintegrieren wollen, da ist es durchaus auch mal ganz gut, wenn da der Betriebsrat an der einen oder anderen Stelle ein bißchen auf seine Art und Weise forciert".

Von Promotoren der neuen Konzepte wird hervorgehoben, daß die frühzeitige Information und Einbeziehung des Betriebsrates nicht nur von Nutzen ist, um langwierige Auseinandersetzungen über mitbestimmungsrelevante Tatbestände zu vermeiden. Es kann über die Beteiligung des Betriebsrates auch gelingen, wichtiges Wissen von der Basis zu mobilisieren und Engagement "von unten" zu fördern, das ohne die institutionelle Einbeziehung der Interessenvertretung nicht hätte mobilisiert werden können. Hieran wird deutlich, daß "Vertrauen" als Katalysator und willkommener "Vereinfacher" des Wandels eine institutionelle Verankerung benötigt - ein Gesichtspunkt der in der gegenwärtig inflationären Verwendung des Begriffs vielfach untergeht. In anderen Fällen sind die Erkenntnisse beim Management erst im Laufe von harten Konflikten um mitbestimmungsrelevante Fragen gewachsen. Ein Teil der Entscheidungen bei solchen Reorganisationen ist unmittelbar mitbestimmungspflichtig (Versetzungen, personelle Maßnahmen, Lohn- und Leistungsfragen). Somit können die Rechtspositionen der Betriebsverfassung Einstiegspunkte für veränderte Arbeitsbeziehungen werden. Wir konnten in mehreren Fällen einen Wandel im Kooperationsstil zwischen oberem Management und Betriebsrat registrieren, der mit personellem Wechsel im Management verbunden war (vgl. Herausbildung eines initiierenden Zentrums). In anderen Fällen kann auf eingeübte Muster "kooperativer Konfliktverarbeitung" zurückgegriffen werden, die jetzt mit neuen Akzenten versehen werden.

Ferner gibt es Hinweise dafür, daß ein solches neues Bündnis nur dann eine Chance hat, wenn für relevante Beschäftigtengruppen in der Werkstatt erkennbar neue Optionen entstehen. Hier zeigen sich deutliche Grenzen, wenn der Wandel bei Formen paralleler Dezentralisierung stehen bleibt, ohne in einen Prozeß weiterer Organisationsentwicklung einzumünden. Vorwiegend symbolische Angebote an die operativ Beschäftigten können zwar den Einstieg für eine neue Konstellation bieten, erschöpfen sich dann aber schnell. Veränderte Bündniskonstellationen werden im Unternehmen mit feinem Gespür registriert: Daß z.B. der

Betriebsrat nun vor dem mittleren Management informiert und einbezogen wird, wird vom letzteren mit Unbehagen bemerkt.
Die neuen Bündnisse bleiben gefährdet. Wechselseitiges Kennenlernen der Bruchlinien und möglichen Überforderungen bleibt notwendig. Hierbei spielen die folgenden Gesichtspunkte eine wesentliche Rolle:

Das Vertretungsdilemma des Betriebsrats

Bei gruppenorientierten Koalitionen kann es zu einer Überforderung der Betriebsratsgremien bei dem Versuch kommen, die Interessen zwischen verschiedenen Beschäftigtengruppen auszugleichen, auf deren zumindest passive Folgebereitschaft der Betriebsrat bzw. die ihn tragende betriebliche Gewerkschaftsorganisation angewiesen ist. Dies betrifft vor allem die Abstimmung zwischen den direkten Arbeitern, den aufgestiegenen Facharbeitern in den indirekten Abteilungen (z. B. Instandhaltung, Qualitätswesen) und den unteren Führungskräften (Meistern). Bei beiden Gruppen handelt es sich vielfach um Abkömmlinge der traditionellen Klientele. Ein hoher gewerkschaftlicher Organisationsgrad ist bei diesen Beschäftigtengruppen (insbesondere in Großbetrieben) nicht selten.

Zwischen Arbeiter- und Angestelltenvertretern in den Betriebsratsgremien können Konflikte entstehen, die am ehesten in gewerkschaftlichen homogenen Betriebsratsgremien aufgefangen werden können. Generell ist die Fraktionierung von Betriebsratsgremien für die Herausbildung stabiler Koalitionen hinderlich.[82] Es lassen sich nur rudimentäre Ansätze für eine stärkere gruppenorientierte Interessenformulierung einzelner Beschäftigtengruppen innerhalb der Gewerkschaft bzw. innerhalb oder in bezug auf das Betriebsratsgremium beobachten. Dies gilt

---

[82] Die Bedeutung dieses Gesichtspunktes erschließt sich wohl erst richtig in international vergleichender Perspektive. So zeigt z.B. Scheinecker (1988, S.183) am Beispiel der Einführung von Teamkonzepten bei General Motors, Österreich, daß die Existenz eines getrennten Arbeiter- und Angestelltenbetriebsrats in Österreich auf der Grundlage des im Teamkonzepts "strukturell angelegten Konflikts zwischen Meistern und Teams" zur "Spaltung zwischen den betrieblichen Interessenvertretungen der Arbeiter und Angestellten" führt (ebd.). Im internationalen Vergleich erweist sich auch, daß die bundesdeutsche Gewerkschaftsstruktur mit der Institution der einheitsgewerkschaftlichen Industriegewerkschaften gegenüber weltanschaulich oder beruflich fragmentierten Gewerkschaftsstrukturen für die Herausbildung stabiler Koalitionen des Wandels günstigere Ausgangsbedingungen aufweist (vgl. Brünnecke u.a. 1991).

allenfalls für Meister und Instandhalter in Großunternehmen. Dort haben die verschiedenen Beschäftigtengruppen in der Regel auch ihre eigenen Vertreter im Betriebsratsgremium, so daß sich die Kontroversen im Management in diesem Kreis ein Stück weit wiederfinden:

"Diejenigen, die Arbeiter in der Produktion zu vertreten haben, die sagen natürlich, soviel wie möglich Instandhaltung in die Produktion, soviel wie möglich Kontrolle in die Arbeitsplätze, weil natürlich auch die Arbeiterplätze von der Qualität her - wir haben eine analytische Arbeitsplatzbewertung - an Bedeutung gewinnen würden. (...) Der Betriebsrat, der natürlich die Arbeiter zu vertreten hat, die Instandhaltung machen, der sagt natürlich, so wenig wie möglich dort hinein, weil ja da seine Kollegen Geld oder auf jeden Fall Kompetenzen verlieren, ob es Geld ist, darüber müssen wir nochmal reden, ob das für die überhaupt etwas bedeutet." Die Instandhalter versuchen über ihre Vertreter im Betriebsrat Einfluß zu nehmen: "Ich selber komme ja auch aus der Instandhaltung und meine Kollegen haben mich natürlich schon gewarnt und haben gesagt: 'Das darfst du aber nicht zulassen, daß das so passiert'." Dieser Betriebsrat sieht seine Rolle daher in der Moderation der aufkommenden Konflikte und versucht, auf eine vereinheitlichende Position des Betriebsrates bzw. der Gewerkschaft im Betrieb hinzuarbeiten: "Aber wenn man mit diesen (den Instandhaltern, d.V.) dann entsprechend diskutiert, dann kommt man - sagen wir mal - schon auf eine gemeinsame Linie. Es ist also nicht so, daß da ein absolutes "Nein" vorhanden ist." Ihm schwebt ein Kompromiß vor, bei dem den Instandhaltern "praktisch nicht so viel genommen wird, wobei man den anderen (den Produktionsarbeitern, d.V.) ja durchaus die Arbeit etwas anreichern kann." Unklar ist dem Betriebsrat aber "nach wie vor, wo die Grenzen kommen" und damit auch, wo eine konkrete, tragfähige Kompromißlinie liegen könnte, ob das Vertretungsdilemma ohne harte Bruchlinien in Betriebsrat und Gewerkschaft ausgehalten werden kann.

Aus diesem Grund sind die Betriebsräte auch bestrebt, harte Bruchlinien mit negativ betroffenen Beschäftigtengruppen, die in Großunternehmen ja durchaus einen größeren Umfang annehmen, zu vermeiden. So wenn z.B. zum Ausgleich für den durch den Hierarchieabbau verringerten Meisterbedarf eine verringerte Führungsspanne gefordert wird und für die Vorarbeiter, deren Funktion durch die Einführung der gewählten Gruppensprecher entfällt und die selbst nicht zu Gruppensprechern gewählt werden, ein Abgruppierungsschutz vereinbart wird und ihnen Weiterbildungsangebote vorgeschlagen werden, die es ihnen ermöglichen sollen, sich auf andere Positionen zu bewerben.

Greifen die Reorganisationsprozesse weiter nach oben in die Angestelltenbereiche und berühren die Interessen von Beschäftigtengruppen, die traditionell der betrieblichen und gewerkschaftlichen Interessenvertretung fern stehen, bleiben diese Interessen bei der Politikformulierung durch den Betriebsrat eher ausgeblendet. Dies muß für die traditionelle Legitimationsbasis der Betriebsräte keine unmittelbare Bedeutung haben, steht aber doch im Gegensatz zu der in den letzten Jahren von den Gewerkschaften formulierten Absicht, die Basis ihrer Organisation auf technische, kaufmännische und akademisch gebildete Beschäftigtengruppen auszudehnen. Der notwendige Spagat der Interessenvertretung wird größer. Betriebsräten und Gewerkschaftsvertretern insbesondere aus den Angestelltengruppen ist dieses Dilemma der Interessenvertretung durchaus bewußt. In der offiziellen gewerkschaftlichen Politikformulierung wird dem aber bislang konzeptionell kaum Rechnung getragen.

Im Haupttenor gewerkschaftlicher Stellungnahmen zu den neuen Organisationskonzepten bzw. in der Rezeption der Lean Production knüpft man an das Versprechen aufgewerteter, autonomerer Fabrikarbeit und entbürokratisierter und enthierarchisierter Organisation an. Teamkonzepte und Gruppenarbeit als neue Orientierungspunkte erscheinen zugleich anschlußfähig an die jahrelangen Forderungen der Gewerkschaften, "qualifizierte Gruppenarbeit" einzuführen. Die Debatte um Lean Production eröffnet die Möglichkeit, das Management für Versäumnisse der Vergangenheit zu kritisieren und verspricht somit Entlastung auf anderen Feldern der Standortdiskussion (Arbeitszeit, Lohnkosten). Demgegenüber sind in den offiziellen Stellungnahmen die potentiellen oder auch schon akuten Probleme für die "Verlierergruppen" und das daraus entstehende Vertretungsdilemma eher unterbelichtet. Das drückt sich exemplarisch in einer Stellungnahme des ehemaligen IGM-Vorsitzenden Franz Steinkühler aus dem Jahre 1989 aus:

"Wenn die Bundesrepublik High-Tech-Land bleiben will, dann braucht sie in Zukunft Menschen, die autonom und flexibel entscheiden und in den Arbeitsprozeß selbständig eingreifen können. Der Taylorismus hat einen gegenteiligen Menschentyp herangezogen. Heute braucht man noch eine ganze Garde von Reparaturschlossern, Aufpassern, Vorarbeitern, Vizemeistern, das kann doch alles wegfallen" (Wirtschaftswoche, 19.5.1989). In einer Stellungnahme in der Mitgliederzeitung der IG-Metall zur Lean Production (vgl. Die zweite Revolution 1991) werden der "bürokratische Irrsinn" der nach tayloristischem Vorbild organisierten Fabriken und "vollfette Manager" gegeißelt und unter Berufung auf das Konzept Lean Production "flache Hierarchien", "selbständige Teams" und "sinnvolle (Produktions-)Arbeit" gefordert. Resümierend kommt der Artikel zu der Botschaft: "Das alles rechnet sich vorteilhaft für beide Seiten. Für die Arbeitnehmer stehen unter dem Strich eine sinnvollere Arbeit, erweiterte Qualifikationen und damit mehr Lohn. Für die Unternehmer werden solche Mehrkosten bei weitem von den Rationalisierungsgewinnen übertroffen, die sie durch effizientere Arbeit und höhere Qualität einstreichen" (ebd., S. 13). Der Artikel zitiert den Gesamtbetriebsratsvorsitzenden von VW, der auf einer Betriebsversammlung forderte: "Wir müssen die dicke bürokratische Lehmschicht, die überall hemmt, blockiert und verzögert, endlich durchbrechen. die alten Zöpfe im Management müssen endlich abgeschnitten werden" (ebd., S. 11). In ähnlicher Weise wird der Gesamtbetriebsratsvorsitzende von Mercedes-Benz in einer Zeitungsmeldung zitiert, in der er die "aufgeblähte Hierarchie und gewaltige Bürokratie" kritisiert und fordert, daß das "Riesenheer" der Kontrolleure, die beispielsweise die Arbeitszeit der Belegschaft überwachen, abgeschafft werden müsse (vgl. Südwest-Presse vom 23.4.1992).

Dieser Tenor macht verständlich, daß Meister, deren Status durch die betrieblichen Reorganisationsprojekte unterminiert wird, zu der Einschätzung kommen, sie würden "durch niemanden vertreten".

Oder wie ein Meister es ausdrückte: Die Geschäftsleitung tue "nicht genug, um die veränderte Aufgabe des Meister im Image zu heben. Da hat mich auch schon jemand gefragt, ja was tun sie denn noch, tun sie denn gar nichts mehr." Früher habe man sich als Meister "von der Geschäftsleitung her mehr eingebunden gefühlt", das sei heute nicht mehr der Fall, "aber zum Betriebsrat hin, da fühlt man sich immer noch nicht so hingezogen". Zwischen Betriebsrat und Meistern sei ein Riß, die Beziehung sei abgebrochen, es gebe keine Beziehung. Dies führt der Meister auch auf die Tatsache zurück, daß "sich der Betriebsrat (...) viel zu wenig für die Angestellten einsetzt und auch die Gewerkschaft. Denn heute sind ja in der Industrie fast 50 zu 50 Angestellte und Gewerbliche. Und die Gewerkschaft, die setzt sich zuwenig ein für die Angestellten, das sieht man an vielen Dingen. Da hat sich die Gewerkschaft also nicht mit Ruhm bekleckert. Und von daher sind die Angestellten auch nicht so mit der Gewerkschaft verheiratet."

Betriebsräten denen es gelingt, in einem betrieblichen Politikkonzept unterschiedliche Interessen von Beschäftigtengruppen auszutarieren, können ein Bündnis mit den "Neuerern" im Management durchhalten.[83] Umgekehrt ist dem oberen Ma-

---

[83] Aus anderer Perspektive - einer veränderten Angebotssituation von Arbeitskräften, die andere Arbeitseinsatzkonzepte nahelegt - kommt Drexel zu einem gleichlautenden Befund (diess., 1991, insb. S. 233f.): "In verschärfter Form dürften Vertretungsdilemmata dort entstehen, wo Betriebe daran interessiert sind, Techniker oder evtl. sogar Meister zu ersetzen durch einerseits hochqualifizierte Facharbeiter und andererseits 'bescheidenere' Ingenieure. Die Arbeitnehmervertretung ist in dieser Situation zum einen - wiederum aus prinzipiellen Erwägungen wie auch, um ihre 'Organisationsbrücke' unter den technischen Angestellten nicht zu verlieren - gefordert, die Schutzinteressen der Techniker und Meister zu vertreten. Zum anderen muß sie aber auch die Interessen der jungen, gut ausgebildeten Facharbeiter (Stichwort: Neuordnung der Metall- und Elektroberufe) an breitem, ihrer Qualifikation angemessenem Einsatz und die der jungen Ingenieure an Beschäftigung vertreten." Die aus der veränderten Angebotssituation erwachsenden Vertretungsprobleme, die "die politischen Handlungspotentiale der Arbeitnehmervertretung schwächen" können (ebd., S. 234) werden durch die neuen Organisationskonzepte virulent. Die von Drexel benannte Notwendigkeit "Partikularinteressen" abzugleichen und in ein "einheitliches Vertretungskonzept" zu integrieren (vgl. ebd., S. 234f.) wird um so dringlicher. Einen Ausweg sieht Drexel nur darin, daß die Interessenvertretung sich der "Dynamisierung von Personal-Struktur-Konzepten" annimmt. In Berufsbildungs-, Betriebs- und Tarifpolitik müssen nicht nur die "(statischen) Fragen nach Arbeitsteilung, Einsatzbereichen und Hierarchieniveaus, sondern auch die (dynamische) Frage nach Mustern des Berufsverlaufs" (ebd., S. 235) aufgegriffen werden. "Die Qualität des Arbeitslebens ist nicht nur bestimmt durch Arbeitsplatz, Arbeitsinhalt und Arbeitsbedingun-

nagement am Betriebsrat als Bündnispartner nur dann gelegen, wenn dieser ein starker "Gegenüber" ist, wenn es ihm gelingt, Interessendifferenzierungen in der Belegschaft auszugleichen und somit den Reorganisationsprozeß vom Einfluß partikularer Interessen zu entlasten. Die Politikfähigkeit des Betriebsrats ist oftmals - ähnlich wie im initiierenden Zentrum - an konzeptionell denkende und "charismatische" Personen gebunden. Einzelne "aufgeklärte" Managementvertreter sind dementsprechend auch nicht an einer Fraktionierung der Betriebsratsgremien durch unterschiedliche Gewerkschaften und "freie" Gruppen interessiert. Erwünscht ist die Berechenbarkeit von Vereinbarungen mit dem Betriebsrat auf der Grundlage eines internen Interessenausgleichs. Unter Umständen können an ursprünglichen Plänen Abstriche gemacht werden, um die Bindekraft der einheitlichen Interessenvertretung nicht zu überfordern. Auf diesem Wege beeinflußt die Akteurskonstellation ihrerseits die "gangbaren" und dann auch realisierten Formen der Dezentralisierung.

Leistungspolitische Flankierung des Wandels

Die leistungspolitische Flankierung des Wandels für die operative Arbeit erweist sich als Essential für das Zustandekommen des neuen Bündnisses. Leistungspolitische Fragen werden durch den organisatorischen Wandel in vielen Fällen aufgeworfen. Zum Teil geschieht dies unmittelbar durch die erklärte Zielsetzung des Reorganisationsprojekts, durch taktentkoppelte Gruppenarbeit an Leistungsreserven heranzukommen z.B. in den "Low-Tech"-Bereichen der Automobilindustrie, zum Teil mittelbar durch die Erosion der traditionellen Leistungsentlohnung, über die bislang auch eine Leistungsbegrenzung gewährleistet wurde. Ohne einen akzeptierten Leistungskompromiß für die herstellende Arbeit ist die Basis des skizzierten Bündnisses gefährdet. Die Herausbildung und Absicherung eines neuen Leistungskompromisses ist auch die Voraussetzung für die Vereinbarung neuer Entlohnungs- bzw. Entgeltformen. An der verbreiteten mengen- bzw. zeitorientierten Einzelakkordentlohnung drohen dezentrale Organisationskonzepte in der Fabrik zu scheitern, da sie den neuen Leistungs- und Verhaltens-

---

gen. Der *Verlauf des Arbeitslebens* und die darin angelegten Veränderungen und Verbesserungen haben *eigene Qualität*" (ebd.). Industriesoziologische Forschung hat diesen Gesichtspunkt bislang eher ausgeblendet. Unser betriebspolitischer Blick auf Dezentralisierungsprozesse, in dem eben gerade auch Erwartungen an den "Verlauf des Arbeitslebens" handlungsleitend werden, hat die Bedeutung dieses Gesichtspunkts bestärkt.

anforderungen zuwider laufen. Auf diesem Feld wird auch der deutlichste Reformbedarf der tariflichen Regelungen angemeldet. Neue tarifliche Vereinbarungen sind offenbar notwendig, um die angestrebten Organisationsveränderungen und die daran angepaßten Arbeits- und Leistungsorientierungen zu fördern und zugleich die betriebliche Ebene von Konflikten zu entlasten.[84]

Legitimationsprobleme der Promotoren des organisatorischen Wandels

Die Promotoren im Management sind ihrerseits gegenüber höheren Managementebenen und teilweise organisationsexternen Machtakteuren (Kreditgebern, Eigentümern, Aufsichtsräten) rechenschaftspflichtig. Dies betrifft vor allem die Notwendigkeit, in einem vertretbaren Zeitraum auch "harte", meßbare Erfolge nachweisen zu können. Von den Betriebsräten angestrebte betriebliche Regelungen können sich auch an den durch die Verbandsloyalität gegebenen Grenzen reiben, die Festschreibung von informellen Vereinbarungen unmöglich machen. Dies betrifft neben Lohn-/Leistungsfragen in erster Linie Zugeständnisse bei formalisierten Mitbestimmungsrechten des Betriebsrat hinsichtlich der Arbeitsorganisation, durch die das unumschränkte Direktionsrecht des Unternehmers als gefährdet angesehen wird.

Das neue Bündnis ist an diese Legitimationsbasis der Promotoren gebunden. Betriebsräte tragen dieser Verpflichtung auf die Wirtschaftlichkeit der neuen Organisationskonzepte teilweise selbst Rechnung, indem sie auf Einsparungsmöglichkeiten vornehmlich in der Hierarchie und den produktionsfernen indirekten Bereichen verweisen, wodurch die beschriebene Dynamik der betriebspolitischen Prozesse gefördert wird.

Eine anhaltende, industrieweite Wirtschaftskrise akzentuiert das Legitimationsproblem der Promotoren und kann die Geschäftsgrundlagen der neuen Koalition untergraben. Die betrieblichen Fallstudien geben zwar Hinweise, daß der organisatorische Wandel auch unter der Voraussetzung erheblichen Personalabbaus tragfähig bleiben kann, wenn die Lastenverteilung im Unternehmen etablierten Gerechtigkeitsvorstellungen nicht widerspricht - also z.B. auch im Management und allgemein in den "höheren Etagen" Einsparungen vorgenommen werden. Ob dies auch unter den Bedingungen einer allgemeineren Wirtschaftskrise, gravieren-

---

[84] Zu den tarifpolitischen Folgewirkungen siehe unten.

den Einbrüchen auf dem externen Arbeitsmarkt und verringerter Möglichkeiten der zeitlichen Streckung von personellen Wirkungen noch möglich ist, bleibt offen. Ein Umschalten auf traditionelle Maßnahmen der Kostensenkung[85] oder auch schon eine deutliche Umgewichtung zwischen dem neuen Rationalisierungsansatz und klassischen Rationalisierungsmaßnahmen kann die skizzierten Bündnisse gefährden, was nicht heißt, daß sich nicht in einer anhaltenden Wirtschaftskrise die Kriterien für zu akzeptierende "Opfer" generell nach unten bewegen. Das Angebot, welches das neue Bündnis für die operativen Bereiche beinhaltet, kann situationsspezifisch variieren, es muß aber noch als Angebot erkennbar bleiben, wenn diese Bündnisoption eine Chance behalten soll.

Besondere Voraussetzungen leitbildorientierter Koalitionen

Leitbildorientierte Koalitionen sind an eine spezifische vorgängige Managementorganisation, an spezifische Rekrutierungs- und Sozialisationsmuster gebunden. Die dadurch entstehende, den hier betrachteten Reorganisationsprozessen als vorgängiges Muster gegebene Managementorganisation nennen wir "gering kristallisiertes Management". Hierin sehen wir den wichtigsten Unterschied zu den Voraussetzungen gruppenorientierter Koalitionen. Diese Voraussetzung wollen wir auf der Grundlage der Fallstudien genauer herausarbeiten.

Wie an anderer Stelle schon ausgeführt, haben wir erst im Verlaufe der Erhebungen erkannt, daß die Koalitionsbildung nicht in allen Fällen mit dem an hypothetischen Akteursgruppen orientierten Blick erfaßt werden kann. Wir mußten uns der Frage stellen, unter welchen anderen Bedingungen eine leitbildorientierte Koalition Chancen hat. Der Zugang zur Beantwortung dieser Frage ergab sich aus dem jedem Interview vorgeschalteten berufsbiographischen Fragenblock, in dem neben Fragen nach dem Alter und der Art der Schul- und Berufsausbildung, der Zeitpunkt des Firmeneintritts, Firmenwechsel, Dauer der Unternehmens- bzw. Betriebszugehörigkeit, Positionen und Positionswechsel (Aufstiegswege), Funktionsbereiche und Funktionsbereichswechsel (unter Umständen auch Auslandsaufenthalte, Werkswechsel innerhalb des Unternehmens), Tätigkeitsbereiche und Zusatzausbildungen, Weiterbildungsanstrengungen im Berufsleben themati-

---

[85] Wie jüngst in verschiedenen Unternehmen z.B. mit der Anrechnung übertariflicher Zulagen vorgenommen.

siert wurden. Hierbei und bei den Fragen nach veränderten Anforderungen in den veränderten Strukturen und den betrieblichen Maßnahmen zur Qualifizierung kamen - allerdings eher unsystematisch - Strukturen und Programme der Führungskräfterekrutierung, -selektion und -förderung in den Unternehmen zur Sprache, sofern sie eine - dann auch "erzählbare" - Konsistenz und Konstanz aufwiesen. In anderen Fällen ließen sich Rückschlüsse über Prinzipien der Führungskräfterekrutierung indirekt über die Biographien entschlüsseln.

Wir müssen zugeben, daß dieser begrenzte und auch nur Mosaiksteine liefernde methodische Zugang zu der Fragestellung keine systematischeren, vergleichenden Untersuchungen über größere Populationen von Managern und über längere Zeiträume und genauere Erhebungen über Programm und Praxis der Führungskräfterekrutierung, -selektion und -förderung ersetzen kann. Insofern verstehen wir die folgenden Aussagen als empirisch gestützte Hypothesen, die aber so hinreichend plausibel sind, daß wir sie hier in Grundzügen präsentieren. Dies ändert nichts daran, daß weitere Forschung auf diesem Gebiet von Nöten ist.

Die berufliche und betriebliche Sozialisation von Managern scheint generell ein wenig bearbeitetes Forschungsfeld darzustellen. Genauer geprüft werden müßte, ob es stabile Muster der Managementrekrutierung, -selektion und -promotion gibt und wodurch diese gegebenenfalls bestimmt sind. Verschiedene Untersuchungen aus den 70er Jahren scheinen jedenfalls die Vermutung nahezulegen, daß die bundesdeutsche Industrie eher vom Muster des kristallisierten Managements geprägt ist. So zeigt die von Pippke/Wolfmeyer (1976) durchgeführte Untersuchung über "die berufliche Mobilität von Führungskräften" das Vorherrschen von Aufstiegsmobilität im Fachgebiet innerhalb einer Organisation und auch bei Organisationswechsel (vgl. ebd. S. 167). Pippke/Wolfmeyer sprechen diesbezüglich von "inhaltlich abgegrenzten 'Karrierekanälen', also in bestimmten Funktionsbereichen" (S. 168). Im internationalen Vergleich erschließt sich, daß "although there is some mobility between firms, German executives rarely appear to change their occupations during their careers" (Glover 1978, S. 169). Die "Kristallisationswirkung" des Ausbildungssystems schlägt hier vor allem zu Buche. Im internationalen Vergleich zeigt sich die besondere Bedeutung des Ingenieurs (dipl. und grad.) für die Managementrekrutierung (vgl. Sorge 1978, S. 93f.) in Deutschland, deren professioneller Hintergrund weiterwirkt. Es sei sehr zweifelhaft, ob man in Deutschland von einer "Management Tradition" sprechen könne, so Sorge. "In particular, the Anglo-Saxon idea of management as a unified profession did not catch on in the same way as it did in Britain." (ebd., S. 88) Die Orientierung an der Managementfigur des "general managers" sei entsprechend gering ausgeprägt. Umgekehrt ist somit auch eher die berufliche Orientierung an der erworbenen, akademischen Fachqualifikation ausgeprägt, die ihrerseits die benannten ausgeprägten "Berufskanäle" insbesondere in den technisch-naturwissenschaftlichen Bereichen erklärbar machen, während allgemeine "Managementausbildung" in Deutschland im Vergleich zu anderen Ländern (USA, Großbritannien) eine deutlich randständige Rolle spielt (ebd., S. 92). Wie Sorge mit Blick auf andere Länder darüber hinaus deutlich macht, ist die starke Bedeutung des Ingenieurs nicht auf die eigentliche Fertigung beschränkt, sondern man findet auch in "kaufmännischen" Bereichen und im "general management" - anders als in anderen Ländern (Großbritannien, USA) - technisch/naturwissenschaftlich ausgebildete Manager. Diese auf Daten aus den 70er Jahren fußenden Aussagen lassen sich sicherlich nicht umstandslos fortschreiben, insbesondere hat sich die Bedeutung der kaufmännisch ausgebildeten Akademiker als Reservoir des Managements inzwischen deutlich erhöht - eine Tendenz, auf die Sorge auch schon 1978 aufmerksam machte. Dennoch bleibt als Ergebnis des Einflusses des bundesdeutschen Ausbildungssystems als Rekrutierungshintergrund für Manager die Erkenntnis: " Consequently, the idea of management as a profession does not occur; instead, separate occupational identities of engineers, sales people, financial people etc. are fostered" (Sorge 1978, S. 102). Wie auch immer man die Vor- und Nachteile dieses Systems (vgl. auch Glover 1978, S. 173ff.) beurteilt, wie weitgehend es auch immer den Individuen notwendig erscheinen mag, diese Identitäten beim Aufstieg auf der Management-Leiter zu ändern (vgl. Sorge 1978, S. 102), die Vermutung erscheint plausibel, daß in diesem Anwerbungssystem die Tendenz zu Berufsverläufen in fachlichen "Kanälen" gestützt wird. Oder wie es Glover ausdrückt: "Those who succeed do so as specialists who show ability to take on more responsibility" (1978, S. 170). In den 80er Jahren werden die negativen Effekte kristallisierter Managementstrukturen vermehrt thematisiert. Die Rekrutierungsbasis und Traditionen der Führungskräfteselektion und -promotion und die große Verbreitung funktionaler Organisationsstrukturen in Unternehmen wirken offenbar zusammen. Insbesondere werden die flexibilitätshemmenden Effekte funktionaler Organisationsstrukturen zusammen mit gering ausgeprägten "ressortübergreifenden Kenntnissen und Erfahrungen" im Management kritisiert und auf die Bedeutung "temporärer Organisationsformen (Task forces, Projekte)" zur Überwindung dieser Flexibilitätshemmnisse hingewiesen (vgl. Wiegmann 1985, S. 34, Lahnstein 1985, S. 64ff.). Als Lösungen werden vorgeschlagen, Nachwuchskräfte auf Positionen einzusetzen, "in denen sie von vorneherein in das Tagesgeschehen involviert sind" und "nicht in den Stäben verschwinden", während Stäbe mit Praktikern besetzt werden sollen, "die ihre eigenen Erfahrungen dadurch übertragbar und erlernbar machen" (ebd., S. 40). Die traditionellen Karrierepfade in Unternehmen werden kritisiert, die kristallisiertes Management befördern, und "frühe laterale Versetzungen" und "Transmotion" als Bestandteil der "Promotion" gefordert (ebd., S. 41ff.). Systematische Untersuchungen über die Verbreitung dieser und ähnlicher Erkenntnisse in der betrieblichen Praxis der Ausgestaltung der Karrierepfade liegen uns allerdings nicht vor. Aussagen über die aktuelle Verbreitung der Muster sind nicht möglich.

Zur Illustration "gering kristallisierten Managements" stützen wir uns in erster Linie auf einen Unternehmensfall, der das hier Gemeinte am deutlichsten repräsentiert. Die Berufsbiographien der befragten Manager, in denen wir die geronnenen Ergebnisse der in dem Unternehmen verfolgten Strategien der Managementrekrutierung, -selektion und -promotion sehen, ergeben hier ein recht konsistentes Bild: Der frühe Unternehmenseintritt[86] ohne vorherige berufliche Prägungen aus anderen Organisationen gehört zu dem typischen Weg. Der Berufsweg ist auf lange Zugehörigkeit zum Unternehmen angelegt. Die durch-

---

[86] Erste Arbeitsstelle nach der externen Erstausbildung oder unmittelbarer Unternehmenseintritt nach der Schulausbildung in eine berufliche Erstausbildung.

schnittliche Unternehmenszugehörigkeit der Befragten lag bei 21 Jahren. Manager werden nur aus den eigenen Reihen rekrutiert und gefördert, Seiteneinstiege von außen gibt es überhaupt nicht. Das Unternehmen fördert durch Schulungsmaßnahmen und Unterstützung externer Ausbildung mit Rückkehrgarantie - dies hat sowohl loyalitätserzeugende, wie materiell bindende Wirkung - Aufstieg und berufliche Mobilität und verlangt seinerseits die Bewältigung verschiedener Aufgabenbereiche durch die Beschäftigten bzw. die zukünftigen Manager. "Schornsteinkarrieren" sind ausgeschlossen. Die befragten Manager nahmen im Laufe ihrer Unternehmenszugehörigkeit durchschnittlich 6,5 Wechsel ihres Aufgaben- bzw. Tätigkeitsbereiches vor. Hierbei sind nicht Wechsel der Tätigkeit oder des Tätigkeitsschwerpunkts innerhalb einer Abteilung gezählt, die auch vorkamen, sondern nur solche, die mit Abteilungswechseln verbunden waren. Charakteristischerweise sind hierbei oftmals Wechsel zwischen Linien- und Stabs- bzw. indirekten Funktionen eingeschlossen. Auslandsaufenthalte in einem Schwesterwerk des internationalen Konzerns (zwischen mindestens einem Vierteljahr und zwei Jahren) gehören ebenfalls zum typischen Karriereweg des Managers. Ein solcher Karriereweg fördert einerseits Identifikation mit dem Unternehmen und behindert andererseits die Herausbildung professioneller und/oder abteilungs- bzw. bereichsspezifischer Identitäten.

Die Förderung und Forderung beruflicher Mobilität innerhalb des Unternehmens gilt für verschiedene Beschäftigtengruppen (Fach- und Führungskräfte), in besonderer Weise aber für Manager und solche, die es werden wollen und bei denen "Managementpotential" erkannt wird. Für letztere ist der Positions- und Aufgabenwechsel auch offiziell im "Mitarbeiterentwicklungsprogramm" vorgeschrieben. Das Unternehmen hält es sich zugute, daß - zumindest bis in die jüngere Vergangenheit - die beschriebenen Aufstiegsmuster auch für nicht akademisch Gebildete offenstanden. Dieses Muster des beruflichen Aufstiegs wird allgemein im Unternehmen wahrgenommen, es erscheint in der als geläufig kolportierten Begrüßungsformel unter Organisationsmitgliedern: "I've been moved". Das Muster der Managerrekrutierung und -promotion wird von Befragten selbst als deutlich von anderen Großunternehmen unterschieden erkannt. Darüberhinaus stellen einige Befragte unmittelbar den Zusammenhang zwischen der Sozialisation des Managements, insbesondere dem ausgeprägten Rotationsprinzip und den Bedingungen organisatorischen Wandels her. Dieses erzeuge "eher (als bei anderen Firmen) eine innere Einstellung zum Wandel". Ein anderer rotationserprobter

Manager, der die undankbare Aufgabe der "Abwicklung" einer indirekten Abteilung übernommen hat, hält fest:

"Ich bin da (in bezug auf organisatorischen Wandel, die Übernahme neuer Aufgaben) generell immer aufgeschlossen und ich glaube, für uns ist es ein Vorteil, daß wir ein relativ starkes Rotationsprinzip haben". Seine eigene wechselhafte Berufsbiographie reflektierend, die ihm bezeichnenderweise als "Geschäftsleben" erscheint, fährt er fort: "Deswegen machen mir solche Umdenkungsprozesse persönlich auch nicht so viel aus. Ich kann mich auch selber mit dem Gedanken beschäftigen, wie wäre es, wenn wir tatsächlich nur noch acht Mitarbeiter sind, deswegen habe ich keine Existenzangst".

Im Unternehmen gebe es ein garantiertes Beschäftigungsverhältnis, aber "nicht so den Besitzanspruch auf einen bestimmten Arbeitsplatz". Bedenken und Widerstände in den "Mannschaften" der jeweiligen Abteilungen sind unter diesen Bedingungen nicht ausgeschlossen und auch hier in unterschiedlicher Ausprägung zu finden, aber die wirksamen Koalitionen von Vorgesetzten mit ihren Untergebenen und die damit verbundene Blockbildung sind unter diesen Bedingungen eher unwahrscheinlich.

Wir haben bei der Rekonstruktion des Entscheidungs- und Umsetzungsprozesses nicht nur nach Promotoren und Unterstützern und Zweiflern und Gegnern gefragt, sondern auch nach "Gewinnern" und "Verlierern" des Prozesses. Die Sichtung der diesbezüglichen Antworten bestätigt die Erkenntnis, daß die Zuordnung nicht einfach nach den hypothetischen Akteursgruppen auf Grundlage der formalen Organisationsstruktur (abgebende versus gewinnende Abteilungen) vorgenommen werden kann. Gewinner oder Verlierer wird man je nach der individuellen Stellung zu dem neuen Organisationskonzept, nach der individuellen Einordnung in die sich herausbildende Koalition des Wandels, aber eben auch nach der individuellen Bereitschaft und Befähigung, die neuen Aufgabendefinitionen und Anforderungen in einer neuen Arbeitsrolle anzunehmen. Zu den Gewinnern werden allgemein Personen gezählt, die bestimmte Eigenschaften in sich vereinigen: jung, gut ausgebildet, flexibel. Diese Eigenschaften sind aber nicht einer bestimmten Funktionsgruppe zugeordnet. "Verlierer" werden umgekehrt mit dem Eigenschaftsbündel "alt, unflexibel, nicht mehr lern- und anpassungsfähig, schlecht qualifiziert" umschrieben. Vielfach wird auf die Frage nach "Gewinnern" und "Verlierern" deutlich gemacht, daß vor allem "die Company" gewinne, demgegenüber trete die Frage nach Gewinner- und Verlierergruppen zurück. In dieser Perspektive verteilen sich Gewinner und Verlierer nach einem anderen Muster. Verlierer sind dann vor allem die "Schwarzseher", diejenigen, die dem neuen Konzept kritisch gegenüberstehen, am Erfolg zweifeln, sich nicht darauf einlassen, "nicht mitmachen". "Die sich noch als Verlierer fühlen, haben es immer noch nicht begriffen", lautet eine treffende Bemerkung. So ergibt sich auch der umgekehrte Zusammenhang. Über die Zustimmung zum neuen Leitbild, erweist man sich zugleich als "jung", anpassungsfähig, qualifizierungsbereit und -fähig. Die Verteilung von Gewinner- und Verliererpositionen geht somit ein gutes Stück konform mit der Koalitionsbildung bei der Entscheidung und Umsetzung des Dezentralisierungsprojekts. Wer das neue Konzept, das damit verkündete Leitbild befürwortet, hat Chancen am Ende zu den Gewinnern zu zählen.

"Gering kristallisiertes Management" als Voraussetzung leitbildorientierter Koalitionen muß in der Tradition des jeweiligen Unternehmens, in seiner langfristig angelegten Personalpolitik verankert sein, wie die oben präsentierten Befunde aufweisen. Hierzu gehört auch das Vertrauen der zu Mobilität Verpflichteten, der vom organisatorischen Wandel Betroffenen auf ein gesichertes Beschäftigungsverhältnis. Dieses Vertrauen kann entweder durch formalisierte Zusagen der Unternehmensleitung oder durch in langer Erfahrung stabilisierte Erwartungen zustande kommen. Das Versprechen "lebenslanger Beschäftigung" erzeugt - die Vertrauensgrundlage als intakt vorausgesetzt - umgekehrt die Akzeptanz der Mobilitätsverpflichtung. Eine solche Personalpolitik ist ihrerseits an bestimmte wirtschaftliche Rahmenbedingungen gebunden.

Es handelt sich also bei der leitbildorientierten Koalition nicht um eine für die Promotoren des Wandels frei wählbare Option. Kurzfristig sind die Bedingungen dafür überhaupt nicht herzustellen und in einer Vielzahl von Fällen sind auch die wirtschaftlichen Rahmenbedingungen nicht gegeben.

Die *wichtigsten Merkmale* (personalpolitische Maßnahmen und Prinzipien) und *Rahmenbedingungen "gering kristallisierten Managements"*, die leitbildorientierte Koalitionen ermöglichen:

(1) Stabiles Beschäftigungsverhältnis, das entweder formal oder durch stabile Erwartungen "lebenslang" garantiert wird

(2) Interne Rekrutierung des Managements, früher Unternehmenseintritt, lange Unternehmenszugehörigkeit, starke Unternehmensbindung, dadurch gering ausgeprägte professionelle Orientierung

(3) Hohe Flexibilitätserwartung, die durch ausgeprägte regionale (auch Ausland) und berufliche (funktionale) Mobilität in wechselnden Positionen erfüllt wird: keine "Schornstein"-Karrieren

(4) Hoher interner Weiterbildungsaufwand zur Bewältigung der Mobilität (z.b. auch betriebliche Stipendien/Darlehen für Studium von Facharbeitern)

(5) Betriebliche Unterstützung regionaler Mobilität

(6) Betriebliche Sozialleistungen (z.B. betriebliche Renten) und immaterielle Belohnungen, die lange Unternehmenszugehörigkeit fördern

(7) Durch stabiles Wachstum und hohe Ertragskraft ermöglichte starke Arbeitsmarktposition des Unternehmens

(8) Flexibilität der Personalkapazität durch deutliche Trennung von Stammbelegschaft und ausgeprägter temporärer Belegschaft und durch hohe Aufwendungen für betrieblich abgepolsterte Frühverrentung

"Gering kristallisiertes Management" ist in der reinen Ausprägung sicherlich selten anzutreffen. Aber zentrale Elemente des reinen Merkmalkanons können - so die allerdings weiter zu prüfende Vermutung - Wirkungen auf die Koalitionsbildung haben. Eine ganz wesentliche Bedingung für einen reibungsloseren organisatorischen Wandel liegt in der jahrelangen Einübung von Vorgesetzten und Fachkräften in berufliche Mobilität, in der weitgehenden Vermeidung von "Schornsteinkarrieren".

Unter Bezugnahme auf japanische Vorbilder wird dieser Gesichtspunkt auch in Unternehmen, die bislang eine andere Politik der Managementorganisation, -rekrutierung und -promotion betrieben haben, neuerdings verstärkt zur Leitvorstellung: Vermeidung von Schornsteinkarrieren, funktions- und abteilungsübergreifende Rotation von Fach- und Führungskräften, obligatorischer Karriereabschnitt von Ingenieuren in der Produktion. Es bleibt allerdings auch hier die Frage, inwieweit unter veränderten wirtschaftlichen Rahmenbedingungen ein solches Modell der Managementorganisation, -rekrutierung und -promotion aufrechtzuerhalten ist. Empirische Hinweise aus den Fallstudien zeigen Grenzen des Modells auf. Insbesondere die Beschäftigungsgarantie bzw. deren Kompensation über betrieblich finanzierte Frühverrentung für die Kernbelegschaft scheint unter veränderten wirtschaftlichen Rahmenbedingungen an Grenzen zu stoßen. Der ausgeprägte Anteil temporärer Beschäftigung begrenzt zudem die Möglichkeiten zur Dezentralisierung von Kompetenzen. Auch muß aufgrund der Effekte der sozialen Schließung, die mit diesem Modell umschrieben sind - zu denken ist an die überwiegend interne Sozialisation und die hohe bis "überschießende" Loyalität zum Unternehmen - mit negativen, hier nicht näher zu thematisierenden Effekten gerechnet werden: Innovationsschwäche aufgrund geringer externer Impulse, "Ja-Sager"-Mentalität, geringe Sensibilität für Umweltveränderungen.

3. Erfolge und Erfolgsausweise der Dezentralisierungspolitik in der politischen Arena

Ist Dezentralisierungspolitik gemessen an den selbstgesetzten Zielen erfolgreich? Für die Promotoren der Dezentralisierungsprojekte ist dies die letztlich entscheidende Frage. Die Erfolgsfrage zieht zudem gesteigerte Aufmerksamkeit durch den Umstand auf sich, daß die Akteure selbst und externe Beobachter den in den untersuchten Projekten eingeschlagenen Weg als Schritte zur Lean Production interpretieren. Und erfolgreiche Vorbilder hätten eine bedeutende legitimierende Funktion für andere Unternehmen, die sich gegenwärtig am Stichwort Lean Production orientieren.

Eine solche Beweislast wollen wir uns hier nicht aufladen. Eine Zielerreichungskontrolle komplexer organisatorischer Veränderungen hat zumindest mit den gleichen gravierenden Problemen zu kämpfen wie Kosten-Nutzen-Analysen von technologischen Innovationen[87]. Eine eigenständige Erfolgsüberprüfung war -

---

[87] Vgl. eine Reihe von empirischen Illustrationen u.a. bei Ortmann u.a. 1990 und Bahnmüller/Faust 1992. Letzlich finden wir bei der Frage der Zielerreichungskontrolle all die Probleme wieder, die wir bei der Diskussion der Entscheidungsprozesse schon angesprochen hatten. Ex-post-Wirtschaftlichkeitsrechnungen bzw. Kosten-Nutzen-Analysen von Reorganisationsprojekten sind ebenso "Objekte, Resultate und Mittel der mikropolitischen Auseinandersetzungen" wie "Systemauswahl-Studien, Entscheidungsanalysen, Wirtschaftlichkeitsrechnungen und Entscheidungskriterien" (Ortmann u.a. 1990, S. 432) bei technologischen Innovationen und werden von geteilten Hintergrundüberzeugungen der Akteure überformt, die letztlich die "durchschlagenden" Argumente liefern, aber dennoch zumeist aufgrund des hohen Stellenwerts der Wirtschaftlichkeitsregel und der Verfahren analytischer Rationalität in ebensolche Prozeduren übersetzt werden müssen. Zur Darstellung und Interpretation betriebswirtschaftlicher Verfahren der Wirtschaftlichkeitsberechnung, Kosten-Nutzen-Analyse bzw. genereller

ungeachtet der konzeptionellen und der Realisierungsprobleme - auch gar nicht Gegenstand unserer Fallstudien. Wir haben lediglich die Akteure - und zwar aus allen Akteursgruppen - nach ihren wie auch immer zustande gekommenen Erfolgsbewertungen befragt.

Hiernach ist eine eindeutige Erfolgsbewertung nicht möglich. Zum Teil wird von den Verantwortlichen selbst der Zeitpunkt einer Bewertung angesichts des Standes der Projekte für zu früh gehalten. Dort, wo die Projekte schon auf eine längere Umsetzungszeitdauer zurückblicken können, gehen die Erfolgsbewertungen deutlich auseinander. Grob gruppiert finden wir drei Muster der Erfolgsbeurteilung bzw. der Bewertung der Zielerreichung:

Zum einen finden wir Fälle, in denen die eingeschlagenen Wege rundum positive Ergebnisse aufzuweisen haben und diese auch in harten, zumeist quantifizierbaren Erfolgskennziffern ausgewiesen werden können. Eines der Unternehmen dokumentiert in verschiedenen, auch quantitativ meßbaren Kriterien die Erfolge des Dezentralisierungsprojekts. Hiernach kann auf eine deutliche Nettoreduzierung der Mitarbeiterzahl um rund 8% und des Lohn- und Gehaltsvolumens um rund 7% verwiesen werden. Zugleich wurden auch andere meßbare Größen deutlich positiv beeinflußt: Der "Gutausstoß" (ein Meßkriterium für Qualität), die Durchlaufzeit, die Maschinenverfügbarkeit und die Primärkosten (Energie, Materialeinsatz), die als Indikator für erfolgreiche Verbesserungsmaßnahmen in der Verantwortung der neuen dezentralen Einheiten genommen werden können. Auch was das übergeordnete Ziel der Wettbewerbsfähigkeit angeht, hat sich in den Zahlen der "vergleichenden Wettbewerbsanalyse" Besserung gezeigt. In einem anderen Unternehmen hat sich ohne Erhöhung der Kosten der Qualitätssicherung die Ausschußrate ("defect ratio") dramatisch verringert. Es kann auf eine Reduktion der Rate von 350% auf 1% verwiesen werden.

Zum zweiten finden wir Fälle, in denen relativ eng, an einzelnen Projekten nachweisbar positive Effekte ausgewiesen werden, wie z.B. verbesserte Anlagenverfügbarkeit, kürzere Durchlaufzeiten in der Produktion, während zugleich andere Zielgrößen durchaus als verfehlt erkannt oder nicht berücksichtigt werden. Hier haben wir es schon allein mit dem Rekonstruktionsproblem der Ziele zu tun.

---

von Buchhaltungs- und Kosten- und Investititonsrechnungssystemen u.ä. vgl. weitere Fundstellen in Ortmann u.a. 1990, S. 436f. (Fußnoten 25 und 26) und Bahnmüller/Faust 1992, S. 279ff., Perrow 1986, S. 272.

Es ist für uns unentscheidbar, ob die ursprünglich anvisierten Ziele in der uns präsentierten Erfolgsbeurteilung auch alle wieder herangezogen werden, oder ob nicht Ziele, die keine entsprechenden Ergebnisse aufweisen können, nicht einfach stillschweigend fallen gelassen werden und sei es, weil sie im nachhinein als unrealistisch oder überzogen erscheinen.

Zum dritten stoßen wir auf Fälle, in denen die erwarteten Ergebnisse im Großen und Ganzen nicht erreicht wurden, dies aber nicht auf die prinzipielle Untauglichkeit der Konzepte, sondern auf Umsetzungsprobleme zurückgeführt wird.

Aber auch in den Fällen, in denen auf generelle oder partielle Erfolge verwiesen werden kann, sind diese nur über langwierige Entscheidungs-, Planungs- und Umsetzungsprozesse zu erreichen gewesen. Ferner bleiben selbst in den Fällen, in denen eine offizielle Zielerreichungsbewertung "Erfolg" signalisiert, die Erfolgsmeldungen und die zugrundegelegten Kriterien und Meßverfahren teilweise umstritten. In einigen Fällen wird die Relevanz der zugrundegelegten Zielgrößen gegenüber anderen, nicht betrachteten Kriterien bezweifelt.

Generell genügen die erhobenen Befunde natürlich nicht einer Wirkungskontrolle. Und es entzieht sich auch weitgehend unserer Kenntnis, ob die beteiligten Unternehmen eine solche in systematisierter Form vorgenommen bzw. versucht haben. Jedenfalls scheuen sich die Verantwortlichen und andere Beteiligte nicht, solche Bewertungen vorzunehmen, sie weisen aber auch zugleich auf die konzeptionellen Probleme einer Erfolgsbewertung hin. Die diesbezüglichen Aussagen lassen sich vor allem als Warnzeichen gegenüber vorschnellen Beurteilungen über Erfolg oder Mißerfolg der Dezentralisierungsprojekte lesen, die uns auch vor Augen führen, daß die Reorganisation orientierenden Leitbilder und die betriebspolitischen Einflußnahmen die Erfolgsbewertung mit beeinflussen. Für eine kritische Bewertung der Erfolgsmeldungen sind uns in erster Linie die folgenden fünf Gesichtspunkte wichtig:

(1) *Welchen Stand der Umsetzung* eines geplanten Projekts (einer neuen Organisationsform) sollen wir als Basis der Zielerreichungskontrolle zugrundelegen? Die erwähnten Differenzen zwischen der "Hardware" und der "Software" eines neuen Organisationskonzeptes haben uns ja schon darauf aufmerksam gemacht, daß eine wirkliche Zielerreichungskontrolle eigentlich erst bei Realisierung der mit der Reorganisation angestrebten "Verhaltensänderungen" und Einstellungen einsetzen dürfte. Diese sind allerdings kaum direkt zu messen, sondern können

sich ihrerseits nur in veränderten Ergebnissen ausdrücken, die aber nun wiederum vielfach gerade die angepeilten Zielgrößen darstellen. Eine zirkuläre Argumentation wäre die Folge. Andererseits kann aber von der Tatsache nicht erreichter Meßgrößen (z.b. eine bestimmte Rate der Verbesserung der Durchlaufzeiten) nicht umstandslos auf den Mißerfolg eines neuen Organisationskonzepts geschlossen werden, wenn die angestrebte "Selbstorganisationsfähigkeit" und dezentrale Verantwortungsübernahme sichtbar nicht erreicht wurde.

So führt einer der Promotoren die zugestandenermaßen "magere Erfolgsbilanz" - wesentliche Zielgrößen wurden nicht erreicht - auf Akzeptanzprobleme, Qualifikationsdefizite und fehlendes Engagement der Führungskräfte zurück, die eigentlich gemäß der formalen Kompetenz- und Verantwortungsstruktur das neue Organisationskonzept "zum Laufen" bringen sollten. Die Ziele seien *"noch nicht"* erreicht.

"Weil wir immer noch der Meinung sind, das Konzept ist richtig. Aber wir haben noch nicht die richtige Umsetzung gefunden, um diese Ziele (Bestandssenkung, Durchlaufzeitverkürzung, d.V.) zu erreichen. (...) Ich glaube, die realen Probleme sind mehr im mentalen Bereich zu sehen. (...) das beginnt mit den Chefs, die zunächst nicht so richtig dahinter standen, und die immer noch versucht haben, irgendwo die Schäfchen bei sich zu halten. Das geht weiter bei den Mitarbeitern, die sich plötzlich im Klaren geworden sind, daß das, was sie eigentlich immer gefordert haben, nämlich ihre Freiheit, daß das auch mit mehr Verantwortung verbunden ist."

Ohne Kontroversen geht die Bewertung der mangelnden Zielerreichung aber nicht ab. Die "gescholtenen" Führungskräfte führen vor allem sachliche Gründe an, die eher in der unzureichenden "Hardware" des Organisationskonzepts zu suchen sind: ungünstige räumliche Bedingungen, fehlende Investitionen in den Maschinenpark, um dezentrale Verantwortung realisieren zu können. Der Promotor seinerseits argwöhnt hinter diesen Argumenten eher Vorwände, sachlich verkleidete Widerstände, sich auf die neue Rollenanforderung einzulassen und "alte" Verhaltens- und Denkweisen abzulegen, wiewohl er sachliche Schwierigkeiten nicht leugnet. Die Realisierung dieser geforderten sachlichen Rahmenbedingungen hätte aber die gesamte Kalkulation der Kosten und damit der Kosten-Nutzenproportionen in Frage gestellt (erheblicher Investitionsbedarf für Maschinen und Neubau). Wir können und wollen diese Kontroverse nicht entscheiden und nehmen sie als Hinweis für die unrettbare Verquickung der Zielerreichungskontrolle mit betriebspolitischen Kämpfen um Macht und Einfluß. Die "richtige" Interpretation von "Erfolgs-" oder "Mißerfolgs"ursachen ist zugleich die Startposition für die weitere betriebspolitische Entwicklung und für den Status und die Legitimation der Promotoren gegenüber den externen Akteuren (Eignern, Kreditgebern).

(2) Zum zweiten spielt - wie schon das oben gegebene Beispiel zeigt - die Frage nach dem *Zeitpunkt der Erfolgsmessung* eine große Rolle. Welche "Ausreifungszeit" wird einem neuen Organisationskonzept zugestanden, bis harte, meßbare Erfolge eingeklagt werden? Die neuen Organisationskonzepte verursachen ja erst einmal Kosten (vielfach Qualifizierungsaufwand, Höhergruppierungen im operativen Bereich, bauliche und technische Veränderungen), die sofort wirksam werden, während die erwarteten Effekte unsicher sind.

"Das Problem des Unternehmens ist, wenn wir jetzt in die Umgestaltung gehen, müssen wir ab sofort höhere Löhne zahlen - dafür sorgt der Betriebsrat. Aber, ob wir aus 15 Leuten 12 machen in einer Gruppe, das ist die große Frage und das ist das große Problem."

So skizziert ein Personalmanager die Situation: Unsicherheit der Effekte und Unsicherheit über den Zeithorizont, in dem diese zu erreichen sind, was zugleich den Zweiflern und Gegnern der neuen Konzepte Argumente für eine vorsichtigere Gangart liefert. Aus verschiedenen Fallstudien gewinnt man die Erkenntnis, daß die Reorganisationen auf alle Fälle Zeit brauchen. Nicht zuletzt wegen der vielfältigen Aushandlungsprozesse von Interessen und Macht- und Statusverteilungen in den Unternehmen nimmt schon die konzeptionelle Phase viel Zeit in Anspruch. Die komplexen Veränderungen lassen vielfach Probleme und zu regelnde Tatbestände erst im Verlauf der Umsetzung sichtbar werden und in der Umsetzungsphase kommen die schon beschriebenen Widerstände und Einwände zum Tragen, die in der konzeptionellen Phase nicht ausgeräumt und nur in den "Untergrund" gedrängt wurden. Aber auch den Motivierten und Unterstützern der neuen Konzepte, erst recht den Halb-Überzeugten, die noch "auf den abfahrenden Zug gezogen werden" - wie eine der geläufigen Metaphern lautet - müssen Lernchancen eingeräumt werden. All dies braucht Zeit.

Somit hängt "Erfolg" oder "Mißerfolg" vom Zeitbedarf ab, der eingeräumt wird[88], oder anders formuliert: von der Ungeduld, mit der meßbare Erfolge

---

[88] Eines der Projekte, das sich über Jahre hinzog, galt zu einem früheren Zeitpunkt schon einmal als gescheitert - die wesentlichen Zielgrößen waren bis dahin verfehlt worden. Nach einem neuen Anlauf und konzeptionellen Nachbesserungen ist das Fertigungsinselkonzept - wie im ursprünglichen Projekt schon vorgesehen - zum Leben erweckt worden; daraufhin können auch die erwarteten Effekte im Großen und Ganzen erreicht werden. Eine harte

eingeklagt werden. Das heißt, der Erfolg einer Reorganisation hängt eventuell davon ab, wieviel finanzieller Spielraum da ist, welche "Polster" ein Unternehmen hat, um Durststrecken zu überbrücken. Bei abhängigen Unternehmen oder Werken in einem Konzernverbund, die einen potenten finanziellen Hintergrund haben, stellt sich das anders dar als für ein kleineres Unternehmen mit geringer Eigenkapitalausstattung. Aber die Entscheidungen einer Konzernzentrale oder auch einer kreditgebenden Bank über die Zeiträume für die Ausreifung von Ergebnissen sind von dem Grad der Überzeugtheit abhängig, dem Grad des Vertrauens, das dem neuen Organisationskonzept entgegengebracht wird. Starke Leitbilder und vertrauenserweckende, konzeptionelle Figuren an der Spitze können den ausreichenden Spielraum gewähren, der dann Erfolg ermöglicht. So kann sich das Wort bewahrheiten, daß "Glaube" Berge versetzt. Ein und dasselbe Konzept kann - je nachdem mit welchem Elan es ins Werk gesetzt wird - "Erfolg" oder "Mißerfolg" zeitigen. Eine Reorganisation, die sich auf die Forderung nach schnellen Erfolgen einläßt oder einlassen muß, kann solche womöglich tatsächlich schnell vorweisen, in der Folge dann aber - breiter angewandt und auf Dauer gestellt - negative Effekte hervorbringen, die ursprünglichen Erfolgspotentiale erschöpfen oder aufzehren.

Dieses Problem wurde in einem Unternehmen thematisiert, das zwar innerhalb des selbstgesteckten Zeitraums deutliche, auch meßbare Erfolge aufzuweisen hat. Von verschiedenen Befragten wird dennoch in Frage gestellt, ob das Organisationskonzept auch zukünftig, wenn es in allen Produktionsabteilungen umgesetzt ist, die gleichen Erfolgszahlen ausweisen kann. Hier wird bezweifelt, ob es auch dann noch funktionieren kann, wenn die Innovation im Produktionsbereich rascher voranschreiten sollte. Es wird auf die schon jetzt sichtbaren Qualifikationsengpässe und Überforderungssymptome hingewiesen, die sich auf Dauer in der Erfolgsbilanz ausweisen könnten.

(3) All dies unterstellt, daß Erfolg oder Mißerfolg an harten Kriterien gemessen werden kann. Das setzt wiederum voraus, daß die zugrundegelegten Ziele operationalisiert und meßbar gemacht werden, die Zielsysteme konsistent, nicht widersprüchlich sind und ausgewiesen wird, welche der eventuell sich wandelnden Zielgrößen Kriterium des Erfolges sein soll. Diese Bedingungen sind aber bei

---

Zielerreichungskontrolle zum früheren Zeitpunkt mit entsprechend harten Konsequenzen hätte eine andere Gesamtbeurteilung unausweichlich werden lassen.

weitem nicht gegeben, wie unsere Beobachtungen über die Zielformulierungen und Entscheidungsfindung gezeigt haben. So sind die präsentierten Ziele keineswegs immer einer Operationalisierung[89] zugänglich. Aber selbst prinzipiell operationalisierbare Ziele werden nicht immer spezifiziert. Manche Ziele hingegen (v.a. Durchlaufzeitenverringerung, Bestandsenkung, Personaleinsparung oder Produktivitätsziele) werden sogar quantifiziert. Obwohl generell davon auszugehen ist, daß operationalisierte Ziele und darunter wiederum quantifizierte in besonderer Weise handlungsleitend werden (vgl. Mintzberg 1983), können die Ziele in ganz unterschiedlicher Weise - direkt oder eben nur indirekt - angesteuert werden.

So kann zwar das Ziel verbesserter Liefertreue und kürzerer Lieferzeiten in das (Teil-)Ziel Verkürzung der Durchlaufzeiten in der Produktion übersetzt werden. Es läßt sich bezogen auf bestimmte Produkte oder Produktgruppen weiter operationalisieren und letztlich in quantitativen Zielgrößen festschreiben, die in einem definierten Zeitraum erreicht werden sollen (Verringerung der Durchlaufzeit um 30% war eines der solchermaßen fixierten Ziele). Aus einer Zielunterschreitung lassen sich aber keine eindeutigen Maßnahmen ableiten, da die auf die Durchlaufzeiten wirkenden Einflußgrößen sehr vielfältig sind. Anders verhält es sich bei der Operationalisierung des Ziels Personalkosteneinsparung: Hier kann z.B. festgeschrieben werden, daß der aggregierte Personalaufwand aus direkten und indirekten Personalaufwendungen in der neuen Organisationseinheit um einen bestimmten Prozentsatz niedriger sein muß als in der vorherigen, aus Fertigungseinheiten und indirekten Einheiten bestehenden Struktur. Diese operationalisierte und quantifizierte Zielvorgabe läßt sich dann unmittelbar bei der Gestaltung der neuen Organisationseinheit umsetzen und deren Einhaltung entsprechend überprüfen.

Die Kehrseite dieser günstigen Operationalisierungsmöglichkeiten kann dann allerdings die besondere Hervorhebung der leicht operationalisierbaren Zielgrö-

---

[89] In Anlehnung an Mintzberg (1983, S.6) sind operationalisierte Ziele solche, die sich für einen "Ausdruck" ("expression") des Ziels eignen, der es erlaubt, daß die Zielerreichung gemessen werden kann. Das setzt eine identifizierbare Bezugsgröße (z.B. bestimmte Kostenarten, ein sehr einfacher aber gebräuchlicher Fall) und einen Bezugszeitraum bzw. -zeitpunkt voraus.

ßen in einem komplexen Zielbündel und damit die Verschiebung von Zielen sein.[90] Die Magie der Zahl - der meßbaren Größen - gegenüber qualitativen Größen, die Orientierung an Kosten vor Nutzeneffekten, die damit einhergeht, Vorrang von kurzfristigen Erfolgen vor langfristigen Effekten - das alles sind Mechanismen, die in der Operationalisierung und Kontrolle von Zielen zu Zielverschiebungen führen können. All diese Effekte begründen die Möglichkeit, daß die Zielerreichungskontrolle betriebspolitischer Intervention offen steht, mithin ein Objekt und Mittel der betrieblichen Positionierung von Akteuren und Akteursgruppen darstellt.

Selbst in dem Fall aus unserem Spektrum, in dem in beeindruckender Manier harte, meßbare Erfolge ausgewiesen werden und darüberhinaus von verschiedenen Akteuren eine Reihe von Plausibilitätsargumenten vorgetragen werden, die Zahlen stützen, bleiben diese Erfolgsausweise umstritten. Die Berechnungsgrundlagen der Erfolgskennziffern werden angezweifelt. Es habe "keine wirkliche Berechnung der Effekte gegeben", wird moniert.

"Man müßte exakte Vergleiche machen, wie war es früher mit diesem Personal, wie ist es jetzt nach zwei/drei Jahren. Und da müßte man so ehrlich sein und eine korrekte Auswertung über das Für und Wider anstellen, von den Kosten her." Das Interesse daran wird aber von den Kritikern gerade bezweifelt: Als Verfechter des neuen Konzepts "werde ich versuchen, das nicht ganz so negativ darzustellen. Wer gibt das raus, wer ist so ehrlich .... da wird sich keiner eine Blöße geben." Auch hier wird die unrettbare Verquickung von Erfolgsmessung und betriebspolitischen Interessen herausgestrichen: "Ja, wissen Sie, jemand, der was aufzieht, der wird das positiv für sich darstellen, auch mit seinen Mitarbeitern, der gewinnt ja auch. Der, der was abgeben muß, an dem was geschnippelt wird, der geht wieder her und sagt, ja, Freund, so ist es auch nicht".

Umgekehrt müssen sich die Zweifler an der Erfolgsbilanz vorhalten lassen, zur Fraktion der "Miesmacher" zu gehören, die nur ihre "Pfennigbereiche" verteidigen und jetzt nach Argumenten zur Rechtfertigung ihrer ursprünglichen Position suchen. Die Promotoren ihrerseits stehen in der Konkurrenz der Standorte des

---

[90] Im erwähnten Fall, in dem unmittelbare Zielvorgaben bezüglich der zu erzielenden Personaleffekte aufgestellt wurden, kann es zu einer Übersteuerung im Hinblick auf dieses Ziel kommen. Eine zu weit ausgedünnte Produktionsabteilung ist das Ergebnis, die dann andere Ziele (Sicherung hoher und gleichbleibender Qualität, Sicherung einer hohen Anlagenverfügbarkeit) nicht oder nicht auf Dauer gewährleisten kann. In die Vorgaben über zu erzielende personelle Einsparungen - gehen bei allen theoretischen Vorüberlegungen über die Reduzierung von Schnittstellen in der neuen Organisationsstruktur - unweigerlich normative und "politische" Gesichtspunkte ein, deren Angemessenheit dem Praxistest erst noch unterworfen werden muß.

Unternehmens und müssen Erfolge nachweisen, wenn das Ziel der Standortsicherung erreicht und ihre persönlichen Karriereaussichten gefördert werden sollen.

Wir lernen daraus erst einmal nur, daß in einer solchen Situation alle denkbaren Argumente herangezogen werden und es von der jeweiligen Machtposition abhängt, wer die Kriterien und Meßmethoden definieren kann, welches "Ergebnis" herauskommt.[91] Da können dann auch Argumente ein- und ausgeschaltet, Kriterien ein- und ausgeblendet werden, je nach Beweiszwecken. Dies liegt nicht zuletzt an dem folgenden Gesichtspunkt.

(4) Die *Einflußrichtung und -stärke des Faktors Organisationsveränderung* kann auch nicht im nachhinein eindeutig gegenüber anderen Einflußfaktoren auf die ausgewählten Zielgrößen isoliert werden. Mit den Veränderungen der Organisationsstrukturen variieren ja zugleich andere Faktoren. Und zwar sowohl externe Größen (Markt, Kundenverhalten, Technologieangebot, Arbeitsmarkt etc.) als auch andere interne Faktoren (technologische Veränderungen bei Produkten und Prozessen, andere Organisationsveränderungen, personelle Wechsel etc.). Ob die Veränderung einer Erfolgskennziffer - sei sie positiv oder negativ - dem vorgenommenen Organisationswandel zuzuschreiben ist oder nicht und gegebenenfalls in welchem Maße, läßt sich vielfach nicht entscheiden.

Einige wenige Illustrationen müssen auch hier genügen. In einem Fall wurden verschiedene Maßnahmen zur Verbesserung der Qualitätsstandards der Produkte getroffen, darunter die Einführung von Qualitätszirkeln bzw. von Formen der Mitarbeiterbeteiligung im Sinne der "kontinuierlichen Verbesserung". Die ausweisbaren Erfolgskennziffern sind beeindruckend positiv und werden von den Verantwortlichen nicht zuletzt auf die genannten Maßnahmen zurückgeführt. Die Förderung der Mitarbeiterinitiative bei Fehlersuche, Qualitätsmängeln und ineffizienten Abläufen war auch das erklärte Ziel dieser organisatorischen Maßnahmen. Auf einen ersten Blick stehen somit Ziele und erreichte Ergebnisse im Einklang. Die genauere Untersuchung der Maßnahmen ergibt dann aber, daß die begrenzte Mobilisierung des Engagements der Mitarbeiter, die man erreicht

---

[91] Wobei die "harten" Fakten, betriebswirtschaftlich, kostenrechnerisch legitimierte Kennziffern allemal größeres Gewicht haben als "weiche" Faktoren und nicht rechenbare Zukunftsoptionen. Aber es bekommen nur diejenigen Argumente und Sichtweisen eine Chance, sich in "harten" Daten auszudrücken, die von Akteuren gestützt werden, die Macht haben, ihre Argumente und Sichtweisen durch das Rechnungswesen absichern zu lassen.

hatte, nicht die Hauptursache für die erzielten Erfolge darstellen kann. Die angezielten Wirkungsgrößen werden durch die Qualitätszirkel und ähnliche Maßnahmen nur sehr vermittelt beeinflußt. Eine Reihe anderer Faktoren, die sich ebenfalls im Zeitablauf verändern, spielten eine wichtige, wenn nicht gar entscheidende Rolle. Kausale Interpretationen sind an sich schon schwierig, erst recht meß- und rechenbare Zuordnungen. Dies ist den Beteiligten durchaus klar. Man könne es sich einfach machen, heißt es. "Ich könnte (den Zusammenhang) so beweisen, daß ich sage, die Qualität, die wir jetzt haben, die ist um einiges besser als vor Jahren". Dies sei aber kein Beweis. "Aber da ist dann wieder die Vergleichsbasis. Die Bauteile sind besser, die Entwicklung ist anders und so alles andere. Das kann man schwer vergleichen." So fällt der Hauptertrag der Verbesserungen der Qualität in eine Zeit, in der das Produktprogramm vollständig umgestellt wurde, technologische Neuerungen (einfachere, ausfallsicherere Bauteile) Platz greifen und verstärkte Anstrengungen in der Entwicklung, fertigungsgerecht zu konstruieren, gemacht werden. Es erweist sich, daß die Unternehmensleitung versucht ist, die Verbesserungen der Qualitätskennziffern auf die organisatorischen Veränderungen zurückzuführen, weil diese Veränderungen des "sozialen Systems" sowohl gegenüber der Konzernzentrale als auch gegenüber der breiteren "industriellen" Öffentlichkeit, die nach "japanischen Verbesserungsmethoden" sucht, Legitimationsgewinn verspricht. In einem anderen Fall, in dem erhebliche personelle Einsparungsmöglichkeiten verbucht werden können, die von den Verantwortlichen auf das Reorganisationsprojekt zurückgeführt werden, stellt sich bei näherem Hinsehen heraus, daß die personellen Effekte doch nicht so einfach zuzurechnen sind, der "Erfolg" zumindest teilweise dem Zurückfahren von Ingenieurskapazitäten im Zuge technologischer und Marktveränderungen geschuldet ist. Diese beiden Fälle stehen für die Zurechnung von positiven Effekten zu dem jeweiligen Reorganisationsprojekt, dessen Promotoren nach Legitimation gegenüber internen und externen Akteuren suchen, während die erzielten Ergebnisse zumindest auch anderen, simultan erfolgten Veränderungen zuzuschreiben sind.

Umgekehrt stoßen wir aber auch auf negative Erfolgsbilanzen, bei denen entweder - wie oben schon beschrieben - der Zeithorizont eng gefaßt bzw. ein nur die "Hardware"-Veränderung umfassender Umsetzungszustand zugrundegelegt wurde, oder eben andere die Erfolgsbilanz beeinträchtigende Faktoren eigentlich mit ins Kalkül gezogen werden müßten. Hier zeigt sich, daß die zu erwartenden

Verbesserungen der Zielgrößen (zumeist Verringerung der Durchlaufzeiten, Bestandssenkung) nur erfolgversprechend angestrebt werden können, wenn organisatorische Veränderungen in anderen Bereichen des Unternehmens Platz greifen. Das heißt, daß die Zielgrößen nicht nur von der Reorganisation in der Fertigung, sondern von den "größeren" Organisationsstrukturen beeinflußt werden. Die betreffenden Unternehmen haben dies durch erweiterte Restrukturierungsmaßnahmen in der Folge ins Kalkül gezogen. Ergebnis waren somit sowohl veränderte Zielsetzungen als auch veränderte Mittel (Maßnahmen). Die ursprünglichen Vorstellungen über Ziele und Erfolgskontrolle wurden damit natürlich obsolet. Wäre die Beurteilung der Zielerreichung auf der Grundlage der ursprünglich formulierten Ziele erfolgt, hätte der Befund nur "Mißerfolg" heißen können.

(5) Die *durch das Leitbild induzierte Ausblendung anderer Zielgrößen*: Letztlich hängt die Erfolgsbewertung von den zugrundegelegten Zielgrößen ab. Die Auswahl der Ziele, an denen Erfolg oder Mißerfolg gemessen wird, bündelt die Aufmerksamkeit der Akteure auf die damit umschriebenen Wirklichkeitsausschnitte bzw. Problemdefinitionen. Das heißt zugleich, daß andere Ziele ausgeblendet und der Aufmerksamkeit entzogen werden. Es kann sich um Anforderungen handeln, die zum Zeitpunkt der Entscheidung nebensächlich erscheinen, später aber wieder ins Bewußtsein der Verantwortlichen treten, weil ihre Vernachlässigung dann erst Probleme schafft. Die Problemwahrnehmung und Lösungssuche steuernde Funktion dominierender Leitbilder kann gerade ein solches Ausblenden bzw. Delegitimieren von (alternativen) Zielen befördern, die dann in der Erfolgskontrolle keine Rolle mehr spielen.

Gerade wegen der normativen und kognitiven Kraft der Leitbilder sind solche Effekte aber schwierig zu entdecken. Wir haben vereinzelte Hinweise gefunden, daß eine allzu strikte Fixierung auf "schlanke" Strukturen zum Verlust von Innovationsfähigkeit, Risikovorsorge und Flexibilität führen kann. In einigen Fällen jedenfalls wird das "Übersteuern" auf der Grundlage der dominanten Orientierungen (Dezentralisierung, Elimination von Doppelarbeiten, schlanken Strukturen etc.) als gefährliche Entwicklung thematisiert, als riskante Auschaltung von Slack und Redundanz. So wird in einem Fall die Dezentralisierung der prozeßbezogenen Ingenieurfunktionen zwar einerseits als notwendig angesehen, um erst einmal mit Macht die vielfältigen Projektaktivitäten im Ingenieursbereich, "die ein Eigenleben entwickelt hatten, wegzubrechen". Andererseits wird aber auch das künftig zu erwartende Risiko angesprochen: "Wer übernimmt die Kostenverantwortung für Zukunftssicherung, wenn die indirekten Bereiche strikt nach Auftrag arbeiten" und die beauftragenden Produktionsbereiche selbst einer strikten Kostenkontrolle unterliegen. Warnende Äußerungen kommen auch aus Produktionseinheiten, denen durch die Dezentralisierung der Instandhaltung nunmehr keine ausreichenden Reservekapazitäten zur Überbrückung von Urlaubs- und Krankeitsausfällen zur Verfügung stehen.

Solche Warnungen erscheinen angesichts der gängigen Erfolgskriterien als unangemessen und "rückwärtsgewandt". Nach Staehle (1991, S. 314f.) beruht die "überwiegend negative Einschätzung der Konzepte Redundanz und Slack", die vielfach in unseren Fallstudien als Leitmotiv auftaucht, "auf einem probleminadäquaten, mechanistischen Bild der Organisation (vgl. etwa Morgan 1986), welches deren positive Aspekte, wie Sicherheit, Streßfreiheit, Voraussetzung für Flexibilität, Innovation, organisationales Lernen und Verändern negiert; darüber hinaus ist zu befürchten, daß durch das, häufig beraterunterstützte, Ausmerzen ungeplant entstandener Überschußressourcen (z.B. mittels Gemeinkostenwertanalyse, Elimination von Doppelarbeit, Zentralisation) Unternehmen in eine gefährliche Inflexibilität und Krisenanfälligkeit getrieben werden. Die vordergründig erzielten Wirtschaftlichkeitsgewinne einer schlanken, abgespeckten Organisation stehen u.U. in keiner Relation zu den schwer quantifizierbaren Verlusten an Flexibilität und Kreativität, an Fähigkeiten der Wahrnehmung kurzfristig auftretender Chancen, der Abwehr von krisenhaften Herausforderungen, kurz an organischem Wachstumspotential." Sicherlich, Staehle setzt hier einen starken Kontrapunkt. Aber auch Berger (1984, S. 73) stellt fest: "Angesichts von Unsicherheit ist ungewiß, wieviele und welche Dienstleistungen jeweils erbracht werden müssen, um den Bestand des Unternehmens zu sichern". "Umfang und Struktur der Dienstleistungen sind (...) weder durch technische Koeffizienten noch durch Wirtschaftlichkeitskalküle eindeutig bestimmt. Sie sind vielmehr Gegenstand schlecht strukturierter Entscheidungen, Ermessenssache" (ebd., S. 77). Berger zieht daraus den Schluß, "daß institutionalisierte Wahrnehmungsgewohnheiten, Wirklichkeitsdeutungen, Werte, persönliche, positionale oder professionelle Gesichtspunkte und Interessen sowie Konflikte und Machtauseinandersetzungen eine besondere Rolle spielen und daß Umfang und Struktur der Dienstleistungen nicht nur mit den exogenen, sondern auch mit den endogenen Faktoren, d.h. mit den innerbetrieblichen Handlungskonstellationen, variieren" (ebd., S. 78). Die Ungewißheit des Dienstleistungsbedarfs und der politisch-diskretionäre Charakter der Entscheidungen über Umfang und Art der zu erbringenden Diensleistungen eröffnet zwei extreme Entwicklungsmöglichkeiten, die beide das langfristige Überleben von Unternehmen gefährden können: Einerseits die überzogene Reduktion von Dienstleistungen, die Möglichkeiten der Organisation zur Wahrnehmung und Bearbeitung von Risiken und die Innovationsfähigkeit untergräbt. Andererseits die Tendenz zur pathologischen Aufblähung und Verselbständigung von Dienstleistungen, die die Ertragskraft des Unternehmens langfristig unterhöhlt.

Die positive Resonanz auf das neue Leitbild der schlanken Produktion verweist auf einen Pendelausschlag in der Problemwahrnehmung durch viele industrielle Akteure in Richtung auf die letztere Gefährdung. Staehles Beitrag setzt den dazugehörigen Kontrapunkt. Geht es also nur um eine neue Runde der Auseinandersetzung um die Bestimmung des "richtigen" Dienstleistungsbedarfs? Das wäre zu kurz gegriffen. Staehles Argumente zielen ja gerade auf jene Maßnahmen zur Reduktion von Redundanz und Slack, die mit Konzepten der "Zentralisation" und "Gemeinkostenwertanalyse" verbunden sind. Hierbei handelt es sich um Konzepte, die zu den bislang verbreiteten Organisationsmodellen der "lokalen Eingrenzung" von Unsicherheitsbearbeitung in dafür spezialisierten Dienstleistungsbereichen gehören. Die Dezentralisierungsprojekte, die wir hier vorstellen, beinhalten aber gerade einen Bruch mit diesen Prinzipien. Ein Ende der "Tertiarisierung" des sekundären Sektors wird eingeläutet. Reintegration indirekter, dienstleistender Tätigkeiten in die direkte, "herstellende" Arbeit ist angezeigt, wenn auch nicht immer in der Form der Reintegration auf der personalen Ebene, sondern auch auf der Organisationseinheit. Insofern trifft die kritische Anmerkung Staehles diese Konzepte nicht ganz. Dennoch liegt auch dem oben erwähnten Dezentralisierungsfall die Idee der "Elimination von Doppelarbeiten" zugrunde, die vor allem als überflüssiger Kostenballast wahrgenommen werden.

In welchem Umfang bislang separate indirekte Tätigkeiten durch Integration eingespart werden können, ist nur begrenzt nach technischen Koeffizienten oder Wirtschaftlichkeitskalkülen zu bestimmen. Auch hier bleibt ein politisch-diskretionärer Spielraum. Ferner zeigte sich, daß die "Elimination von Doppelarbeiten" durch die Aufhebung der geteilten Verantwortung zwischen unteren Linienvorgesetzten und indirekten Abteilungen sowie die Überführung in eine ungeteilte Verantwortung auch als problematische, weil übersteuernde Ausschaltung von

Redundanz interpretiert werden kann. Das legen zumindest die beschriebenen Überforderungsphänomene nahe. "Magersucht" wäre dann die treffende Diagnose. Daß das schlanke Produktionskonzept durch die weitgehende Beseitigung aller Puffer an Zeit, Personal, Vorräten/ Material immer auch die Dimension "Risiko" hat, wurde auch in anderen Veröffentlichungen aus dem berühmten International Motor Vehicle Program gesehen, die nicht den Bekanntheitsgrad von Womack u.a. (1991) erreichten (vgl. Jürgens 1992, S. 27).

"In diesem Prozeß gibt es keine Reserven für Störfälle, ganz gleich welcher Ursache sie sein mögen; der Prozeß ist riskant organisiert. (...) Damit ist jede Störung mit enormen Kosten verbunden; indem die Organisation straff ist, ist sie auch zerbrechlich" (ebd., S. 26).

"Schlanke" oder "Fragile" Produktion? "Schlanke" und "Fragile" Produktion gehören zusammen. Sicherlich: Die Risiken dieser Prozeß- und Produktionsorganisation lassen sich ein Stück weit durch breite Qualifizierung und hohe Motivation der Arbeitskräfte abmildern, wenn die personalpolitischen Rahmenbedingungen entsprechend gestaltet werden. Sie scheinen dennoch in den aktuellen Problemwahrnehmungen unterbelichtet.

4. Auswirkungen auf das System der industriellen Beziehungen

Wir verändern in diesem Kapitel noch einmal die Perspektive im Wechselspiel von Ursache und Wirkung. Zur Erinnerung: Eingangs beschrieben wir neue Organisationskonzepte und analysierten ihre Folgen für die Vorgesetzten, die indirekten Bereiche und Stäbe, für die gesamte Organisationskonfiguration und damit auch für die betriebliche Macht- und Statusverteilung. In einem ersten Perspektivwechsel fragten wir dann, wie ein solch tiefgreifender Wandel angesichts strukturell verfestigter Machtbeziehungen und institutionalisierter Vorstellungswelten möglich ist. Wir fanden in den überkommenen betrieblichen Arbeitsbeziehungen Anknüpfungspunkte für neue Akteurskonstellationen, die den Wandel tragen. Die betrieblichen wie die überbetrieblichen Arbeitsbeziehungen sind jedoch nicht nur den Wandel ermöglichende, sondern auch ihn begrenzende Strukturen. Sie bestimmen mit, in welcher Weise sich der Organisationswandel vollzieht, welche Ausprägungen er annimmt. Dies ist aber wiederum nur die eine Seite des Prozesses, in der gewissermaßen die Stabilität im Wandel zum Ausdruck kommt. Im folgenden, erneuten Perspektivwechsel wollen wir daher fragen, welche Auswirkungen der Wandel der Organisationsstrukturen und die typischen betriebspolitischen Formen, in denen er sich durchsetzt, auf die Strukturen der betrieblichen und überbetrieblichen Arbeitsbeziehungen haben. Auf der Grundlage unserer Erhebungen, aber auch aufgrund des bisher nur begrenzten Umsetzungs- und Verbreitungsgrades der neuen Organisationskonzepte, lassen sich nur vorsichtige Aussagen treffen. Deutlich werden auf alle Fälle weitreichende Auswirkungen auf das System der industriellen Beziehungen. Zwar sind nicht alle Probleme so gänzlich neu und bei der Suche nach Lösungen kann teilweise an schon "Erfundenes" angeknüpft werden. Dennoch bleiben große Herausforderungen für das System der industriellen Beziehungen, für die die Akteure noch keine Übung haben und für die sich noch keine neuen Kompromißlinien und Prozeduren herausgebildet haben. Diesbezüglich können wir nur die Fragen aufwerfen, die Akteure selbst an die ja von ihnen mitgeschaffenen bisherigen Strukturen stellen und - soweit von ihnen ausbuchstabiert - den Raum für neue Lösungen skizzieren.

Konsequenzen für die betrieblichen Arbeitsbeziehungen

Als Folge der beobachteten Akteurskonstellationen deuten sich Veränderungen der betrieblichen Arbeitsbeziehungen an, die sich im Fortgang der Entwicklung verfestigen könnten. Ihre wichtigsten Aspekte sind:

Auf der Basis der beschriebenen "neuen Bündnisse" aktualisiert sich ein Muster betrieblicher Arbeitsbeziehungen, das mit dem Begriff des "Co-Managements" der betrieblichen Interessenvertretung (Müller-Jentsch 1988a) umschrieben wird. Dieses Muster knüpft an bisherige Formen "kooperativer Konfliktverarbeitung" (Weltz 1977) an, die für weite Teile der bundesdeutschen Industrie als typisch gelten. Wo keine stabilen Strukturen der betrieblichen und gewerkschaftlichen Interessenvertretung existieren und "kooperative Konfliktverarbeitung" nicht "eingeübt" ist, ist die Entwicklung offener. Unsere Befunde legen nahe, daß hier der organisatorische Wandel entweder unter den Bedingungen eines kristallisierten Managements gefährdet ist oder unter den Bedingungen eines gering kristallisierten Managements über eine leitbildorientierte Koalition des Wandels auch ohne starken Einfluß der Interessenvertretung zum Zuge kommen kann. Diese These bedarf aber weiterer Überprüfung. Zu statisch darf man sich die

Konstellationen jedenfalls nicht vorstellen. Es kann sich auch im Zuge des organisatorischen Wandels, etwa über einen personellen Wechsel im Management, ein Muster kooperativer Konfliktverarbeitung neu etablieren. Andererseits könnte ein wirtschaftlicher Niedergang seine Stabilität gefährden.

Für die betriebliche Interessenvertretung ergeben sich durch die Politik des "Co-Managements" im organisatorischen Wandel auf der Grundlage der gewachsenen Interessenvertretungsstrukturen neue Anforderungen. Es zeichnet sich ein *Vertretungsdilemma für die betriebliche und gewerkschaftliche Interessenvertretung* ab, für das keine eingeübten Politikmuster zur Verfügung stehen. Hierin sehen wir die wohl gravierendste Folge der betriebspolitischen Umsetzung der neuen Organisationskonzepte für die Arbeitsbeziehungen. In betrieblicher Perspektive haben wir das Vertretungsdilemma im vorangegangenen Abschnitt schon erläutert. Welche neuen Kompromißlinien sich innerhalb der bestehenden Vertretungsstrukturen herausbilden, aber auch wie sich Akteure und Organisationen der Interessenvertretung neu gruppieren, bedarf weiterer Beobachtung und Analyse.

Es werden ferner durch die Ausweitung der Themen- und Aushandlungsgebiete erhebliche Anforderungen an die betriebliche Interessenvertretung gestellt. Der Druck zur *Professionalisierung betrieblicher Interessenvertretung* nimmt zu, ohne daß die Ressourcen zur Bewältigung dieser Anforderungen gleichermaßen wachsen. Betriebsräte sehen sich gezwungen, sich auf offene, partizipative Entscheidungs- und Umsetzungsprozeduren einzulassen, um neue Ressourcen der Interessenpolitik zu erschließen. Sie sehen darin in der Hauptsache neue Chancen der Einflußnahme. Andererseits werden aber auch Interessendifferenzierungen virulent, wodurch die Betriebsräte dem beschriebenen Vertretungsdilemma ausgesetzt werden. Offene, partizipative Entscheidungs- und Umsetzungsformen in den Unternehmen aktualisieren zugleich Spannungen zwischen den neuen Beteiligungsmöglichkeiten der Betriebsräte, den Beteiligungsangeboten an die Belegschaft und traditionellen, in der Betriebsverfassung verankerten Mitbestimmungsrechten. Der neuen Lage entsprechend wachsen zugleich die Anforderungen an die die Betriebsräte stützenden Gewerkschaften nach Beratung und tariflicher Flankierung für die erweiterten betrieblichen Aushandlungsprozesse.

Neue Beteiligungsformen der Betriebsräte und Mitwirkungsangebote an die Belegschaft müssen mit der repräsentativen Interessenvertretung abgestimmt werden. Zwar finden wir Befürchtungen von Gewerkschaften und Betriebsräten nicht bestätigt, unmittelbare Beteilungsangebote des Managements an die Beschäftigten könnten die repräsentative Interessenvertretung untergraben, wie sie früher im Zuge der Einführung von Qualitätszirkeln diskutiert wurden.[92] Es entstehen aber neue Spannungen, bei denen drei Aspekte von Bedeutung sind:

(1) Das *Verhältnis von Beteiligung und Mitbestimmung in betrieblichen Entscheidungs- und Gestaltungsprozessen*: In den Entscheidungs- und Umsetzungsprozessen bilden sich neue Formen der Beteiligung der Belegschaft heraus. Zugleich werden Betriebsräte in betriebliche Projektgruppen zur Ausgestaltung und Umsetzung der neuen Organisationskonzepte einbezogen. In beiden Fällen besteht auf seiten der Betriebsräte die Befürchtung, die erweiterten Beteiligungsmöglichkeiten könnten gegen die formalen Mitbestimmungsrechte ausgespielt werden. Von Betriebsräten wird aus diesem Grund auf einer klaren Trennung dieser beiden Ebenen der Interessenaushandlung bestanden. Ergebnisse von Projektgruppen ersetzen auch bei Beteiligung und gegebenenfalls Zustimmung des beteiligten Betriebsratsmitglieds zu einer geplanten Maßnahme nicht die Zustimmung durch die offiziellen Gremien. Diese Trennung der Aushandlungsebenen wird vom Management respektiert, zumal sie auch rechtlich abgesichert ist. Dennoch bleibt die parallele Existenz zweier Aushandlungsprozeduren ein Problem für die Betriebsräte, da ihre Möglichkeiten, in der formalen Mitbestimmungsprozedur gegebenenfalls gegen die Ergebnisse der Beteiligungsverfahren zu entscheiden, unter einem erhöhten Legitimationsbedarf stehen.

Nur in einzelnen Fällen finden wir auf der Grundlage von Betriebsvereinbarungen oder durch informelle Übereinkunft erweiterte Mitbestimmungsrechte des Betriebsrats in gemischt besetzten Lenkungsgremien (z.B. Vetorecht, Zwang zur konsensualen Entscheidung). Gegen die Erweiterung formaler Mitbestimmungsrechte gibt es erhebliche Widerstände im Management und in den Arbeitgeberverbänden.

(2) Sollte der vom Management anvisierte *kontinuierliche Verbesserungsprozeß* breitflächig zum Tragen kommen, würde die traditionelle betriebliche Regelung des Leistungskompromisses auf der Basis überprüfter Zeiten unter Druck kom-

---

[92] Zumindest in Betrieben mit starken Betriebsräten und einer ausgebauten gewerkschaftlichen Vertretungsstruktur werden Qualitätszirkel zwar als Herausforderung, aber doch als bewältigbare begriffen. Auf der Grundlage gewachsener kooperativer Arbeitsbeziehungen erscheint es dem Management auch nicht von Vorteil, Beteiligungsangebote zur Unterhöhlung der Rechte und der vereinheitlichenden Rolle der Betriebsräte im Kräftefeld des Unternehmens anzulegen.

men. Hier erscheinen neue Regelungen erforderlich, die einen abgesicherten betrieblichen Leistungskompromiß ermöglichen, ohne den anvisierten kontinuierlichen Verbesserungsprozeß zu ersticken. Es ist absehbar, daß der Fluß der Ideen zur kontinuierlichen Verbesserung von seiten der Beschäftigten versiegt, bevor er richtig in Gang gekommen ist, wenn leistungs- oder beschäftigungspolitische Nachteile für die betreffenden Beschäftigten nicht glaubhaft ausgeschlossen werden.

(3) *Herausforderung Gruppensprecher*: Die von Betriebsrat und Gewerkschaft befürwortete neue Institution des aus dem Kreis der selbstorganisierten Gruppen gewählten Gruppensprechers kann zu den Strukturen der betrieblichen Interessenvertretung in Konkurrenz treten, insbesondere zu den gewerkschaftlichen Vertrauensleuten. Diese potentielle oder auch aktuelle Konkurrenz war allerdings in keinem Fall Anlaß, die Institution des Gruppensprechers in Frage zu stellen. Eher wurde sie als Aufforderung zur Überprüfung der betrieblichen Gewerkschaftsarbeit verstanden.[93]

Tarifverträge als Hemmnis des organisatorischen Wandels und neue Anforderungen an Tarifvertragspolitik

Im Rahmen der betrieblichen Reorganisationsprozesse werden sowohl von Managementvertretern als auch von Betriebsräten die geltenden Tarifverträge als Hemmnis thematisiert. Als "Spiegelbild der taylorisierten Massenproduktion" (Riester o.J., S. 68) entstandene Tarifstrukturen begrenzen den möglichen und erwünschten Raum für betriebliche Arbeitsgestaltung. Die Notwendigkeit von Reformen wird bei allen Differenzen im einzelnen von beiden Tarifvertragsparteien gesehen (vgl. IGM Bezirksleitung Stuttgart o.J.; IGM 1991; Hundt 1993).[94] Wir finden zum Teil einen erheblichen Vorlauf betrieblicher Regelungen gegenüber den Tarifverträgen, und die betrieblichen Gestaltungsprozesse stoßen hinsichtlich verschiedener Regelungsgebiete an die Grenzen bisheriger Tarifverträge. Aber auch neue Gebiete wie Qualifizierung/Weiterbildung oder

---

[93] Vgl. hierzu auch Riester o.J., S.73.

[94] Unser regionaler und Branchenbezug ist auf Grundlage der Fallstudien in erster Linie der Tarifbezirk Nordwürttemberg-Nordbaden der Metallindustrie.

Beteiligung und/oder Mitbestimmung bei der Arbeitsorganisation kommen ins Blickfeld.

Unsere Fallstudien machen vor allem die Notwendigkeit veränderter Regelungen der betrieblichen Lohn- und Leistungspolitik sichtbar. Ohne ins Detail gehen zu können[95], heben wir hier folgende Gesichtspunkte hervor:

Zum einen erweisen sich die für Arbeiter und Angestellte getrennten Entgeltstrukturen als Hemmnis bei der Entwicklung dezentraler Organisationskonzepte und darauf abgestimmter Aufstiegswege (vgl. zur Begründung IV.5). In den dezentralen Arbeitsstrukturen neu entstehende Anforderungen lassen sich zum anderen mit den bestehenden tariflichen Eingruppierungsgrundsätzen nicht, nur unvollkommen oder allenfalls über Umwege berücksichtigen. Des weiteren wurde dem zeit-/mengenbezogenen Leistungslohn (Akkord) durch die technologische Entwicklung in hochtechnisierten Arbeitssystemen mit hohem Anteil unbeeinflußbarer Zeiten, aber auch durch die Einführung von betrieblichen Planzeiten und Standardlohnsystemen schon in der Vergangenheit die Grundlage entzogen. In neuen dezentralen Arbeitsstrukturen kommen nun weitere Faktoren hinzu, die die Erosion des Akkordlohns auch dort vorantreiben, wo es noch beeinflußbare Zeiten gibt und eine Anreizwirkung dieser Form des Leistungslohns nicht ausgeschlossen ist. Hier kann gerade die spezifische Anreizwirkung dysfunktional wirken. Der Einzelakkord fördert in besonderer Weise individuelle Optimierungsstrategien, die den einer Arbeitsgruppe zugewiesenen Aufgaben (z.B. Flexibilität durch Aufgabenwechsel) und dem Gruppenzusammenhalt entgegenwirken können. Aber auch durch die Form des Gruppenakkords können sich dysfunktionale Wirkungen ergeben, wenn die Gruppe durch die Auslegung des Lohnsystems einseitig auf die Mengen/Zeitdimension der Arbeitsaufgaben orientiert wird. Das Bestreben, Habitualisierungsgewinne herauszuwirtschaften, kann unter diesen Bedingungen dazu führen, daß der eigentlich erwünschte Tätigkeitswechsel unterbleibt oder andere Dimensionen der Arbeitsaufgabe (Qualität, Terminverantwortung) ausgeblendet werden. Ferner kann auf der Grundlage des Gruppenakkords die Tendenz zur Entfaltung internen Gruppendrucks auf "schwä-

---

[95] Zur Lohn- und Leistungsproblematik vgl. u.a. Meine/Ohl 1990 und Schudlich 1990.

chere" Gruppenmitglieder oder zu deren Ausgrenzung in besonderer Weise zum Tragen kommen.[96]

Zur Vermeidung negativer Effekte des Akkord-Leistungslohns kann prinzipiell die Einführung von Zeitlohn vereinbart werden. Hierbei sind Bestrebungen zu beobachten, die leistungsbezogene Komponente des Zeitlohns, die Leistungszulage, die aufgrund der Beurteilung durch den Vorgesetzten gewährt wird, stärker als individuellen Leistungsanreiz einzusetzen, als das bislang gebräuchlich war. Als allgemeine Lösung der geschilderten Probleme der Leistungsentlohnung scheint die "Flucht in den Zeitlohn" - wie diese Entwicklung mit negativer Konnotation von der Gewerkschaft bezeichnet wird - nicht geeignet. Die Betriebsräte büßen auf der Grundlage der bisherigen tariflichen Regelungen im Zeitlohn die Mitbestimmungsrechte über die Leistungbemessung ein. Deshalb lassen sie sich zumeist auf eine solche Regelung nicht ein. Aber auch von seiten des Managements sind keine durchgreifenden Bestrebungen zu erkennen, auf die Form der Leistungsentlohnung und die dadurch erhoffte Anreizwirkung generell zu verzichten.

Die tarifvertraglich vorgesehene Gruppenprämie scheint hier einen Ausweg zu bieten, eröffnet sie doch die Möglichkeit, auch andere Dimensionen als Zeit/-Menge zur Leistungsbezugsgröße zu machen. In Frage kommen hier Dispositionsprämien, Prämien für Maschinennutzungsgrade oder die Einhaltung von Qualitätskennziffern.[97] Von Gewerkschaftsseite wird aber angemerkt, daß weitergehende Leistungsbezugsgrößen, "weiche" Faktoren wie "Kooperationsfähigkeit oder Weiterbildungsbereitschaft (...), die häufig direkt oder indirekt bereits heute bei Beurteilungen angewendet werden" (Riester o.J., S. 70), im "eingeschränkten Leistungsverständnis" der Tarifverträge nicht vorkommen. Auch diesbezüglich wird also Reformbedarf angemeldet.

---

[96] Über die Verbreitung dieses Phänomens (vgl. auch Fröhlich 1983) ist wenig bekannt. In unserem Fallspektrum gibt es einzelne Hinweise. Betriebsräte und Gewerkschaften versuchen durch die Beeinflussung der Rahmenbedingungen der Entstehung und Zuspitzung von Gruppendruck entgegenzuwirken. Im Management gibt es einzelne Stimmen, die den Effekt zur Leistungsstimulierung der Gruppe begrüßen. Auch im Management wird aber die negative Seite erkannt: betriebliche Unruhe, Zerfall von Gruppenzusammenhängen.

[97] Es gibt hier verschiedene betriebliche Modelle, einen Königsweg wohl nicht. Bei der konkreten Ausgestaltung ergeben sich vielfältige Probleme der Messung und Gewichtung der Faktoren, auch um Zielkonflikte durch gegenläufige Anreizwirkungen zu vermeiden.

Insgesamt werden durch die neuen Organisationsformen und die dadurch veränderten Anforderungen die bisherigen Formen der Entlohnung in Frage gestellt. Bei der Reform der Entlohnung steht aber immer zugleich auch die Regelung der Messung und Festlegung des Leistungsumfangs und der Formen der Beteiligung, die daran geknüpft sind, auf der Tagesordnung: Es geht um den tarifvertraglichen Rahmen zur Sicherstellung eines neuen Leistungskompromisses. Die Diskussion um eine Tarifreform ist in der baden-württembergischen Metallindustrie in vollem Gange (vgl. Bahnmüller 1993). Ein "Einheitlicher Entgelttarifvertrag" soll die skizzierten Punkte, an denen die neuen Organisationskonzepte mit den bestehenden Tarifstrukturen kollidieren, auf befriedigende Weise regeln.[98]

Eine Tarifreform ist nicht nur in einem engen Sinn für die Einführung und Ausgestaltung dezentraler Organisationskonzepte und veränderter Arbeitsweisen von Bedeutung. Ob es gelingt, "soziale Innovationen" im Rahmen des bestehenden Systems der "sozialen Regulierung von Arbeitsmarkt und Arbeitsverhältnis" (Müller-Jentsch 1993, S. 502) zu vereinbaren, die Veränderungen des Rationalisierungsstils einfangen, entscheidet auch mit darüber, ob der Rahmen kooperativer Formen der Konfliktaustragung erhalten bleibt, der für die neuen Bündnisse, die wir auf betrieblicher Ebene identifizierten, notwendig ist.

---

[98] Auf sachliche Vorschläge zur Regelung der angesprochenen Problempunkte können wir hier nicht eingehen. Die grobe Richtung ergibt sich aus den konzeptionellen Überlegungen der Tarifparteien im Vorfeld der Tarifbewegungen (vgl. Hundt 1993; Riester o.J.; Zwickel 1992).

V. Zusammenfassung und Ausblick

Abschließend wollen wir die zwei wesentlichen Ergebnisse der vorliegenden Untersuchung resümieren. Es handelt sich dabei zum einen um die strukturellen Wirkungen der Dezentralisierungspolitik und zum anderen um ihre betriebspolitischen Voraussetzungen.

(1) Bei den Aussagen über strukturelle Wirkungen der identifizierten neuen Organisationskonzepte unterstellen wir deren Stabilität und weitere Verbreitung. Das ist natürlich nicht unstrittig, wie auch in den von uns beobachteten Haupttendenzen unterschiedliche Entwicklungsmöglichkeiten mitgedacht sind (insb. die beiden idealtypischen Modelle der Selbstorganisation und des Intrapreneurs), die wir nicht noch einmal im Detail rekapitulieren wollen und über deren jeweilige Eintrittswahrscheinlichkeit wir keine Aussagen treffen können. Dennoch ist es aus zwei Gründen sinnvoll, die strukturellen Wirkungen der neuen Organisationskonzepte über die betrachteten Fälle hinaus zu extrapolieren.

Zum einen werden die Haupttendenzen der beobachteten Reorganisationen durch die Lean Production-Diskussion in Industrie und Wissenschaft gestützt, auch wenn man in Rechnung stellen muß, daß die dezentralen Organisationsformen nur ein Element der Debatte neben anderen (Hersteller-Zulieferer-Beziehungen, simultanes Engineering u.a.) sind. Die Debatte um Lean Production hat inzwischen trotz vielfältiger Versuche, die Kernaussagen der Studie von Womack u.a. (1991) griffig zusammenzufassen[99], eine erhebliche Bandbreite von Rezeptionen zu Tage gefördert. Dies ist zum Teil den vielfach kritisierten Schwächen der Studie (vgl. Jürgens 1992, Altmann 1992, Schumann 1992) bzw. ihrer Interpretationsoffenheit und -bedürftigkeit geschuldet, die es zuläßt, wenn nicht gar dazu einlädt, verschiedene, zum Teil auch altbekannte Konzepte aus der bisherigen Rationalisierungsdebatte mit dem neuen Etikett zu versehen (vgl. Reiß 1993, Doleschal 1992), einfach "alten Wein in neue Schläuche zu gießen" (Jürgens 1992, S. 25). Soweit scheint die Sache jedenfalls entschieden: Lean Production ist zum zentralen Bezugspunkt der Rationalisierungsdebatte geworden und der positive Bezug zum Stichwort sichert allemal Aufmerksamkeit und Legitimation für den

---

[99] Vgl. u.a. Warschat/Ganz 1992; Schmitz 1992; Roth o.J.; Warnecke 1992.

eingeschlagenen Weg. Es ist damit aber nicht klar, ob überhaupt eine, und wenn ja, welche der Rezeptionen einen neuen "Königsweg" der Rationalisierung bahnt und welchen Stellenwert letztlich die beschriebenen dezentralen Organisationskonzepte für ihn haben werden. Sicher läßt sich bislang nur sagen, daß die Lean Production-Rezeption Fahrt in die Planung und Umsetzung neuer Organisationskonzepte gebracht hat, wie wir sie beschrieben haben. So sind in der Automobilindustrie, der Referenzindustrie der Studie von Womack u.a. (1991), Gruppen- und Teamkonzepte über ihren eher experimentellen Status hinaus gekommen. Pilotprojekte, oft mit langen Laufzeiten und ambitionierten Auswertungserfordernissen versehen, scheinen passé. Gruppen- und Teamkonzepte bekommen Leitbildcharakter, werden flächendeckend mit relativ kurzen Zielzeiten umgesetzt, neue Fabriken ganz nach dem Modell konzipiert (vgl. u.a. Stahlmann/Blanke 1992). Das im Lean Production-Modell für zentral gehaltene Kaizen-Konzept findet verstärkte Aufmerksamkeit und wird zum Teil im Rahmen von Gruppenarbeitsmodellen, zum Teil unabhängig davon eingeführt.

Zum anderen befördert die gedankliche Extrapolation beobachteter Entwicklungen die Aufmerksamkeit für nicht-intendierte, nicht-antizipierte und durch das neue Leitbild auch ausgeblendete Nebenfolgen eines Modernisierungsprozesses, die sozialer Regulierung bedürfen.

Die Ergebnisse unserer Fallstudien unterstützen empirisch die These eines Stilwechsels industrieller Rationalisierung. Reflexivität, die Bearbeitung der Hinterlassenschaften der vorausgegangenen Rationalisierungspraxis, die, auf unterschiedlichen Wegen und mit unterschiedlicher Konsequenz, dem Modell tayloristisch-fordistischer Rationalisierung folgte, kann als ein zentrales Merkmal der gegenwärtigen Rationalisierungspraxis gelten. Die Reflexivität erschließt sich einem allerdings nur dann richtig, wenn man auch das bisherige Rationalisierungsparadigma ("wissenschaftliche" Betriebsführung, "Massenproduktion", tayloristische Rationalisierung) als "systemische Rationalisierung" versteht, die über die Wirkungen in Fabrikhallen hinaus nicht nur die herstellende Arbeit veränderte, sondern organisatorisch verfestigte Formen der Abtrennung indirekter, "dienstleistender" Arbeit sowie eine ausdifferenzierte funktionale und hierarchische Gliederung der industriellen Organisationen und darauf aufbauende berufliche und positionale Selbstverständnisse wie auch spezifische Berufs- bzw. Karriereverläufe herausbildete. Dieses Argument gilt auch dann, wenn wir nationale, gegebenenfalls regionale und branchenbezogene Modifikationen des grundlegenden Paradigmas für möglich und gegeben halten.

Die untersuchten Organisationsveränderungen lassen sich - in Anlehnung an die Argumentationsfigur von Berger (1984) - als Umkehr des Trends zur Verlagerung von Unsicherheitsbearbeitung aus der herstellenden Arbeit, aus dem "technischen Kern" (Thompson 1967), in spezialisierte Dienstleistungsstäbe, d.h. als Zeichen eines neuen Trends zur Reintegration von Herstellungs- und Gewährleistungs- bzw. industrieller Dienstleistungsarbeit verstehen. Diese Reintegration kann - wie unsere Befunde zeigen - in verschiedenen Formen erfolgen: Einmal vornehmlich in Form der Reintegration unmittelbar in herstellende Arbeitstätigkeiten (arbeitsorganisatorische Reintegration im engeren Sinn) und zum anderen vornehmlich in Form der Reintegration in dezentrale Produktionseinheiten (betriebsorganisatorische Form). Diese Formen der echten Dezentralisierung, die in realen Reorganisationsprojekten auch in kombinierter Form auftreten können, werden vielfach ergänzt durch Formen paralleler Dezentralisierung (Qualitätszirkel, Kontinuierlicher Verbesserungsprozeß, Projektorganisation). Beide Entwicklungen zusammen können in Reorganisationsprojekte einmünden, oder von vornherein konzeptionell in solche eingebunden sein, bei denen die größere funktionale Gliederung der Organisation aufgehoben oder durchlässiger gemacht wird und insbesondere die funktionale Ausgliederung spezialisierter, zentraler Stäbe auf Fabrikebene oder auf Unternehmensebene teilweise zurückgenommen wird.

Sollte sich in der Tat der von uns in einigen Unternehmen vorgefundene Strukturwandel breitflächiger durchsetzen, so ist vor allem mit den folgenden Wirkungen zu rechnen:

(1) Die Reduzierung von Hierarchieebenen führt zu einer Verringerung von Aufstiegspositionen in der "Linie", was unter ansonsten unveränderten Bedingungen (Leitungsspanne) einen verringerten Bedarf an Führungskräften zur Folge hat.

(2) Der Abbau von Arbeitsplätzen und Führungspositionen in den indirekten, produktionsnahen Bereichen und (je nach Reichweite der Konzepte) auch in zentralen Stabsbereichen ist zu erwarten.

(3) Führungskräfte in der Linie auf den mittleren und unteren Ebenen werden mit deutlichen Veränderungen der Anforderungen konfrontiert. Je nach favorisiertem

Konzept (Selbstorganisation, Intrapreneurmodell) zeichnen sich unterschiedliche Entwicklungswege ab. Sie setzen zwar verschiedene Schwerpunkte hinsichtlich des zukünftigen Profils ("Moderator" der Selbstorganisation, "Intrapreneur"), stellen in jedem Fall aber das bisherige Selbstverständnis von Führungskräften nachhaltig in Frage. Sie werden daher von den bisherigen Führungskräften vielfach nicht nur als Chance und Herausforderung, sondern auch als Überforderung im Hinblick auf Qualifikationen und Belastungen verstanden. Zusammen mit dem Abbau von Hierarchieebenen kann der Neuzuschnitt der Vorgesetzenrollen zu einem Verdrängungswettbewerb führen, bei dem traditionelle Führungskräfte aus der Produktion ("Aufsteiger", Meister) und Führungskräfte mit zugeschriebenen Eigenschaften, die mangelnde Flexibilität, Leistungsfähigkeit und Belastbarkeit signalisieren (Alter, formale Qualifikation), gegenüber jüngeren und theoretisch besser ausgebildeten Beschäftigten ins Hintertreffen geraten.

(4) Die neuen Organisationskonzepte sind mit einem veränderten Aufgabenzuschnitt und Aufgabenverständnis der verbleibenden indirekten, produktionsnahen Bereiche und je nach Reichweite auch der zentralen Stäbe verbunden. Diese werden zunehmend auf die Rolle von "Dienstleistern" für die Produktion bzw. den gesamten Leistungserstellungsprozeß verwiesen. Ihr Platz in der Wertschöpfungskette wird überdacht und neu definiert. Für die dort Beschäftigten, und wiederum insbesondere für die Führungskräfte, stellt dies eine große Herausforderung ihres bisherigen Selbstverständnisses als *den* zentralen Experten, Planern und Kontrolleuren dar. Die Veränderungen führen zu Verunsicherung über die berufliche Zukunft und werden vielfach als deutlicher Statusverlust interpretiert. Dies auch deswegen, weil zunehmend Umfang und Qualität der verbleibenden "Dienstleistungs"bereiche in ganz anderer Weise als früher unter Rechtfertigungsdruck kommen. Sie müssen sich am Nutzen der erbrachten Dienstleistungen für die internen "Kunden-Lieferanten"-Beziehungen und an vergleichbaren externen Dienstleistungsangeboten messen lassen.

(5) Aus den organisatorischen Veränderungen erwächst eine Krise traditioneller Karriere- und Aufstiegswege. Einerseits werden generell an Führungskräfte erhöhte Anforderungen nach beruflicher Einsatzflexibilität gestellt, werden technische Fachqualifikationen in neuer Weise mit betriebswirtschaftlichen, "quasi-unternehmerischen" Funktionen verkoppelt. Schließlich gewinnen auch sozialkommunikative Fähigkeiten an Bedeutung. In dem Maße, in dem die großen indirekten Bereiche an Gewicht verlieren und auf funktionale Integration gesetzt

wird, werden bislang vorherrschende "Schornsteinkarrieren" unmöglich gemacht. Dies wird z.T. schon explizit in den offiziellen Karriereplanungen reflektiert. Zugleich werden die traditionellen Aufstiegswege von Facharbeitern aus der Produktion in die technischen Büros und auf untere und mittlere Führungspositionen verbaut oder doch zumindest durch die zugleich ansteigende Konkurrenz mit akademisch gebildeten Arbeitskräften deutlich in ihrer Bedeutung zurückgenommen.

Allerdings - und dies ist die Kehrseite des reflexiven Rationalisierungsprozesses - liegen die Chancen der neuen Organisationskonzepte in einer hinsichtlich Status und Qualifikationsprofil aufgewerteten, interessanteren, besser bezahlten direkten Arbeit. Bei allen Unterschieden im einzelnen ist dies die Grundlage für die häufig positiven Bewertungen der neuen Organisationskonzepte durch die Produktionsarbeiter und die betriebliche Interessenvertretung.

In die insgesamt positive Einstellung dieser Beschäftigtengruppen mischt sich allerdings die Befürchtung, ob bei einer Verbreiterung der Konzepte für eine ganze Reihe bisher in der Produktion Beschäftigter - leistungsgeminderte, lernentwöhnte, ältere Arbeitnehmer - diese Vorteile nicht zum Tragen kommen könnten und ob nicht auf mittlere Sicht bestimmte Erwerbspersonengruppen noch stärker als bisher aus dem Beschäftigungssystem ausgeschlossen werden könnten. Ohne soziale Regulation liegt ein Risiko dezentraler Organisationsformen in der Verschärfung von Segmentations- und Ausgrenzungstendenzen auf den inner- wie außerbetrieblichen Arbeitsmärkten.

Die Reintegration von Dienstleistungsarbeit in die herstellende Arbeit entpuppt sich ferner nicht nur als qualifikatorische und statusmäßige Aufwertung, sondern auch als Anlaß zur Überprüfung bisheriger Formen der Leistungsbemessung und -bewertung. Die Leistungsmessung von Produktionsarbeit herkömmlichen Zuschnitts und die darauf aufbauenden Entlohnungsformen schufen ja nicht nur besonders günstige Bedingungen effizienzorientierter Rationalisierung, sondern konnte in der Vergangenheit von den Gewerkschaften auch zur Leistungsregulierung genutzt werden. Nun wird die Leistungsregulierung "neu gemischter" Produktionsarbeit, die jetzt "rundumgenutzt" werden soll, auf die Tagesordnung gesetzt und tradierte leistungspolitische Kompromißlinien werden in Frage gestellt.

Die Kappung bisheriger Aufstiegswege für Facharbeiter, die Lutz'sche (1987) "Falle" der "neuen Produktionskonzepte", für die wir neues Belegmaterial gefunden haben, wird anders als die zuletzt benannten Probleme der Leistungs- bzw. Belastungsregulierung, der Ausgrenzung von Beschäftigtengruppen und der weiteren Segmentation des Beschäftigungssystems, nach unserem Eindruck von den industriellen Akteuren auf Verbandsebene noch kaum thematisiert.

Der Rationalisierungsprozeß, den wir eingangs als Rückbau der Ergebnisse bisheriger Rationalisierung skizziert hatten, erweist sich somit als schmerzhafter Umbau. Uns scheint der abschließende Hinweis wichtig, daß die beschriebene Entwicklung tradierte Macht- und Interessenstrukturen und wie selbstverständlich geltende Verhaltens- und Denkmuster, die in betrieblichen und außerbetrieblichen Sozialisationsprozessen gelernt wurden und oftmals weiterhin "gelehrt" werden, in Frage stellen. Sicher, die etablierten Machtstrukturen und die Institutionalisierungsprozesse des früheren Rationalisierungsparadigmas sind nicht grundsätzlich irreversibel. Es bleibt aber dennoch die Erkenntnis, daß die Hoffnung, man könne neue Strukturen "schlanker Produktion" einfach "einführen", trügerisch ist. Die skizzierten Veränderungen fordern Zeit für organisationales und institutionelles Lernen. Hier hilft der Begriff der reflexiven Rationalisierung weiter, weil er auf den Umstand aufmerksam macht, daß vorgängige Macht- und Interessenstrukturen "um- und rückgebaut" sowie kognitive und normative Konzepte, die institutionell verankert sind und in individuellen Biographien angeeignet wurden, neu bewertet werden müssen.

Ob der eingeschlagene Weg dazu beitragen kann, die Wettbewerbsprobleme der Unternehmen zu lösen, welche den Auslöser für die Reorganisationsprozesse bildeten, kann auf der Basis unserer Ergebnisse nicht entschieden werden und ist auch sonst wegen der vielfältigen Einflußfaktoren eine schwierig zu beantwortende Frage. Ganz unabhängig davon wurde aber deutlich, daß die den Reorganisationsprozessen zugrundeliegenden Leitbilder, die zunehmend in den Strom der Rezeption der Lean Production einmünden, ihrerseits - wie die zuvor stilbildenden Rationalisierungsleitbilder in ihrer Weise - Probleme und Nebenfolgen ausblenden. Diese werden entweder externalisiert und anderen gesellschaftlichen Subsystemen zur Regulierung überantwortet (der Bildungs-, Beschäftigungs- und Arbeitsmarktpolitik sowie den überbetrieblichen industriellen Beziehungen) oder sie können - auf weitere Sicht - in den Unternehmen selbst einen neuen Problemdruck erzeugen. Letzteres deutet sich im Phänomen der "Streßbelastung" durch überzogene Verschlankung und in der potentiellen Gefährdung von Innovationsfähigkeit durch überzogene Reduktion von "Gewährleistungsarbeit" an.

(2) Neben den skizzierten strukturellen Wirkungen haben wir gezeigt, daß der beschriebene Organisationswandel nicht in funktionalen Größen aufgeht, sondern gerade wegen der eintretenden bzw. antizipierten strukturellen Wirkungen an die Herausbildung neuer betrieblicher Koalitionen gebunden ist, die den Organisationswandel stützen. In unserem Untersuchungssample konnten wir zwei Varianten neuer Koalitionen entdecken und die jeweiligen Voraussetzungen des Zustandekommens beobachten. Unsere Ergebnisse zeigen, daß bei Fehlen der organisationsstrukturellen und betriebspolitischen Voraussetzungen für neue Koalitionen die Dezentralisierungsbestrebungen scheitern können. Das Scheitern kann sich auf zweierlei Weise vollziehen: einmal mehr oder weniger offensichtlich als Mißlingen der Durchsetzung innovativer Organisationsformen - durch Abbruch oder Rücknahme beschlossener Bemühungen, in Antizipation unüberwindlich scheinender Widerstände und durch das Versanden ursprünglicher Initiativen; zum anderen als faktisches Mißlingen neuer Arbeitsweisen in den veränderten Formalstrukturen, dauerhaftes Zurückbleiben der "Software" des Organisationswandels, Fortleben alter Einstellungen und Verhaltensmuster in den veränderten Strukturen.

Nimmt man die spezifischen Voraussetzungen leitbildorientierter Koalitionen als gegeben an, kann man ferner die Schlußfolgerung ziehen, daß unter den bundesdeutschen Verhältnissen[100] der skizzierte Organisationswandel eher auf das Zustandekommen gruppenorientierter Koalitionen angewiesen ist und damit auf den Typus von Arbeitsbeziehungen, der unter dem Etikett "kooperative Konfliktverarbeitung" für wichtige Teile der bundesdeutschen Industrie (zumindest der großbetrieblichen) für typisch gehalten wird. Unsere Befunde lassen auch erkennen, daß solche neuen Bündnisse nicht nur auf schon etablierte Arbeitsbeziehungen vom Typ "kooperativer Konfliktverarbeitung" angewiesen sind. Im Zuge von Bündnisangeboten durch die Promotoren des Organisationswandels im oberen Management können sich auch neue Formen kooperativer Arbeitsbeziehungen auf betrieblicher Ebene herausbilden, die auf die Eingrenzung der potentiellen Ver-

---

[100] Zumindest unter den westlichen Bedingungen, die östlichen bedürfen einer gesonderten Betrachtung.

lierergruppen abzielen. Insofern können wir davon sprechen, daß der für notwendig gehaltene Organisationswandel und das dabei sich den Initiatoren stellende Dezentralisierungsdilemma eher zu einer Bestärkung und Aktualisierung des Musters "kooperativer Konfliktverarbeitung" auf der Grundlage der neuen Bündnisoptionen führt. Dies gilt namentlich auch für krisenhafte Situationen, die ja meist den Ausgangspunkt für die Suche nach neuen Lösungen bildeten. Die neuen Bündnisse, so sie zustande kommen, sind gerade keine Schönwetterbündnisse.

Die nach Abschluß unserer Fallstudien eingetretene Verschärfung der Wirtschaftskrise, das verallgemeinerte Krisenbewußtsein der Akteure in Wirtschaft und Politik, in dem zunehmend der "Standort Deutschland" ins Gerede kommt, und die im Zuge der breiten Diskussion um Lean Production erfolgte nachhaltige Legitimation neuer Organisationskonzepte[101] lassen sicherlich die Durchsetzungschancen auch dort steigen, wo in relevantem Umfang Interessenlagen, Machtressourcen und eingespielte Denk- und Verhaltensmuster relevanter Akteure in Hierarchie und Stäben berührt sind. Probleme lassen sich immer weniger leugnen und Lösungsangebote, die noch den alten Bahnen folgen, haben keine Überzeugungskraft mehr. Es ist aus unserer Sicht allerdings zweifelhaft, ob dadurch allein schon die Basis der skizzierten Bündnisse untergraben ist, ob "die Krise als Bündnispartner" (wie das einer der befragten Betriebsräte ausdrückte) zusammen mit einem starken neuen Leitbild es für die Promotoren des Wandels erübrigt, nach Verbündeten zu suchen und dabei auch Kompromisse mit den Werkstattbelegschaften und der betrieblichen Interessenvertretung einzugehen. Diese Faktoren mögen dazu verhelfen, die Veränderung der formalen Organisationsstrukturen durchzusetzen. Ob Wirtschaftskrise und neues Leitbild als "Bündnispartner" aber allein ausreichen, innerhalb der neuen Formalstrukturen auch neue Arbeitsweisen und dezentrale Verantwortungsübernahme durchzusetzen und zur für notwendig gehaltenen Selbstrationalisierung der neuen Organisationseinheiten beizutragen, ist zweifelhaft. Gerade hiervon hängt ja - wie wir gesehen haben - in erheblichem Maße die Realisierung der in die neuen Strukturen gesetzten (ökonomischen) Erwartungen ab.

---

[101] Krise und neues Leitbild sind hierbei keine unabhängig voneinander wirkenden Faktoren. Die Krise schafft die Voraussetzungen für die Suche nach neuen Lösungen, kognitiven und normativen Konzepten, während umgekehrt das neue Leitbild neue Wahrnehmungs- und Deutungsmuster bereitstellt, die Krisensymptome offenbaren und das Krisenbewußtsein schärfen.

Gerade weil mit dem Rückbau funktionaler Spezialisierung und hierarchischer Differenzierung, der Neubestimmung von Kooperationsbeziehungen und der Neuverteilung von Einflußchancen und Statusverteilungen tradierte Arbeitskulturen, die jahrzehntelang sorgsam gepflegt wurden, aufgebrochen werden, bleibt ungewiß, ob sich in veränderten formalen Strukturen nicht doch wieder die alten Arbeitsweisen und Grenzziehungen durchsetzen. Für die Veränderung der "Software" bedarf es offenbar eines langen Atems und der Unterstützung von betrieblichen Bündnispartnern. Allein mit formaler Autorität durchgesetzte neue Organisationskonzepte können eben auch in einen fruchtlosen Kleinkrieg einmünden, in einen "Kampf aller gegen alle" um Status und Einflußchancen. Die erhofften neuen, wettbewerbsfähigeren Unternehmen können so nicht entstehen.

Auch nach Abschluß unserer eigenen Erhebungen haben wir insbesondere über Fachtagungen und Kongresse die weitere Entwicklung verfolgt und ähnliche Beobachtungen in anderen Unternehmen zur Kenntnis genommen. Darunter sind auch Fälle, in denen selbst in gravierenden Krisensituationen des Unternehmens die neuen Koalitionen Bestand haben, weil die an die Werkstattbelegschaft gerichteten Angebote in der Sicht der betrieblichen Interessenvertretung anderweitige Zumutungen aufwiegen. Prognosen über die weitere Entwicklung werden durch viele Unsicherheitsfaktoren beeinträchtigt. Eine Entwicklung, in der durch die Wirtschaftskrise und die erhöhten Rationalisierungsanstrengungen auch bislang eher tabuisierte Fragen neu aufgerollt werden und klassische Krisenbewältigungsmaßnahmen Platz greifen (Verlängerung der Arbeitszeiten, Abbau übertariflicher Leistungen, Infragestellung tariflicher Leistungen), kann die bisherige Geschäftsgrundlage der neuen Koalitionen auch dort untergraben, wo sie sich bislang stabilisieren konnten, bzw. verhindern, wo sie gerade erst im Entstehen begriffen sind. Denkbar ist aber auch, daß sich neue Kompromißlinien auf niedrigerem Niveau herausbilden, das Muster der betrieblichen Aushandlungsprozesse zwar nicht verschwindet, aber Inhalt und Niveau der ausgehandelten Kompromisse eine andere Gestalt annehmen.

In den von uns untersuchten Unternehmen entstanden die gruppenorientierten Koalitionen des Wandels noch unter der Bedingung relativ stabiler und vergleichsweise kooperativer Beziehungen der Tarifparteien. Unseres Erachtens sind die sektoralen industriellen Beziehungen aufgrund ihrer Entlastungsfunktion für die betriebliche Ebene eine wichtige Rahmenbedingung für das Zustandekommen der von uns identifizierten Koalitionen. Dies gilt ungeachtet der Tatsache, daß relevante Teile der bisherigen tariflichen Vereinbarungen durch die neuen Organisationskonzepte zum Hemmnis geworden sind. Deren Reform wurde bislang aber von beiden Tarifparteien - trotz verschiedener Differenzen über ein neues Regelungswerk - als gemeinsam zu bewältigende Aufgabe im Kern anerkannt.

Die in der gegenwärtigen Krise deutlicher zutage tretenden Verwerfungen im System der industriellen Beziehungen und die Anzeichen einer neuen Konfliktbereitschaft könnten neue Daten setzen und damit die Konstitution gruppenorientierter Koalitionen komplizieren bzw. unmöglich machen. Sollte sich in den betrieblichen Auseinandersetzungen um die Umsetzung der neuen Organisationskonzepte aber die Erkenntnis durchsetzen, daß hierfür neue Koalitionen notwendig sind, könnte dies in der verbandsinternen Willensbildung die Option stärken, die bisherigen kooperativen industriellen Beziehungen als Rahmenbedingung des Organisationswandels nicht zu gefährden. Wie sich in diesem Spannungsfeld die politischen Kräfte gruppieren, ist eine offene Frage.

Literatur

Altmann, N. (1992): Japanische Arbeitspolitik - eine Herausforderung? in: HBS/IGM (Hrsg.): Lean Production. Kern einer neuen Unternehmenskultur und einer innovativen und sozialen Arbeitsorganisation? Baden-Baden, S. 24-34.

Altmann, N./Sauer, D. (1989): Systemische Rationalisierung und Zulieferindustrie. Sozialwissenschaftliche Aspekte zwischenbetrieblicher Arbeitsteilung, Frankfurt a.M./New York.

Altmann, N./Deiß, M./Döhl, V./Sauer, D. (1986): Ein neuer Rationalisierungstyp - neue Anforderungen an die Industriesoziologie, in: Soziale Welt 37 (1986) 2/3, S. 191-207.

Baethge, M./Oberbeck, H. (1986): Zukunft der Angestellten. Neue Technologien und berufliche Perspektiven in Büro und Verwaltung, Frankfurt a.M./New York.

Bahnmüller, R. (1993): Tarifbewegung als Projektmanagement. Neue Wege bei der Entwicklung eines einheitlichen Entgelttarifvertrags in der Metallindustrie Baden-Württembergs, in: WSI Mitteilungen 46 (1993) 12, S. 821-830.

Bahnmüller, R./Faust, M. (1992): Das automatisierte Arbeitsamt. Legitimationsprobleme, EDV-Mythos und Wirkungen des Technikeinsatzes, Frankfurt a.M./New York.

Bahnmüller, R./Bispinck, R./Schmidt, W. (1992): Qualifizierung und Tarifvertrag. Eine empirische Studie zur betrieblichen Weiterbildung und zur Umsetzung der Qualifizierungsbestimmungen des Lohn- und Gehaltsrahmentarifvertrags I in der Metallindustrie Baden-Württembergs, Forschungsbericht FATK e.V., Erster Band - Integrierter Gesamtbericht, Zweiter Band - Sieben Betriebsfallstudien, Tübingen.

Bahnmüller, R./Bispinck, R./Schmidt, W. (1993): Betriebliche Weiterbildung und Tarifvertrag. Eine Studie über Probleme qualitativer Tarifpolitik in der Metallindustrie, München/Mering.

Bahnmüller, R. u.a. (1982): Beteiligung von Industriearbeitern an betrieblichen Steuerungsprozessen. In: Die Mitbestimmung 28 (1982) 6, S. 209-212.

Bargmann, H. (1984): Innovationshemmnis Industriemeister?, in: Zeitschrift für Soziologie 13 (1984) 1, S. 45-59.

Beck, U. (1986): Risikogesellschaft. Auf dem Weg in eine andere Moderne, Frankfurt a.M.

Becker, K./Eyer, E. (1992): Engelt (Überblick zum Entgeltsystem in Japan), in: Institut für angewandte Arbeitswissenschaft e.V. (IfaA), Köln (Hrsg.), Lean Production: Idee - Konzept - Erfahrungen in Deutschland, Köln, S. 50-67.

Berger, U. (1984): Wachstum und Rationalisierung der industriellen Dienstleistungsarbeit. Zur lückenhaften Rationalität der Industrieverwaltung, Frankfurt a.M./New York.

Bergmann, J. (1990): Rationalisierungsdynamik und Betriebsgemeinschaft. Die Rolle der japanischen Betriebsgewerkschaften, München und Mering.

Bleicher, K. (1986): Strukturen und Kulturen der Organisation im Umbruch. Herausforderungen für den Organisator, in: zfo 55 (1986) 2, S. 97-108.

Bleicher, K. (1982): Restrukturierung in der Rezession. Aktuelle Forderungen an die organisatorische Gestaltung, in: zfo 51 (1982) 5/6, S. 313-319.

Bieber, D. (1992): Systemische Rationalisierung und Produktionsnetzwerke, in: Malsch, Th./Mill, U. (Hrsg.), ArByte. Modernisierung der Industriesoziologie? Berlin, S. 271-293.

Braczyk, H.-J. (1992): Die Qual der Wahl. Optionen der Gestaltung von Arbeit und Technik als Organisationsproblem, Berlin.

Brödner, P. (1985): Fabrik 2000. Alternative Entwicklungspfade in die Zukunft der Fabrik, Berlin.

Brünnecke, K./Deutschmann, Ch./Faust, M. (1992): Betriebspolitische Aspekte des Bürokratieabbaus in Industrieunternehmen, in: Staehle, W.H./Conrad, P. (Hrsg.), Managementforschung 2, Berlin/New York, S. 1-38.

Brünnecke, K./Faust, M./Jauch, P./Deutschmann, Ch. (1991): Operative Decentralization - the Influence of Different National Systems: Are Companies Adaptors or Ambassadors Overseas?, Beitrag auf dem SPES-Workshop "On Labour Management in the Euro-Company", University of Warwick, 13.-15.12.1991, unveröffentlichtes Manuskript.

Bühner, R. (1989): Strategie und Organisation. Neuere Entwicklungen, in: zfo 58 (1989) 4, S. 223-232.

Bullinger, H.-J. (1991): Lean production - Was steckt dahinter?, in: RKW - Landesgruppe Baden-Württemberg (Hrsg.), RKW-Forum 1991. Lean production - Industrie im Übergang, S. 5-22.

Bullinger, H.-J./Fuhrberg-Baumann, J./Müller, R. (1991): Neue Wege der Kundenauftragsabwicklung, in: zfo 60 (1991) 5, S. 306-313.

Crozier, M. (1963): Le phénomène bureaucratique, Paris.

Crozier, M./Friedberg E. (1979): Macht und Organisation. Die Zwänge kollektiven Handelns, Königstein/Ts.

Cyert, R.M./March, J.G. (1963): A Behavioral Theory of the Firm, Englewood Cliffs.

Demes, H. (1989): Die pyramidenförmige Struktur der japanischen Automobilindustrie und die Zusammenarbeit zwischen Endherstellern und Zulieferern, in: Altmann, N./Sauer, D. (Hrsg.), Systemische Rationalisierung und Zulieferindustrie, Frankfurt a.M./New York, S. 251-197.

Deppe, J. (1987): Qualitätszirkel aus Sicht theoretischer Forschung - Entwicklungsstand, Defizite und Perspektiven, in: Dokumentation 5. Deutscher Quality Circle Kongress, 1986, S. 103-115.

Deppe, J. (1986): Qualitätszirkel - Ideenmanagement durch Gruppenarbeit. Darstellung eines neuen Konzepts in der deutschsprachigen Literatur, Bern/Frankfurt a.M./New York.

Deutschmann, Ch. (unter Mitarbeit von Claudia Weber) (1987): Arbeitszeit in Japan. Organisatorische und organisationskulturelle Aspekte der "Rundumnutzung" der Arbeitskraft, Frankfurt a.M./New York.

Deutschmann, Ch. (1989a): Der "Clan" als Unternehmensmodell der Zukunft? in: Leviathan 17 (1989) 1, S. 85-107.

Deutschmann, Ch. (1989b): Reflexive Verwissenschaftlichung und kultureller "Imperialismus" des Managements, in: Soziale Welt 40 (1989) 3, S. 347-396.

Deutschmann, Ch./Weber, C. (1987): Das japanische "Arbeitsbienen"-Syndrom, in: Prokla 17 (1987) 1, S. 31-53.

Die zweite Revolution, in: Metall, Nr.24/1991 (29.11.1991), S. 10-13.

Dörre, K./Neubert, J./Wolf, H. (1993): "New Deal" im Betrieb? Unternehmerische Beteiligungskonzepte und ihre Wirkung auf die Austauschbeziehungen zwischen Management, Belegschaften und Interessenvertretungen, in: SOFI-Mitteilungen (1993) 20, Januar 1993, S. 15-36.

Doleschal, R. (1992): Wettlauf um die produktivste Fabrik, in: IAT/ IGM/IAO/ HBS (Hrsg.), Lean Production - Schlanke Produktion. Neues Produktionskonzept humanerer Arbeit? Düsseldorf, S. 43-46.

Doleschal, R. (1989): Just-in-time-Strategien und betriebliche Interessenvertretung in Automobil-Zulieferbetrieben, in: Altmann, N./Sauer, D. (Hrsg.), Systemische Rationalisierung und Zulieferindustrie. Sozialwissenschaftliche Aspekte zwischenbetrieblicher Arbeitsteilung, Frankfurt a.M./New York, S. 155-205.

Drexel, I. (1991): Ausbildungs- und Berufswege zwischen Facharbeiter und Ingenieur. Das Mittelfeld gewerblich-technischen Personals unter Restrukturierungsdruck, in: WSI-Mitteilungen 44 (1991) 4, S. 226-235.

Enderle, P. (1992): Das innovative System "Schlanke Produktion", in: Institut für angewandte Arbeitswissenschaft e.V. (IfaA), Köln (Hrsg.), Lean Production: Idee - Konzept - Erfahrungen in Deutschland, Köln, S. 11-16.

Engroff, B. (1991): Fertigungsinseln heute. Formen, Ausprägungen, Probleme, Erfolge, Trends, in: AWF (Hrsg.), Fachtagung Fertigungsinseln '91.

Faust, M. (1992): Computer, Rationalität und Mythen in der politischen Arena. Begründungen und Hintergründe von Entscheidungen über den EDV-Einsatz - am Beispiel der Bundesanstalt für Arbeit, Dissertation, Tübingen.

Fieten, R. (1992): Lean Production - Schlagwort oder neue Konzeption für Hersteller und Zulieferer in der deutschen Metallindustrie, in: AWF/ RKW/VDI-ADB (Hrsg.), Tagungsband "Lean Production. Tragweite und Grenzen eines Modells", Mai 1992, Gelsenkirchen.

Fix-Sterz, J./Lay, G./Schultz-Wild, R. (1986): Flexible Fertigungssysteme und Fertigungszellen - Stand und Entwicklungstendenzen in der Bundesrepublik Deutschland, in: VDI-Z, 128 (1986) 11, S. 369-379.

Freimuth, J. (1988): Der Industriemeister. Berufsstand zwischen Baum und Borke, in: Personal - Mensch und Arbeit im Betrieb (1988) 1, S. 18-22.

Fricke, W./ Wiedenhofer, H.(1985): Beteiligung im Industriebetrieb. Probleme des mittleren Managements, Frankfurt a.M./New York (Schriftenreihe "Humanisierung des Arbeitslebens"; Band 55).

Fröhlich, D. (1983): Machtprobleme in teilautonomen Arbeitsgruppen, in: Sonderheft 25 KZfSS, S. 532-551.

Gauderon, E. (1984): Fertigen mit einer autonomen Fertigungsinsel, in: VDI-Z 126 (1984) 5, S. 133-135.

Girschner-Woldt, I. u.a. (1986): Beteiligung von Arbeitern an betrieblichen Planungs- und Entscheidungsprozessen. Das Tübinger Beteiligungs-Modell, Frankfurt a.M./New York (Schriftenreihe "Humanisierung des Arbeitslebens"; Band 76).

Glover, I. (1978): Executive Career Patterns: Britain, France, Germany and Sweden, in: Fores, M./Glover, I. (eds.): Manufacturing & Management, London, S. 157-180.

Hallwachs, U. (1992): Dezentrale Verantwortungsbereiche in der Produktion - Rahmen für Produktionskompetenz und gesellschaftlichen Wertewandel, in: Bullinger, H.-J. (Hrsg.): Kundenorientierte Produktion. Ablauforientierte Integration. Ganzheitliche Logistikkonzepte. Dezentrale Verantwortungsbereiche, Berlin u.a., S. 193-223.

Heckscher, Ch. (1990): The Managerial Community. A Working Paper. Unveröffentlichtes Manuskript, Boston.

Heeb, W. (1985): Motivation durch Zusatzhierarchie, in: Pullig, K.-H./Schäkel, U./Scholz, J. (Hrsg.): Leistungsträger in der Krise? Die Zukunft des mittleren Managements, Hamburg, S. 113-128.

Heeg, F.G./ Lichtenberg, I. (1990): Gruppenorientierte Arbeitsorganisation. Organisationsentwicklung in einem stahlverarbeitenden Unternehmen, in: zfo 59 (1990) 2, S. 111-117.

Hennig, J./Pekruhl, U. (1991): Widersprüche zwischen Markt- und Produktionsstrategie. Flexible Spezialisierung in der Investitionsgüterindustrie Nordrhein-Westfalens, IAT PT04, Gelsenkirchen.

Hirsch-Kreinsen H./ Wolf H. (1987): Neue Produktionstechniken und Arbeitsorganisation. Interessen und Strategien betrieblicher Akteure, in: Soziale Welt 38 (1987) 2, S. 181-196.

Hirsch-Kreinsen, H./ Springer, R. (1984): Alternativen der Arbeitsorganisation bei CNC-Einsatz, in: VDI-Z 126 (1984) 5, S. 114-118.

Hundt, D. (1993): Einheitliches Entgelt für Arbeiter und Angestellte in der Elektro- und Metallindustrie, Vortrag auf der "Analytik '93", 23. November 1992, Stuttgart.

IfaA (1992): Institut für angewandte Arbeitswissenschaft e.V. (IfaA), Köln (Hrsg.), Lean Production: Idee - Konzept - Erfahrungen in Deutschland, Köln.

IG Metall (1991): Tarifreform 2000. Ein Gestaltungsrahmen für die Industriearbeit der Zukunft, Frankfurt a.M..

IG Metall Bezirksleitung Stuttgart (Hrsg.) (o.J.): Zukunft der Automobilzulieferer, Stuttgart.

IMU (Institut für Medienforschung und Urbanistik) (o.J.): Stuttgart. Problemregion der 90er Jahre. Gefährdungen der Arbeitnehmer durch Umstrukturierungsprozesse in der Metallindustrie im Wirtschaftsraum Stuttgart, o.O.

Jürgens, U. (1990): Produktionskonzepte und Standortstrategien in der Weltautomobilindustrie, in: WSI-Mitteilungen 43 (1990) 9, S. 596-502.

Jürgens, U. (1992): Lean Production in Japan: Mythos und Realität,in: IAT/ IGM/ IAO/HBS (Hrsg.), Lean Production - Schlanke Produktion. Neues Produktionskonzept humanerer Arbeit? Düsseldorf, S. 25-34.

Kalkowski, P./Manske, F. (1993): Innovation im Maschinenbau. Ein Beitrag zur Technikgeneseforschung, in: SOFI-Mitteilungen (1993) 20, Januar 1993, S. 62-85.

Keller, G/ Kern, S. (1990): Verwirklichung des Integrationsgedankens durch CIM-Ansätze. Funktionsintegration durch objektorientierte Organisationseinheiten, in: zfo 59 (1990) 4, S. 228-234.

Kern, H./ Schumann, M. (1984): Das Ende der Arbeitsteilung? Rationalisierung in der industriellen Produktion, München.

Kleinschmidt, H./Rechmann, H. (1989): Wagenbau mit Meisterfamilien. Eine neue Arbeitswirtschaft, in: Fabrik der Zukunft (1989) 11, S. 14-17.

Klingenberg, H./Kränzle, H.-P. (1986): Humanisierung bringt Gewinn. Modelle aus der Praxis, Band 1: Montage und Qualitätskontrolle, Eschborn.

Klingenberg, H./ Kränzle, H.-P. (1988): Humanisierung bringt Gewinn. Modelle aus der Praxis, Band 2: Fertigung und Fertigungssteuerung, Eschborn.

Klitzke, U. (1992): Neues Produktionskonzept für humanere Arbeit, in: IAT/ IGM/ IAO/HBS (Hrsg.), Lean Production - Schlanke Produktion. Neues Produktionskonzept humanerer Arbeit? Düsseldorf, S. 11-13.

Kotthof, H. (1981): Betriebsräte und betriebliche Herrschaft. Eine Typologie von Partizipationsmustern im Industriebetrieb, Frankfurt a.M./New York.

Krüger, W./ Reißner, S. (1990): Inhaltsmuster der Hierarchie. Eine Exploration anhand der zfo-Führungsprofile, in: zfo 59 (1990) 6, S. 380-388.

Krystek, U. (1989): Entwicklung und Kultur der Unternehmung werden durch Krisen verändert (Überlebenskritische Prozesse und deren Wirkung auf Entwicklung und Kultur der Unternehmung), in: zfo 58 (1989) 3, S. 186-193.

Lahnstein, M. (1978): Intelligente Produkte brauchen motivierte Manager, in: Pullig, K.-H./Schäkel, U./Scholz, J. (Hrsg.): Leistungsträger in der Krise? Die Zukunft des mittleren Managements, Hamburg, S. 49-67.

Loos, U. (1992): Auf dem Weg zur Hochleistungsorganisation - Erfahrungsbericht eines Kfz-Zulieferers mit "Lean Production" in: AWF/RKW/VDI-ADB (Hrsg.): Tagungsband "Lean Production. Tragweite und Grenzen eines Modells", Mai 1992, Gelsenkirchen.

Lutz, B. (1987): Wie neu sind die "neuen Produktionskonzepte"? In: Malsch, Th./ Seltz, R. (Hg.): Die neuen Produktionskonzepte auf dem Prüfstand. Beiträge zur Entwicklung der Industriearbeit, Berlin, S. 195-207.

Lutz, B. (1989a) (1.Auflage 1984): Der kurze Traum immerwährender Prosperität. Eine Neuinterpretation der industriell-kapitalistischen Entwicklung im Europa des 20. Jahrhunderts, Frankfurt a.M./New York.

Lutz, B. (1989b): Was wurde aus dem Kritikpotential der "jungen Generation" der fünfziger Jahre? Erste Überlegungen zur historischen Interpretation früherer industriesoziologischer Befunde, in: Erd, R. u.a. (Hg.): Kritische Theorie und Kultur, Frankfurt a.M., S. 336-353.

Maier, H.E. (1987): Das Modell Baden-Württemberg. Über institutionelle Voraussetzungen differenzierter Qualifikation - Eine Skizze, WZB-discussion-papers IIM/LMP87-100, Berlin.

Malsch, Th. (1987): "Neue Produktionskonzepte" zwischen Rationalität und Rationalisierung - Mit Kern und Schumann auf Paradigmensuche, in: Malsch, Th./Seltz, R. (Hg.), Die neuen Produktionskonzepte auf dem Prüfstand, Berlin, S. 53-79.

Marginson, P./Buitendam, A./Deutschmann, C./Perulli, P. (1993): The emergence of the Euro-company: towards a European industrial relations?, in: Industrial Relations Journal, 24 (1993) 3, S. 182-190.

Meine, H./ Ohl, K. (1990): Lohn- und leistungspolitische Konsequenzen veränderter Produktionskonzepte in der Metallindustrie, in: WSI-Mitteilungen 43 (1990) 4, S. 197-205.

Meyer, J.W./Rowan, B. (1977): Institutionalized Organizations: Formal Structure as Myth and Ceremony, in: American Journal of Sociology, 83 (1977) 2, S. 340-363.

Mickler, O. (1983): Ende der Meisterwirtschaft? Zu einem Aspekt computerisierter Organisationstechniken im Facharbeiterbetrieb, in: Baethge, M./ Eßbach, W. (Hg.): Soziologie: Entdeckungen im Alltäglichen. Hans Paul Bahrdt, Festschrift zu seinem 65. Geburtstag, Frankfurt a.M./New York, S. 331-343.

Minssen, H./Howaldt, J./Kopp, R. (1991): Gruppenarbeit in der Automobilindustrie. Das Beispiel Opel Bochum, in: WSI-Mitteilungen, 44 (1991) 7, S. 434-441.

Mintzberg, H.(1979): The Structuring of Organizations. A Synthesis of the Research, Englewood Cliffs.

Mintzberg, H. (1983): Power in and around Organizations, Englewood Cliffs.

Monse, K. (1992): Zwischenbetriebliche Vernetzung in institutioneller Perspektive, in: Malsch, Th./Mill, U. (Hrsg.), ArByte. Modernisierung der Industriesoziologie? Berlin, S. 295-314.

Morgan, G. (1986): Images of Organization, Beverly Hills/Newbury Park/New Dehli/London.

Müller-Jentsch, W. (1993): Das (Des-)Interesse der Arbeitgeber am Tarifvertragssystem, in: WSI-Mitteilungen, 46 (1993) 8, S. 496-502.

Müller-Jentsch, W. (1988a): Gewerkschaften im Umbruch. Ein qualitativer Vergleich, in: ders. (Hrsg.): Zukunft der Gewerkschaften. Ein internationaler Vergleich, Frankfurt a.M./ New York, S. 265-288.

Müller-Jentsch, W. (1988b): Arbeitsorganisation und neue Techniken als Gegenstand betriebs- und tarifpolitischer Konzeptionen und Strategien der IG-Metall, in: Dankbaar, B./Jürgens, U./Malsch, Th. (Hrsg.): Die Zukunft der Arbeit in der Automobilindustrie, Berlin, S. 263-280.

Neumann, H. (o.J.): Strukturprobleme in der Automobil- und Zulieferindustrie, in: IG Metall Bezirksleitung Stuttgart (Hrsg.), Zukunft der Automobilzulieferer, Stuttgart, S. 5-11.

Nichts für Patriarchen. Lean Management - ein vorgelebtes Beispiel (1992): in: Bild der Wissenschaft (1992) 11, S. 84ff.

Nomura, M. (1989): Beziehungen zwischen den Unternehmensgewerkschaften eines Automobilherstellers und seiner Teilezulieferer - Organisation und Aktivitäten von Gewerkschaften in der japanischen Automobilindustrie, in: Altmann, N./Sauer, D. (Hrsg.), Systemische Rationalisierung und Zulieferindustrie, Frankfurt a.M./New York, S. 299-334.

Nomura, M. (1992): Abschied vom Toyotismus bei Toyota? in: HBS/IGM (Hrsg.): Lean Production. Kern einer neuen Unternehmenskultur und einer innovativen und sozialen Arbeitsorganisation? Baden-Baden, S. 55-63.

Novak, H. (1993): Gruppenarbeit: Ein neuer Maßstab für Organisationsentwicklung und berufliche Bildung?, in: Binkelmann, P./Braczyk, H.-J./Seltz, R. (Hrsg.): Entwicklung der Gruppenarbeit in Deutschland, Frankfurt a.M./New York, S. 403-413.

Offe, C. (1984): Das Wachstum der Dienstleistungsarbeit. Vier soziologische Erklärungsansätze, in: ders. (Hrsg.), "Arbeitsgesellschaft". Strukturprobleme und Zukunftsperspektiven, Frankfurt a.M./New York, S. 291-319.

Ortmann, G. (1993): Dark Stars. Institutionelles Vergessen in der Industriesoziologie, in: Beckenbach, N./van Treek, W. (Hrsg.): Umbrüche gesellschaftlicher Arbeit, Soziale Welt, Sonderheft (im Erscheinen).

Ortmann, G. (1990): Mikropolitik und systemische Kontrolle, in: Bergstermann, J./Brandherm-Böhmker, R. (Hrsg.), Systemische Rationalisierung als sozialer Prozeß, Bonn, S. 99-120.

Ortmann, G./Windeler, A./Becker, A./Schulz, H.-J. (1990): Computer und Macht in Organisationen. Mikropolitische Analysen, Opladen.

Osterloh, M. (1987): Industriesoziologische Vision ohne Bezug zur Managementlehre?, in: Malsch, Th./Seltz R. (Hrsg.): Die neuen Produktionskonzepte auf dem Prüfstand. Beiträge zur Entwicklung der Industriearbeit, Berlin, S. 125-154.

Ott, A.E. (1991): Wirtschaftsstruktur, wirtschaftsstrukturelle Entwicklung, Strukturpolitik, in: Landeszentrale für politische Bildung (Hrsg.): Baden-Württemberg. Eine politische Landeskunde Teil II, Stuttgart, S. 138-163.

Partnerschaft von Großunternehmen und Zulieferern (1992): in: VDI-Z 134 (1992) 5, S. 29.

Perrow, Ch. (1986): Complex Organizations. A critical Essay, 3rd edition, New York.

Peters, Th./Waterman, R.H.(1982): In Search of Excellence. Lessons from America's Best-Run Companies, New York.

Pfeffer, J. (1978): The Micropolitics of Organizations, in: Meyer, M.W. (ed.): Environment and Organizations, San Francisco, S. 29-50.

Piore, M.J./Sabel, Ch. (1985): Das Ende der Massenproduktion. Studie über die Requalifizierung der Arbeit und die Rückkehr der Ökonomie in die Gesellschaft, Berlin.

Pippke, W./Wolfmeyer, P. (1976): Die berufliche Mobilität von Führungskräften in Wirtschaft und Verwaltung. Ein empirischer Vergleich ihrer Berufswerdegänge und deren Bestimmungsfaktoren, Baden-Baden.

Pries, L. (1991): Betrieblicher Wandel in der Risikogesellschaft, Opladen.

Pries, L./Schmidt, R./Trinczek, R. (1990): Entwicklungspfade von Industriearbeit. Chancen und Risiken betrieblicher Produktionsmodernisierung, Opladen.

Produktinseln und Auftragsteam. Ein ganzheitliches Organisationsmodell für mittelständische Betriebe; awfi - Arbeitswissenschaftliches Forschungsinstitut GmbH (1988), Berlin u.a., Frankfurt a.M./New York (Schriftenreihe "Humanisierung des Arbeitslebens"; Bd. 95).

Rammert, W. (1992): Wer oder was steuert den technischen Fortschritt? Technischer Wandel zwischen Steuerung und Evolution, in: Soziale Welt 43 (1992) 1, S. 7-25.

Roth, S./Kohl, H. (Hrsg.) (1988): Perspektive: Gruppenarbeit, Köln.

Roth, S. (o.J.): Japanisierung oder eigener Weg? Die Anwendung "schlanker Produktionsweisen" in der deutschen Automobilindustrie, in: IG Metall Bezirksleitung Stuttgart (Hrsg.), Zukunft der Automobilzulieferer, Stuttgart, S. 13-51.

Reiß, M. (1993): Die Rolle der Personalführung im Lean Management. Vom Erfüllungsgehilfen zum Schrittmacher einer Management-Revolution, in: Zeitschrift für Personalforschung (ZfP) 7 (1993) 2, S. 171-194.

Riester, W. (o.J.): Es ist unsere gemeinsame Aufgabe, die alten Strukturen der tayloristischen Arbeitsorganisation zu verändern, in: IG Metall Bezirksleitung Stuttgart (Hrsg.): Zukunft der Automobilzulieferer, Stuttgart, S. 65-74.

Sabel, Ch./Herrigel, G.B./Deeg, R./Kazis, R. (1987): Regional Prosperities Compared: Massachussetts and Baden-Württemberg in the 1980's, WZB, IIM/LMP 87-10b, Berlin.

Scheinecker, M. (1988): Neue Organisationskonzepte in der Automobilindustrie: Entwicklungstendenzen am Beispiel General Motors Austria, in: Dankbaar, B./ Jürgens, U./Malsch, Th. (Hrsg.): Die Zukunft der Arbeit in der Automobilindustrie, Berlin, S. 167-184.

Schmid, M. (1987): Intrapreneurship: Ein Konzept für innovatives Verhalten in bürokratischen Unternehmen, in: zfo 56 (1987) 1, S. 21-26.

Schmitz, U. (1992): Lean Production als Unternehmensstrategie - Ein Überblick, in: Institut für angewandte Arbeitswissenschaft e.V. (IfaA), Köln (Hrsg.), Lean Production: Idee - Konzept - Erfahrungen in Deutschland, Köln, S. 17-30.

Schonberger, R.J. (1982): Japanese Manufacturing Techniques. Nine Hidden Lessons in Simplicity, New York.

Schudlich, E. (1990): Anreiz oder Kompromiß? Leistungspolitische Folgen neuer Techniken, in: WSI-Mitteilungen 43 (1990) 4, S. 205-212.

Schulte, Christof (1990a): Mitarbeiterorientierte Organisationsgestaltung durch Fertigungssegmentierung. Abbau hoher Arbeitsteilung mit Hilfe produktorientierter Einheiten in der Produktion, erster Teil, in: zfo 59 (1990) 4, S. 221-227.

Schulte, Christof (1990b): Mitarbeiterorientierte Organisationsgestaltung durch Fertigungssegmentierung. Abbau hoher Arbeitsteilung mit Hilfe produktorientierter Einheiten in der Produktion, zweiter Teil, in: zfo 59 (1990) 6, S. 415-420.

Schultz-Wild, R./Nuber, Ch./Rehberg, F./Schmierl, K. (1989): An der Schwelle zu CIM, Köln.

Schultz-Wild, R./Nuber, Ch. (1989): Werkstattprogrammierung - Setzt sich das Konzept durch? in: Technische Rundschau Sonderheft "Facharbeit an CNC-Maschinen, S. 78-84.

Schumann, M (1992): Lean Production - kein Erfolgsrezept, in: IAT/IGM/IAO/HBS (Hrsg.), Lean Production - Schlanke Produktion. Neues Produktionskonzept humanerer Arbeit? Düsseldorf, S. 35-42.

Schumann, M./Baethge-Kinsky, V./Neumann, U./Springer, R. (1989): Breite Diffusion der neuen Produktionskonzepte - Zögerlicher Wandel der Arbeitsstrukturen, in: SOFI-Mitteilungen, (1989) 17, S. 1-18.

Scott, W.R. (1986): Grundlagen der Organisationstheorie, Frankfurt a.M./New York.

Simon, H. (1960): Administrative Behaviour. A Study of Decision Making Process in Administrative Organization, New York.

Sorge, A. (1978): The Management Tradition: A Continental View, in: Fores, M./ Glover, I. (eds.): Manufacturing & Management, London, S. 87-103.

Sorge, A. (1985): Informationstechnik im sozialen Prozeß. Arbeitsorganisation, Qualifikation und Produktivkraftentwicklung, Frankfurt a.M..

Springer, R. (1987): Zur Transformationsproblematik von Produktionsarbeit, in: SOFI-Mitteilungen (1987) 14, S. 31-46.

Staehle, W.H. (1989): Funktionen des Managements, 2. neubearb. Aufl., Bern/Stuttgart.

Staehle, W.H. (1991): Redundanz, Slack und lose Kopplung in Organisationen: Eine Verschwendung von Ressourcen? in: Staehle, W.H./Sydow, J. (Hg.): Managementforschung 1, Berlin/New York, S. 312-345.

Staehle, W.H./Schirmer, F./Smentek, M. (1990): Interessendifferenzierung im Management: theoretischer Bezugsrahmen und methodische Zugänge, Referat für das DFG-Kolloquium "Strukturwandel der industriellen Beziehungen", Frankfurt a.M., 9./10.11.1990, unveröffentlichtes Manuskript.

Stahlmann, M./Blanke, M. (1992): Neue Formen der Arbeitsorganisation und Wandel der Personalfunktion bei der Mercedes-Benz AG, Diskussionspapiere aus dem Arbeitsschwerpunkt "Industrielle Beziehungen im sozio-technischen Wandel", Universität-GH-Paderborn.

Steinkühler, F (1989): Interview in: Wirtschaftswoche, 19.5.1989.

Südwestpresse vom 23.4.1992.

Thompson, J. D. (1967): Organizations in Action, New York.

Tokunaga, S./Altmann, N./Nomura, M./Hiramoto, A. (1991): Japanisches Personalmanagement - ein anderer Weg? Montagerationalisierung in der Elektroindustrie III, Frankfurt a.M./New York.

VDMA (1990): Kennzahlen und Informationen aus dem Fertigungsbereich, in: Maschinenbau Nachrichten (1990) 9, Beilage.

Walter-Busch, E. (1991): Entwicklung von Leitmotiven verhaltensorientierten Managementwissens; in: Staehle, W.H./Sydow, J.(Hg.): Managementforschung 1, Berlin/New York, S. 347-399.

Warnecke, H.J. (1992): Lean Production - Ursprünge, Inhalte, Auswirkungen, in: AWF/ RKW/VDI-ADB (Hrsg.): Tagungsband "Lean Production. Tragweite und Grenzen eines Modells", Mai 1992, Gelsenkirchen.

Warschat, J./Ganz, W. (1992): Botschaften der MIT-Studie, in: IAT/IGM/IAO/HBS (Hrsg.), Lean Production - Schlanke Produktion. Neues Produktionskonzept humanerer Arbeit? Düsseldorf, S. 17-24.

Weitz, K./Zimmermann, G. (Hrsg.) (1983): Dokumentation 1. Deutscher Quality Circle Kongreß, 23.-24. November 1982, Düsseldorf.

Weltz, F. (1977): Kooperative Konfliktverarbeitung. Ein Stil industrieller Beziehungen in deutschen Unternehmen, in: Gewerkschaftliche Monatshefte 28 (1977) 5, S. 291-301.

Weltz, F./Lullies, V. (1984): Das Konzept der innerbetrieblichen Handlungskonstellation als Instrument der Analyse von Rationalisierungsprozessen in der Verwaltung, in: Jürgens, U./ Naschold, F. (Hrsg.): Arbeitspolitik. Materialien zum Zusammenhang von politischer Macht, Kontrolle und betrieblicher Organisation der Arbeit, Opladen, S. 155-170.

Werkmann, G. (1989): Strategie und Organisationsgestaltung, Frankfurt a.M./New York.

Wexlberger, L.P. (1986): Qualitätsgruppenarbeit bei Siemens, in: Dokumentation 5. Deutscher Quality Circle Kongreß, 17.9.-19.9. 1986, Bad Soden, S. 122-147.

Wexlberger, L.P. (1989): Lernen im Arbeitsprozeß. Organisationsentwicklung mit qualifizierungsfördernder Arbeitsgestaltung, in: Heidack, C. (Hrsg.): Lernen der Zukunft. Kooperative Selbstqualifikation - die effektivste Form der Aus- und Weiterbildung im Betrieb, München, S. 263-274.

Wiegmann, V.T. (1985): Mittleres Management auf dem Prüfstand: Ursache und Überwindung der Leistungskrise, in: Pullig, K.-H./Schäkel, U./Scholz, J. (Hrsg.): Leistungsträger in der Krise? Die Zukunft des mittleren Managements, Hamburg, S. 24-48.

Wildemann, H. (1988): Das Just-In-Time Konzept. Produktion und Zulieferung auf Abruf, Frankfurt a.M..

Wildemann, H. (1992): Lean Management: Strategien zur Realisierung schlanker Strukturen in der Produktion, in: IAT/IGM/IAO/HBS (Hrsg.), Lean Production - Schlanke Produktion. Neues Produktionskonzept humanerer Arbeit? Düsseldorf, S. 53-67.

Wildemann, H. (1991): Entwicklungsstrategien für Zulieferunternehmen, München.

Wittke, V. (1990): Systemische Rationalisierung - zur Analyse aktueller Umbruchsprozesse in der industriellen Produktion, in: Bergstermann, J./Brandherm-Böhmker, R. (Hrsg.): Systemische Rationalisierung als sozialer Prozeß. Zu Rahmenbedingungen und Verlauf eines neuen betriebsübergreifenden Rationalisierungstyps, Bonn, S. 23-42.

Womack, J.P./Jones, D.T./Roos, D. (1991): Die zweite Revolution in der Automobilindustrie, Frankfurt a.M./New York.

Zukunftskommission Wirtschaft 2000 (1993): Aufbruch aus der Krise, Bericht erstellt im Auftrag der Landesregierung von Baden-Württemberg, Stuttgart.

Zwickel, K. (1992): Lean Production und Tarifpolitik, in: HBS/IGM (Hrsg.): Lean Production. Kern einer neuen Unternehmenskultur und einer innovativen und sozialen Arbeitsorganisation? Baden-Baden, S. 217-222.

Nachwort zur dritten Auflage

Ein Nachwort zu einer dritten Auflage unseres Dezentralisierungsbuches schreiben zu müssen, ist sicherlich eine erfreuliche Pflicht, signalisiert es doch den Autoren eine gewisse Aufmerksamkeit für ihre Arbeit, was sich auch in der Aufnahme in die Leseliste der Sektion Industrie- und Betriebssoziologie der Deutschen Gesellschaft für Soziologie ausdrückt.

Daß wir Forschungsergebnisse, die auf Erhebungen aus den frühen 90er Jahren beruhen, in unveränderter Form neu auflegen, bedarf angesichts der schnellebigen Zeiten der Begründung. Während die Stärken der Studie eine Neuauflage rechtfertigen, sind es paradoxerweise gerade ihre aus heutiger Sicht deutlich werdenden Grenzen, die für eine *unveränderte* Neuauflage sprechen. Die Grenzen der Studie wären nämlich durch eine bloße Überarbeitung nicht zu beheben gewesen. Die Weiterentwicklungen im Untersuchungsfeld und der einschlägigen Forschung einzuarbeiten, würde erfordern, ein anderes Buch zu schreiben. Wir wollen stattdessen versuchen, die Ergebnisse der Studie im Lichte der weiteren Entwicklung, soweit sie uns durch eigene Forschung und Literatur zugänglich ist, einzuordnen und zu bewerten, wozu auch einige Kommentare von aufmerksamen Lesern beigetragen haben.

Der in der Dezentralisierungsstudie in einer frühen Phase erfaßte Umbruch der Organisationsstrukturen hat zwischenzeitlich mehr Unternehmen erfaßt und sich verfestigt. Elemente dieses Wandels, die wir noch als umkämpfte Tendenzen beschrieben, sind selbstverständliche Orientierungen des Managements geworden. Auch wenn sich „Lean Production", von der wir annahmen, daß sie zum neuen Leitbild der Unternehmensreorganisation werden würde, zwischenzeitlich eher als Durchgangsstadium in der sich immer schneller drehenden Spirale der Managementmoden erwies, so hat sich doch über komplementäre und konkurrierende Konzepte wie Business Reengineering ein Set von leitenden Ideen etabliert, das den Organisationswandel in vielen Unternehmen anleitet bzw. nachträglich zu erklären und rechtfertigen hilft. Auch wenn sich kein einheitliches neues Modell der Unternehmensorganisation von ähnlicher Kompaktheit abzeichnet, wie es - im Rückblick zumindest - mit dem typisierten bürokratisch-zentralistischen Großunternehmen vorliegt, so zeichnen sich doch einige Grundlinien des Organisations*wandels* ab. Diese werden in erster Linie als Abkehr und in Kritik am alten Modell formuliert. Die neuen Leitlinien legitimieren sich aus den überzogen und vereinseitigend skizzierten Mängeln der Bürokratie, des Zentralismus und der funktionalen Arbeitsteilung. Daß wir mit „Dezentralisierung" einen Prozeß- und keinen Strukturbegriff gewählt haben, trägt dem Charakter dieses Wandels Rechnung.

Mit der Unterscheidung zwischen strategischer und operativer Dezentralisierung haben wir deskriptive Kategorien eingeführt, die es ermöglichen, unterschiedliche Verlaufsformen des Wandels und Wechselwirkungen von Veränderungen auf operativer und strategischer Ebene und deren Effekte zu erfassen. Aufmerksame Leser haben aber zurecht darauf hingewiesen, daß wir den Wandel *empirisch* vor allem aus der Perspektive des Funktionsbereichs der Produktion und ausgehend von Prozessen der operativen Dezentralisierung untersucht haben. Diese Blickrichtung war zum Teil dem Umstand geschuldet, daß die organisatorischen Veränderungen in der Produktion zum Untersuchungszeitpunkt am augenfälligsten waren und Weiterungen im Gesamtgefüge der Organisation oftmals hier ihren Ausgangspunkt nahmen, aber wohl auch zum Teil der traditionellen Nähe von Industriesoziologen zur „Produktion". Allerdings vermieden wir eine enge Fokussierung auf die „Werkstatt" und erfaßten die Veränderungen für indirekte Produktionsabteilungen und Vorgesetzte. Auch kommt die Aufwertung des Funktionsbereichs Produktion in den Unternehmen und die dadurch ausgelöste Dynamik in den Blick, die sich in der Neudefinition der funktionalen Arbeitsteilung im weiteren Sinne und in veränderten Steuerungs- und Koordinierungsweisen äußert. Zwischenzeitlich herrscht wohl weitgehende Übereinstimmung darüber, daß zum Verständnis der gegenwärtigen Umbruchphase in den Unternehmen eine Organisationsperspektive unabdingbar ist, über die der Mitte der 80er Jahre in der Industriesoziologie eingeführte Begriff der „systemischen Rationalisierung" akteurstheoretisch fundiert und als soziale Konstruktion in Zeit und Raum konkretisiert wird (vgl. Deutschmann 1997; Faust/Bahnmüller 1996). Unter diesem Blickwinkel erweisen sich gerade im Rückblick die Beobachtungen über die „Dynamik des Organisationswandels" als erklärungsträchtig für den weiteren Fortgang. Der Organisationswandel läßt sich nämlich nicht hinreichend als akteursloses Exekution von Leitbildern verstehen. *Erklärungen* müssen auch zeigen können, daß die neuen Leitbilder im Prozeß der organisationsspezifischen „Übersetzung" (vgl. Czarniawska/Joerges 1996) an Interessen und Machtpotentiale von relevanten Akteuren anknüpfen können.

Die Dynamik des Organisationswandels äußerte sich zum damaligen Zeitpunkt vielfach noch in tastenden Suchbewegungen, war auf Modellprojekte in Teilbereichen begrenzt und die Vorstellungen darüber, wie die Regeln der Kooperation und Koordinierung dauerhaft verändert werden sollten, waren noch unklar und umkämpft zugleich. War es damals zum Beispiel noch Wunschvorstellung kostenverantwortlich gemachter Produktionsleiter, daß das Personalwesen und andere „Dienstleister" das eigene Budget nur noch mit denjenigen Dienstleistungen belasten dürfe, die diese auch tatsächlich „beauftragt" hatten, ist dies heute in vielen Fällen zur neuen Regel der internen Leistungsverrechnung gemacht worden. Zwischenzeitlich - mit der Verfestigung des Leitbildes des dezentralisierten Unternehmens - kristallisieren sich Veränderungen der Organisationsstrukturen und der Steuerungs- und Koordinierungsmodi heraus, die auch durch die in den frühen 90er Jahren in Gang gesetzte Dynamik bedingt sind. Sie lassen sich mit den folgenden Stichworten umschreiben: Abkehr von der funktionalen Organisation in Form funktionsintegrierter Organisationseinheiten und/oder Projektorganisation; Neudefinition von „wertschöpfenden" und „dienstleistenden" Funktionen; veränderte Koordinierungs- und Steuerungsmodi zwischen Zentrale und dezentralen Einheiten und zwischen den dezentralen Einheiten über Ergebnisverantwortung der dezentralen Einheiten und interne (bei Auslagerung auch „echte" externe) Kunden-Lieferanten-Beziehungen; Abflachung der Hierarchie.

Konzeptionelle Begründungen für die Richtung dieses Organisationswandels finden sich in der normativ ausgerichteten Literatur unter recht heterogenen Bezeichnungen, was nicht zuletzt durch die Konkurrenz der Beratungsunternehmen und der Autoren aus dem „Guru-Business" um Marktanteile zu erklären ist (vgl. Faust 1998a,b). Aber auch die Bemühungen der wissenschaftlichen Beobachter, das Spezifikum des Wandels zu erfassen, hat noch nicht zu einer einheitlichen Begrifflichkeit geführt: das „Paradigma der Neuen Dezentralisation" (Drumm 1996); „marktgesteuerte Dezentralisation/Dezentralisierung" (Arbeitskreis Organisation 1996; Sauer/Döhl 1997); „Internalisierung des Marktes" (Moldaschl 1998). Die organisationsinterne Simulation von Märkten, die im „Intrapreneur-Modell" angelegt ist, wird zu einer wichtiger werdenden Maxime der Organisationsgestaltung. Zunehmend wird der „interne Unternehmer", dessen Konturen sich in einigen der von uns untersuchten Unternehmen schon angedeutet hatten, zum Rollenvorbild für Führungskräfte selbst der mittleren und unteren Ebenen, selbst für einen nicht unbedeutenden Teil der Meister (vgl. Faust u.a. 1998a,b; Jauch 1997; Jauch/Faust 1998). Dies schließt ein, daß dieses Leitbild in unterschiedlicher Weise interpretiert und durch organisationsspezifische Aushandlungsprozesse zwischen Ebenen und Funktionen erst näher konkretisiert wird. Diese Befunde korrespondieren mit Beobachtungen aus jüngerer Zeit über den Wandel des Arbeitskrafttypus zum „Arbeitskraftunternehmer" (Voß/Pongratz 1998), dessen ideologische Variante trefflich in der jüngst auf dem Handelsblatt-Personalkongreß vorgestellten Charta „Wege zur Selbst-GmbH" zum Ausdruck kommt.

Auch wenn Dezentralisierung anfangs seinen Ausgangspunkt in dem betrieblichen Bestreben hatte, von den „neuen Produktionskonzepten" auf der Werkstattebene besseren Gebrauch zu machen, so wird die Welle der Reorganisationen in den 90er Jahren längst nicht mehr vordringlich damit begründet. Der Neuzuschnitt von Unternehmenseinheiten und der Führungsorganisation hat weiter reichende, auch wechselnde Begründungen und bewirkt komplexe Verschiebungen der Gewichte und Zuständigkeiten zwischen Ebenen und Funktionen, oftmals in neu strukturierten Netzwerken von ausgelagerten und kooperierenden Unternehmensteilen. Diese Veränderungen sind mit der Kennzeichnung als „Dezentralisierung" nur noch bedingt zu erfassen, weil vielfach die Dezentralisierung von Verantwortung und Befugnissen in der „Linie" mit neuen Abhängigkeiten und Entscheidungszwängen von zuarbeitenden, zum Teil ausgelagerten Dienstleistungseinheiten einhergeht. Somit verschränken sich dezentralisierende Effekte mit zentralisierenden Effekten je nach betrachteten Dimensionen. Dies gilt unter Umständen auch für die neuen funktionsintegrierten, dezentralen Einheiten selbst. Das wird dort besonders augenfällig, wo die Dezentralisierung der strategischen Leitlinie der „Konzentration auf das Kerngeschäft" folgt. Solche Strategien können die Auslagerung oder den Verkauf von Fertigungs- und/oder Dienstleistungseinheiten umfassen, die als nicht zum Kerngeschäft gehörend angesehen werden, oder aber aktiv über Unternehmenszusammenschlüsse und Aufkäufe verwirklicht werden. Dann paart sich womöglich dezentrale Verantwortung und Entscheidungsbefugnis mit gesteigerter Unsicherheit darüber, unter welchen Bedingungen und eventuell ob man zukünftig überhaupt noch eine Chance bekommt, der (erweiterten) Verantwortung gerecht zu werden. Die schon seit einiger Zeit zu beobachtende Trendumkehr in der Bewertung von Diversifizierungsstrategien und Konglomeraten ist vermutlich auch mit Bewertungsstrategien von neuen Investorengruppen (neue institutionelle Anleger) zu erklären, die an Einfluß gewinnen und breit diversifizierte Unternehmen mit einem „conglomerate discount" belegen. Diese Investoren beanspruchen, die Diversifikationsentscheidungen für sich, ohne daß deswegen ausgemacht ist, daß die dadurch favorisierten Investments die erwarteten „Returns" erbringen und ob die Investitionsstrategien nicht neue Risiken für die Unternehmen beinhalten (vgl. Hirsch-Kreinsen 1998). Hier eröffnen sich wichtige Forschungsfelder für die Zukunft, deren Ergebnisse zu einer veränderten Einordnung der Dezentralisierungsbewegung führen können. Nicht mehr nur Produktivitätssteigerung und Erhöhung der Flexibilität und Reagibilität sind Reorganisationsmotive. In einer Koalitionsperspektive auf Organisationen müßte der Entstehung und Veränderung „externer Koalitionen" (Mintzberg) unter Einschluß von Eigentümern, Kreditgebern und Kooperationspartnern in strategischen Netzwerken und der Institutionen, die diesen Prozeß rahmen („Corporate Governance"), explizit Aufmerksamkeit gewidmet werden.

Die Verfestigung des Leitbilds der „marktgesteuerten Dezentralisation" führt nicht nur dazu, dem Organisationswandel Momentum zu geben, sondern zugleich auch dazu, daß Nebenfolgen und nicht-intendierte Effekte weithin ausgeblendet bleiben. Der Wandel schreitet voran, obwohl die erwarteten positiven Effekte auf die Wettbewerbsfähigkeit keineswegs gesichert sind (vgl. Deutschmann u.a. 1995; Drumm 1996; Hirsch-Kreinsen 1995) und verschiedentlich „Korrekturbedarf" angemahnt wird (vgl. Arbeitskreis Organisation 1996).

Die in der vorliegenden Untersuchung beschriebenen Veränderungen der Anforderungen, des Status und der Karrierechancen von Führungskräften gewinnen mit der Verfestigung des Leitbildes und dem Fortgang des Organisationswandels an Bedeutung. Unsere im Anschluß an die Dezentralisierungsstudie durchgeführte Untersuchung über „Führungskräfte in den 90er Jahren" (vgl. Faust u.a. 1998b) akzentuiert einige Befunde, die wir in der Dezentralisierungsstudie noch als Tendenzen beschrieben. Dies betrifft sowohl die Überforderungstendenzen und steigende Unsicherheitsbelastung durch „ganzheitliche Verantwortung", als auch die Verschlechterung der Aufstiegsmöglichkeiten und den Wandel der Karrieremuster von der funktional definierten „Kaminkarriere" zur favorisierten „Generalistenkarriere". Deutlicher als noch Anfang der 90er Jahre abzusehen, wird mit dem Abbau von Hierarchieebenen und Führungspositionen im mittleren Management die vormals sprichwörtliche Beschäftigungs- und Statussicherheit von Führungskräften in Frage gestellt. Dazu trägt auch bei, daß unternehmerisch verselbständigte Organisationseinheiten leichter und häufiger ausgelagert, verkauft oder mit anderen Unternehmen verschmolzen werden können. Der bisherige implizite, auf einen langfristigen Ausgleich von Leistungen und Gegenleistungen ausgerichtete Vertrag zwischen Führungskraft und Unternehmen wird in radikalen Dezentralisierungsprozessen aufgekündigt (vgl. auch Kotthoff 1997).

In Kapitel V des vorliegenden Buches beschreiben wir die betriebspolitischen Voraussetzungen der Dezentralisierung, darunter die Herausbildung von Koalitionen des Wandels. Eine solche koalitionstheoretisch inspirierte Analyse ermöglicht Erklärungen sowohl für das Gelingen wie das Scheitern und für unterschiedliche Verlaufsformen und Ergebnisse von Reorganisationen auch bei ähnlichen Intentionen und leitenden Ideen der Promotoren. Allerdings ist zu vermuten, daß die Bedingungen für das Zustandekommen der empirisch beschriebenen Koalitionen sich im Fortgang der Reorganisationsprozesse verändern. Namentlich wäre genauer zu prüfen, ob mit der verschiedentlich festgestellten Krise der „neuen Produktionskonzepte", insbesondere der stockenden Verbreitung der avancierten Gruppenarbeitskonzepte" (vgl. Schumann 1998; Springer 1999; Bahnmüller/Salm 1996), die auf besondere Unterstützung der Gewerkschaften und Betriebsräte rechnen konnten, dem skizzierten Typ gruppenorientierter Koalitionen nicht die Geschäftsgrundlage entzogen wird. Zudem erweitert sich im Fortgang der Reorganisationsprozesse, in denen die funktionale und hierarchische Arbeitsteilung und damit auch Machtverteilung in Frage gestellt wird, der Kreis der potentiellen Koalitionäre und verschlechtern sich zugleich die Bedingungen für Koalitionen entlang vormals stabiler Interessensphären. Damit gewinnt der skizzierte Typ der „leitbildorientierten Koalition" an Bedeutung. Dies auch deswegen, weil die Leitbilder der Reorganisation nunmehr weit über den Kreis einzelner „Neuerer" hinaus geteilt werden. Widerspruch und das Festhalten an „altem Denken" wird weitgehend delegitimiert. Die Wirtschaftskrise nach dem Auslaufen des Vereinigungsbooms und die anhaltende Beschwörung der „Standortkrise" haben ferner dazu beigetragen, alle Argumente des „Weiter So" zu entwerten. Auch wenn zwischenzeitlich das ursprünglich bedeutende japanische Vorbild kaum mehr Bezugspunkt der Reorganisationsziele ist, so sind doch aus dem anglo-amerikanischen Management stammende Leitbilder um so fester verankert und werden über die Methode des „Benchmarking" oftmals recht unmittelbar anleitend.

In der Dezentralisierungsstudie haben wir den nicht selten verschlungenen Formierungsprozeß neuer Koalitionen exemplarisch nachgezeichnet. Dabei zeigte sich, daß die von den Promotoren oftmals im Nachhinein auf der Grundlage geteilter Hintergrundsüberzeugungen als zielgerichtet und folgerichtig dargestellten Reorganisationen bei genauerem Hinsehen besser als Zusammenwachsen von Problemen, Zielen und Lösungen zu verstehen sind. Wir hatten uns für die Analyse dieser Prozesse von der Macht- oder Koalitionsperspektive auf Organisationen von Mintzberg (1983) anleiten lassen. Alfred Kieser (1996) hat angeregt, man könne diese Prozesse mit dem Garbage Can-Konzept (March/Olsen) erklären. Dieser Hinweis ist in doppelter Hinsicht zutreffend. Zum einen ist das Mülleimermodell in besonderer Weise geeignet, den Verlauf und das Zustandekommen der oftmals von keinem der Teilnehmer intendierten Ergebnisse von Reorganisationen zu verstehen. Zum anderen macht es Akteure und wissenschaftliche Beobachter darauf aufmerksam, daß Reorganisationen kaum jemals direkt gesteuert, sondern eher über „Strategien zur Lenkung von Aufmerksamkeit" wie Leitbilder (Kieser 1999, S.154) beeinflußt werden. Je mehr sich aber bestimmte Leitbilder organisationsübergreifend durchsetzen, desto deutlicher wird der Raum der möglichen Mittel und Ziele und selbst der Problemdefinitionen begrenzt. Dies macht die Klärung der Frage um so dringender, wie sich organisationsübergreifend „Moden und Mythen" des Managements durchsetzen und wie dies mit organisationsspezifischen Prozessen vermittelt ist. Dies betrifft sowohl die Frage, welche Akteure dadurch in betrieblichen Kontroversen Deutungsmacht gewinnen, welche Rolle „Aktualisierungsagenten" von neuen Ideen spielen, aber auch wie, über welche Akteure und in welchen Arenen die Erfahrungen des praktischen Organisationswandels mit den organisationsübergreifenden Prozessen der Herausbildung und des Wandels von Leitbildern vermittelt sind. Dabei kommt der Analyse der Rolle und des Agierens der vermittelnden Akteure, Unternehmensberater und Managementgurus, eine besondere Bedeutung zu. Dem sind wir in der Dezentralisierungsstudie selbst kaum nachgekommen, wurden dadurch aber angeregt, dies in einem nachfolgenden Forschungsprojekt explizit zu bearbeiten (vgl. Faust 1998a,b).

Die Dezentralisierungsstudie ist in der Hauptsache eine empirische Studie. Die theoretischen Zugänge, die sie anleiteten und die in der Analyse des Materials zum Zuge kommen, sind im Eingangskapitel knapp umrissen und bleiben im empirischen Teil meist eher implizit wirksam. Dennoch haben wir im Zuge dieser Studie die Hinwendung zu organisationssoziologischen Ansätzen, über deren Notwendigkeit nun schon seit geraumer Zeit in der Industriesoziologie räsoniert wird, ein Stück weit praktisch werden lassen. Daran weiterzuarbeiten, wie organisationssoziologische Ansätze, die an Theorien gesellschaftlicher Entwicklung anschlußfähig sind, für die Industriesoziologie fruchtbar gemacht werden können, bleibt auf der Tagesordnung.

Literatur

Arbeitskreis Organisation (1996): Organisation im Umbruch. (Was) Kann man aus den bisherigen Erfahrungen lernen?, in: Zeitschrift für betriebswirtschaftliche Forschung, 48 (1996)6, S.621-665.

Bahnmüller, R./Salm, R. (1996): Intelligenter, nicht härter arbeiten? Gruppenarbeit und betriebliche Gestaltungspolitik, Hamburg.

Czarniawska, B./Joerges, B. (1996): Travel of Ideas, in: dies./Sevón, G. (eds.): Translating Organizational Change, Berlin/New York, S.13-48.

Deutschmann, Ch. (1999): Die Verheißung des absoluten Reichtums. Zur religiösen Natur des Kapitalismus, Frankfurt/New York.

Deutschmann, Ch. (1997): Die Mythenspirale. Eine wissenssoziologische Interpretation industrieller Rationalisierung, in: Soziale Welt, 48(1997)1, S.55-70.

Deutschmann, Ch. (1996a): Lean Production. Der kulturelle Kontext, in: Braczyk, H.-J./Schienstock, G. (Hg.): Kurswechsel in der Industrie. Lean Production in Baden-Württemberg, Stuttgart, S.213-231.

Deutschmann, Ch. (1996b): Rationalisierung als Sysiphusarbeit, in: Hoß, D./Schrick, G. (Hg.): Wie rational ist Rationalisierung? Ein öffentlicher Diskurs, Stuttgart, S.155-164.

Deutschmann, Ch./Faust, M./Jauch, P./Notz, P. (1995): Veränderungen der Rolle des Managements im Prozeß reflexiver Rationalisierung, in: Zeitschrift für Soziologie, 24(1995)6, S.436-450.

Drumm, J. (1996): Das Paradigma der Neuen Dezentralisation, in: Die Betriebswirtschaft, 56(1996)1, S.7-20.

Faust, M. (1998a): Managementwissen und Unternehmensberatung und der Gestaltungsspielraum einer „Industriesoziologie als Gestaltungswissenschaft", in: Minssen, H. (Hg.): Organisationsberatung: Industriesoziologie als Gestaltungswissenschaft? Diskussionspapiere aus der Fakultät für Sozialwissenschaft 98-13, Ruhr Universität Bochum, S. 63-99.

Faust, M. (1998b): Die Selbstverständlichkeit der Unternehmensberatung, in: Howaldt, J./Kopp, R.: Sozialwissenschaftliche Organisationsberatung, Berlin 1998, S.147-181.

Faust, M. (1997): „Kommentar" zu Sauer, D./Döhl, V.: Die Auflösung des Unternehmens? Entwicklungstendenzen der Unternehmensreorganisation in den 90er Jahren, in: ISF, INIFES, IfS, SOFI (Hg.): Jahrbuch Sozialwissenschaftlicher Technikberichterstattung 1996. Schwerpunkt: Reorganisation, Berlin, S.77-90.

Faust, M./Bahnmüller, R. (1996): Der Computer als rationalisierter Mythos. Vom Nutzen institutioneller Organisationstheorie für die Analyse industrieller Rationalisierung, in: Soziale Welt 47(1996)2, S.129-148.

Faust, M./Jauch, P./Deutschmann, Ch. (1998a): Reorganisation des Managements: Mythos und Realität des „Intrapreneurs", in: Industrielle Beziehungen, 5(1998)1, S.101-118.

Faust, M./Jauch, P./Notz, P. (1998b): Führungskräfte in den 90er Jahren: Vom „Organization Man" zum „Internen Unternehmer", (unveröffentlichter) Forschungsbericht an die Deutsche Forschungsgemeinschaft (DFG), Tübingen (Veröffentlichung in Vorbereitung).

Faust, M./Jauch, P./Deutschmann, Ch. (1994): Mittlere und untere Vorgesetzte in der Industrie: Opfer der „schlanken Produktion"?, in: Industrielle Beziehungen 1(1994)2, S.107-131.

Hirsch-Kreinsen, H. (1998): Shareholder Value: Unternehmensstrategien und neue Strukturen des Kapitalmarkts, in: ders./Wolf, H. (Hg.): Arbeit, Gesellschaft, Kritik. Orientierungen wider den Zeitgeist, Berlin, S.195-222.

Hirsch-Kreinsen, H. (1995): Dezentralisierung: Unternehmen zwischen Stabilität und Desintegration, in: Zeitschrift für Soziologie, 24(1995)6, S.422-435.

Jauch, P. (1997): Industriemeister und industrielle Reorganisation, München und Mering.

Jauch, P./Faust, M. (1998): Die Zukunft des Industriemeisters in der dezentralisierten Organisation, in: Jansen, R./Hecker, O./Scholz, D. (Hg.): Facharbeiteraufstieg in der Sackgasse? Entwicklungen und Perspektiven auf der mittleren Qualifikationsebene, Berichte zur beruflichen Bildung 218, BIBB, Bielefeld, S.199-227.

Kieser, A. (1999): Die verhaltenswissenschaftliche Entscheidungstheorie, in: ders. (Hg.): Organisationstheorien, 3.Auflage, Stuttgart.

Kieser, A. (1996): Moden & Mythen des Managements, in: Die Betriebswirtschaft, 56(1996)1, S.21-39.

Kotthoff, H. (1997): Führungskräfte im Wandel der Firmenkultur. Quasi-Unternehmer oder Arbeitnehmer, Berlin.

Moldaschl (1998): Internalisierung des Marktes. Neue Unternehmensstrategien und qualifizierte Angestellte, in: ISF, INIFES, IfS, SOFI (Hg.): Jahrbuch Sozialwissenschaftliche Technikberichterstattung 1997, Schwerpunkt: Moderne Dienstleistungswelten, Berlin.

Schumann, M. (1998): Frißt die Shareholder Value-Ökonomie die Modernisierung der Arbeit?, in: Hirsch-Kreinsen, H./Wolf, H. (Hg.): Arbeit, Gesellschaft, Kritik. Orientierungen wider den Zeitgeist, Berlin, S.19-30.

Sauer, D./Döhl, V. (1997): Die Auflösung des Unternehmens? Entwicklungstendenzen der Unternehmensreorganisation in den 90er Jahren, in: ISF, INIFES, IfS, SOFI (Hg.): Jahrbuch Sozialwissenschaftliche Technikberichterstattung 1996. Schwerpunkt: Reorganisation, Berlin, S.19-76.

Springer, R.(1999): Rückkehr zum Taylorismus? Arbeitspolitik in der Automobilindustrie am Scheideweg, Frankfurt/New York.

Voß, G.G./Pongratz, H.J. (1998): Der Arbeitskraftunternehmer. Eine neue Grundform der Ware Arbeitskraft?, in: Kölner Zeitschrift für Soziologie und Sozialpsychologie, 50(1998)1, S.131-158.

SCHRIFTENREIHE INDUSTRIELLE BEZIEHUNGEN
herausgegeben von Walther Müller-Jentsch

Walther Müller-Jentsch (Hg.):
Konfliktpartnerschaft. Akteure und Institutionen der industriellen Beziehungen
Band 1, ISBN 3-87988-358-0, 3., überarbeitete und erweiterte Auflage, 1999, 327 S., DM 54.20

Josef Hilbert, Hans Joachim Sperling:
Die kleine Fabrik. Beschäftigung, Technik und Arbeitsbeziehungen
Band 2, ISBN 3-87988-057-3, 2. Aufl., München u. Mering 1993, 207 S., DM 36.80

Joachim Bergmann: **Rationalisierungsdynamik und Betriebsgemeinschaft. Die Rolle der japanischen Betriebsgewerkschaften**
Band 3, ISBN 3-87988-002-6, Rainer Hampp Verlag, 1990, 96 S., DM 26.80

Ralf Greifenstein, Peter Jansen, Leo Kißler: **Gemanagte Partizipation. Qualitätszirkel in der deutschen und der französischen Automobilindustrie**
Band 4, ISBN 3-87988-061-1, Rainer Hampp Verlag, München u. Mering 1993, 364 S., DM 52.80

Walther Müller-Jentsch (Hg.): **Profitable Ethik – effiziente Kultur. Neue Sinnstiftungen durch das Management?**
Band 5, ISBN 3-87988-048-4, Rainer Hampp Verlag, München u. Mering, 1993, 268 S., DM 46.80

Reinhard Bahnmüller, Reinhard Bispinck, Werner Schmidt: **Betriebliche Weiterbildung und Tarifvertrag. Eine Studie über Probleme qualitativer Tarifpolitik in der Metallindustrie**
Band 6, ISBN 3-87988-066-2, Rainer Hampp Verlag, München u. Mering 1993, 295 S., DM 46.80

Michael Faust, Peter Jauch, Karin Brünnecke, Christoph Deutschmann:
Dezentralisierung von Unternehmen.
Bürokratie- und Hierarchieabbau und die Rolle betrieblicher Arbeitspolitik
Band 7, ISBN-87988-383-1, 3., erw. Aufl., München u. Mering 1999, 228 S., DM 44.40

Hermann Kotthoff: **Betriebsräte und Bürgerstatus.**
Wandel und Kontinuität betrieblicher Mitbestimmung
Band 8, ISBN 3-87988-095-6, Rainer Hampp Verlag, München u. Mering 1994, 347 S., DM 49.80

Thomas Breisig: **Betriebliche Konfliktregulierung durch Beschwerdeverfahren in Deutschland und in den USA**
Band 9, ISBN 3-87988-185-5, Rainer Hampp Verlag, München u. Mering 1996, 339 S., DM 49.80

Stephan Voswinkel, Stefan Lücking, Ingo Bode: **Im Schatten des Fordismus. Industrielle Beziehungen in der Bauwirtschaft und im Gastgewerbe Deutschlands und Frankreichs**
Band 10, ISBN 3-87988-193-6, Rainer Hampp Verlag, München u. Mering 1996, 341 S., DM 49.80

Aida Bosch: **Vom Interessenkonflikt zur Kultur der Rationalität.**
Neue Verhandlungsbeziehungen zwischen Management und Betriebsrat
Band 11, ISBN 3-87988-195-2, Rainer Hampp Verlag, München u. Mering 1997, 218 S., DM 46.80

Walther Müller-Jentsch, Hans-Joachim Sperling, Irmgard Weyrather: **Neue Technologien in der Verhandlungsarena. Schweden, Großbritannien und Deutschland im Vergleich**
Band 12, ISBN 3-87988-257-6, Rainer Hampp Verlag, München u. Mering 1997, 261 S., DM 49.80

Jörg Rosdücher: **Arbeitsplatzsicherheit durch Tarifvertrag.**
Strategien - Konzepte - Vereinbarungen
Band 13, ISBN 3-87988-258-4, Rainer Hampp Verlag, München u. Mering 1997, 288 S., DM 49.80

Bernd Sörries: **Europäisierung der Arbeitsbeziehungen.**
Der *Soziale Dialog* und seine Akteure
Band 14, ISBN 3-87988-341-6, Rainer Hampp Verlag, München u. Mering 1999, 253 S., DM 48.30

Ausgewählte Veröffentlichungen im Rainer Hampp Verlag

Walther Müller-Jentsch (Hg.): **Konfliktpartnerschaft.**
Akteure und Institutionen der industriellen Beziehungen
Schriftenreihe Industrielle Beziehungen, hrsg. von Walther Müller-Jentsch, Bd. 1
ISBN 3-87988-358-0, 3., überarbeitete und erweiterte Auflage, 1999, 327 S., DM 54.20

Der Sammelband „Konfliktpartnerschaft" eröffnete vor zehn Jahren die *Schriftenreihe Industrielle Beziehungen*. Mit ihm sollte der Erkenntnis- und Forschungsstand zu einem wissenschaftlichen Gegenstandsbereich dokumentiert werden, der im deutschsprachigen Raum noch nicht jene systematische und interdisziplinäre Beachtung wie in den angelsächsischen Ländern gefunden hatte. Gemeint sind die wirtschaftlichen Austauschverhältnisse und sozialen Kooperations- und Konfliktbeziehungen zwischen den die Kapital- und Arbeitnehmerseite repräsentierenden Akteuren sowie die aus diesen Interaktionen (und staatlichen Interventionen) hervorgehenden Normen, Verträge, Institutionen und Organisationen zur Regulierung der Arbeit.

Die anhaltende Nachfrage nach dem Band machte eine Neuauflage erforderlich. Dem Erkenntnisfortschritt auf diesem Forschungsgebiet folgend, sind gegenüber der 1. und 2. Auflage erhebliche Veränderungen und Erweiterungen vorgenommen worden. Dies zeigt sich einmal in der stärkeren theoretischen Fundierung der abgedruckten Aufsätze, ein andermal in der thematischen Berücksichtigung neuerer Entwicklungen (wie *Human Resource Management*, Arbeitnehmerpartizipation und Mitbestimmung in Unternehmensnetzwerken). Wiederaufgenommene Beiträge wurden gründlich überarbeitet und auf den aktuellen Stand gebracht. Die Autoren sind ausgewiesene Experten ihrer jeweiligen Arbeitsgebiete; sie kommen aus der Soziologie und Politikwissenschaft, der Arbeitsökonomik und dem Arbeitsrecht, der Betriebs- und Personalwirtschaftlehre sowie der britischen *Industrial Relations*-Forschung.

Walther Müller-Jentsch, Hans-Joachim Sperling, Irmgard Weyrather
Neue Technologien in der Verhandlungsarena.
Schweden, Großbritannien und Deutschland im Vergleich
Schriftenreihe Industrielle Beziehungen, hrsg. von Walther Müller-Jentsch, Bd. 12
ISBN 3-87988-257-6, Rainer Hampp Verlag, München u. Mering 1997, 261 S., DM 49.80

Informations- und Kommunikationstechnologien haben – als Schlüssel- und Querschnittstechnologien – mittlerweile vielen gesellschaftlichen Bereichen ihren Stempel aufgedrückt. Ihre Implementation in Produktions- und Dienstleistungsunternehmen stellten auch die historisch gewachsenen Systeme industrieller Beziehungen vor neuartige Herausforderungen, die von deren Akteuren und Institutionen zu bewältigen waren.

Die mit diesem Band vorgelegte komparative Studie dokumentiert in einem doppelten Vergleich (zwischen drei Ländern und drei Branchen) die durch die Einführung dieser neuen Technologien in den tariflichen und betrieblichen Arenen ausgelösten Konflikte und angestoßenen Aushandlungen zwischen den Akteuren der industriellen Beziehungen. Thematische Schwerpunkte der vergleichenden Darstellung und Interpretation sind die Lernprozesse der Akteure, ihre spezifischen Aushandlungsmodalitäten und Verhandlungsgegenstände sowie Formen und Reichweite der Arbeitnehmerpartizipation in den Prozessen der „Technik-Aushandlung". Gefragt wird schließlich danach, ob die gleichartigen technologischen Herausforderungen auch eine Angleichung der nationalen Institutionen- und Akteurssysteme zur Folge haben oder ob diese ihre nationalspezifischen Differenzen behalten.

Marino Regini, Reinhard Bahnmüller (Hg.): **Best Practice oder funktionale Äquivalenz? Die soziale Produktion von Humanressourcen in Baden-Württemberg, Katalonien, Rhône-Alpes und der Lombardei im Vergleich**
ISBN 3-87988-256-8, Rainer Hampp Verlag, München und Mering 1997, 297 S., DM 56.80

Die Fähigkeit zur Bereitstellung adäquat ausgebildeter Humanressourcen gilt als einer der Schlüsselfaktoren für den Erhalt und die Sicherung der Wettbewerbsfähigkeit der nationalen und regionalen Ökonomien in der Phase des Postfordismus. Im Rahmen eines Vergleichs der Regionen, die sich selbst als die „Motoren Europas" bezeichnen (Lombardei, Katalonien, Rhône-Alpes und Baden-Württemberg), geht die Studie der Frage nach, was adäquat ausgebildete Humanressourcen im Kontext der jeweiligen regionalen Ökonomien bedeuten, wie die institutionellen Arrangements beschaffen sind, die für die Entwicklung von Humanressourcen zuständig sind, und über welche Anpassungskapazitäten an die veränderten Nachfrage- und Angebotsbedingungen sie verfügen. Gezeigt wird, daß die Effizienz eines Aus- und Weiterbildungssystems immer relativ ist. Sie hängt ab von der Art der Wettbewerbsmöglichkeiten, die einem Wirtschaftssystem zur Verfügung stehen, und von den Marktstrategien, welche die darin tätigen Unternehmen verfolgen können bzw. wollen. Entgegen der Annahme, es ließe sich ein Aus- und Weiterbildungsmodell destillieren, das problemlos auf andere Länder und Regionen übertragen werden kann, wird die These vertreten, daß die sich in den jeweiligen Ländern und Regionen funktional äquivalente Lösungen bzw. institutionelle Arrangements entwickelt haben, die zwar über unterschiedliche Kapazitäten zur Bewältigung der neuen Herausforderungen verfügen, die aber nicht durch eine Kopie von Best Pratice Beispielen eingeebnet werden können.

Peter Jauch: **Industriemeister und industrielle Reorganisation**
ISBN 3-87988-262-2, Rainer Hampp Verlag, München und Mering 1997, 408 S., DM 66.80

Seit einigen Jahren zählen der Bürokratie- und Hierarchieabbau und die Errichtung dezentraler, prozeßorientierter Organisationsstrukturen zu den wesentlichen Orientierungspunkten industrieller Rationalisierung. Das hat Folgen für die Arbeitssituation und die beruflichen Perspektiven von Führungskräften. In besonderer Weise gilt dies für die traditionsreiche Vorgesetztengruppe der Meister. Ihre betriebliche Rolle gerät im Zuge von arbeits- und betriebsorganisatorischen Innovationen auf den Prüfstand, und die Frage ist, welcher Zukunft sie entgegengehen. Leisten die Dezentralisierungsbestrebungen in der Industrie einer „Meisterkrise" Vorschub, oder sind sie vielmehr Ausgangspunkt einer „Renaissance", einer Aufwertung der Rolle der Meister etwa als „kleine Unternehmer im Unternehmen"?

Im Zentrum der Studie stehen die durch Dezentralisierungsprozesse ausgelösten Veränderungen der Meisterfunktion. Die Grundlage der Untersuchung bilden zwölf Fallstudien in Unternehmen der Metall- und Elektroindustrie sowie eine umfangreiche standardisierte schriftliche Befragung, die im Rahmen zweier Forschungsprojekte am Forschungsinstitut für Arbeit, Technik und Kultur e.V. in Tübingen durchgeführt wurden. Dargelegt werden spezifische Veränderungsmuster der Meisterrolle, deren Voraussetzungen, sowie deren immanente Chancen und Risiken. Dabei werden die aktuellen Umbrüche vor dem Hintergrund traditioneller, in der Vergangenheit wirksamer Entwicklungslinien thematisiert.